산업혁명

1760 -1830

산업혁명
1760-1830

지은이 T. S. 애슈턴
옮긴이 김택현
디자인 이수정
펴낸이 송병섭
펴낸곳 삼천리
등 록 제312-2008-121호
주 소 10578 경기도 고양시 덕양구 오금1로 47 103호
전 화 02) 711-1197
전 송 02) 6008-0436
이메일 bssong45@hanmail.net

1판 1쇄 2020년 6월 19일

값 17,000원
ISBN 978-89-94898-52-0 03920
한국어판 © 삼천리 2020

산업혁명

1760-1830

T. S. 애슈턴 지음 | 김택현 옮김

삼천리

이 책 《산업혁명》(The Industrial Revolution, 1760-1830)은 1948년에 처음 출간되었고, 1968년에는 옥스퍼드대학 페이퍼백 시리즈 가운데 한 권으로 개정판이 출간되었다. 이번에 번역 대본으로 삼은 것은 리버풀대학 사회경제사 교수 팻 허드슨이 새로 서문을 붙인 1997년판이다.

18세기 후반부터 19세기 초까지 영국에서 전개된 산업혁명에 관한 연구 경향은 흔히 비관론(비관론)과 낙관론(긍정론)으로 대별된다.

이른바 비관론은 '1차 산업혁명'에 관한 최초의 본격적인 학술서인 아널드 토인비의 《잉글랜드 산업혁명에 관한 강의》(Lectures on the Industrial Revolution in England, 1884)에서 시작되었다. 토인비는 1차 산업혁명이 공동체적 규제를 특징으로 하는 기존의 경제활동을 무너뜨리고 개인 간 또는 개별 기업 간 경쟁을 기본 원리로 삼은 새로운 경제체제를 낳았는데, 생산력과 부(富)를 증대시켰을지는 몰라도 일반 대중의 삶을 개선하지는 못했다고 주장했다.

경제체제의 역사적 단절과 대중의 희생을 강조한 토인비의 비관론은 20세기에 들어와 폴 망투, 웹 부부, 해먼드 부부 같은 사회개량주의자들이나 기독교사회주의자들에 의해 계승되었다.

반면, 1920년대 이후 조지 언윈, 존 클래펌, 허버트 히턴, 조지프 슘페터 같은 자유주의 경제학자들은 1차 산업혁명을 경제체제의 단절이 아니라 경제 과정의 연속성이라는 맥락에 위치시키면서, 산업 노동자들의 임금과 생계비에 관한 당대의 통계 수치를 근거로 1차 산업혁명이 대중의 생활수준을 떨어뜨린 것은 아니라고 강조했다.

그 뒤, 마르크스주의 경제학자인 모리스 돕은 1차 산업혁명을 근대 자본주의 역사 발전의 한 국면으로 보고, 그 혁명이 낳은 근대적인 노동계급의 혹독한 사회경제적 상태에 주목함으로써 사회개량주의자들의 비관론를 지지했다. 하지만 1950년대에 이념상으로 모리스 돕의 반대 진영에 있던 월트 휘트먼 로스토는 1차 산업혁명이 영국의 경제성장에서 도약(take-off)을 이루어낸 단계라고 주장하면서 낙관론을 옹호했다.

자유주의 경제학자인 T. S. 애슈턴(1889~1986)의 입장은 다소 독특하다고 할 수 있다. 비교적 부피가 얇은 이 책에서 1차 산업 혁명 시기에 이루어진 기술혁신과 경제적 변화들을 실증적으로 검토한 애슈턴은, 1차 산업혁명은 비관론자들의 주장처럼 부자를 더 부유하게 만들고 가난한 자들을 더 가난하게 만든 것이 아니라 영국 사회와 영국인을 기아와 질병의 공포에서 구해 내는 역할을 했다고 주장한다. 또 "영국이 여전히 농업적이고 수공업적인 국가로 남아 있었다면 과연 18세기에 급증한 인구의 생존 문제를 해결할 수 있었겠는가" 하고 질문을 던진다. 이 점에서 그는 기본적으로 낙관론의 입장에 서 있다.

애슈턴은, 경제 과정은 기본적으로 지속성을 띤다고 생각했기에 급격한 변화를 함축하고 있는 '혁명'이라는 용어에 다소 의구심을 품고 있었다. 하지만 산업혁명이 '산업'에 국한된 것이 아니라, '사회적'이며 '지적'인 것이기도 하다고 강조한다. 즉 영국(인)의 물질세계와 정신세계 모두를 변화시킨 것이라고 주장함으로써, 1차 산업혁명이 그 폭과 성격의 측면에서는 글자 그대로 '혁명적'인 것이었음을 인정한다. 이 점에서 비관론자들처럼 산업혁명이 낳은 역사적 단절의 효과를 주장하고 있는 것이다.

무엇보다 애슈턴이 1차 산업혁명 연구에 공헌한 바는, 이전의 연구에서는 거의 주목받지 않았던 영국의 비국교도 집단과 스코틀랜드인들의 역할을 중요하게 취급하고 적극적으로 조명했다는 점이다. 말하자면 그는 산업혁명 시기에 기술혁신을 가능케 한 정신적·문화적 요인 가운데 하나를 영국의 비주류 집단과 주변부 지역에서 찾았던 것이다. 아울러 애슈턴은, 당시 급증하던 인구의 생존 문제를 해결한 것은 영국의 정치적 지배자들이나 그들의 정책이 아니라 기술혁신의 재능과 경영 혁신의 의지를 품은 평범한 사람들의 집단적 자발성이었음을 강조함으로써, 노동조합에 우호적이던 '진보적인' 자유주의자의 면모를 드러내기도 한다.

애슈턴이 지속적인 변화를 통해 혁명적으로 변모했다고 말한 영국(인)의 물질적·정신적 삶의 세계가 근대 자본주의 세계라는 것은 두말할 필요가 없다. 일반 대중을 위해 집필한 이 책에서, 애슈턴은 그런 자본주의 세계의 경제적 토대가 여러 산업 분야(농업, 직물업, 채탄업, 제철업, 상업, 교통과 운송업, 건축과 건설업, 은행과 금융업 등)에서 나타난 기술적·제도적 혁신 및 그것들 간의 상호 연계와 융합을 통해 어떻게 구축되어 갔는지를 세밀하게 추적해 나간다. 그 과정에서 변모해 간 자본가와 노동자의 사회적 관계와 의식의 변화, 대중들의 삶과 주거 양식, 노동 방식의 변화를 밀도 있게 설명하고 있다. 애슈턴은 비록 정치에 대한 냉소적 태도를 드러내고는 있으나, 영국의 산업혁명 과정이 18세기 후반과 19세기 초 나라 안팎의 정치적 조건으로부터 어떻게 영향을 받았는지도 꼼꼼하게 분석하고 있다.

상식적인 말이지만, 현재의 모든 변화나 사건은 어느 날 갑자기 하늘에서 떨어진 것이 아니며 대개 오래된 역사적 뿌리와 계보를 갖고 있다.

오늘날 우리는 '4차 산업혁명' 시대를 알리는 인공지능(AI), 사물인터넷(IoT), 유비쿼터스 모바일, 나노 기술, 3D프린터, 드론, 스테이션 기업, 스마트 공장 등에 관한 이야기를 일상적으로 접하고 있다. 이 4차 산업혁명의 직접적인 발판 구실을 한 것은 1960년대부터 1990년대까지 반도체와 컴퓨터, 인터넷의 발전을 중심으로 전개된 디지털 혁명인 '3차 산업혁명'이었다.

하지만 이 두 산업혁명은 19세기 말부터 20세기 초에 전기를 동력으로 활용하고 세밀하게 분화된 생산공정을 통해 상품 대량생산을 본격화한 '2차 산업혁명'이 없었다면 사실상 불가능했을 것이다. 그리고 2차 산업혁명 역시 증기기관의 발명과 기계제 공장의 출현, 철도 건설에 따른 운송 수단의 혁신을 특징으로 하는 1차 산업혁명의 토대 없이는 이루어질 수 없었을 것이다.

따라서 1760년대부터 1830년대까지 진행된 1차 산업혁명은 이후 모든 산업혁명의 출발점이라고 할 수 있다. 경제사와 역사학 분야에서 1차 산업혁명에 관한 고전이자 필독서 가운데 하나로 꼽혀 온 애슈턴의 이 책은 4차 산업혁명의 역사적 근원을 밝혀낸 연구서라고 할 수 있다. 다만 4차 산업혁명이 진행되고 있는 지금, 거의 250여 년 전의 1차 산업혁명을 다루고 있는데다가 이미 출간된 지도 한참 지난 이 책을 읽는 방식은 이전과는 달라질 필요가 있다.

이 책에는 애슈턴(뿐만 아니라 서양의 여러 산업혁명 연구자들)이 눈감고 있는 문제가 있다. 예컨대 식민지 수탈을 통한 자본축적과 산업혁명의 관계라든가, 산업혁명 시기에 은화 부족을 메우기 위해 동인도회사가 중국에 아편을 판매하여 끝내 아편전쟁을 유발케 한 것 등에 관해서는 거의 다루지 않거나 피상적으로만 언급하고 있다. 애슈턴이 1차 산업혁명을 산업 분야뿐 아니라 사회와 의식의 영역에서도 이루어진 변혁으로 간주하는 폭넓은 시야를 갖고 있었다고는 해도, 그 같은 누락과 홀대는 결국 산업혁명에 관한 시야가 '자국 중심적이고' 유럽 중심적인 것임을 드러내고 있다.

이 같은 애슈턴의 국민(국가)주의적이고 유럽 중심적인 시야와는 별개로, 영국이라는 한 지역에서 전개된 산업혁명의 힘은 영국을 넘어 유럽 대륙 국가들에 파급되었을 뿐 아니라 비유럽 식민지들에도 강제되어 낡은 생산기술과 생산관계의 변화를 촉진했다. 영국에서 전개된 1차 산업혁명 이후, 기계제 대공업을 중심으로 하는 생산방식의 '합리화'와 제도화 및 그것을 물적 토대로 삼은 근대사회로의 이행은 (유럽의 식민 모국들과 비유럽 식민지들의 역사적·문화적 차이에 상관없이, 그리고 정치적 지배권을 잃지 않으려 한 식민지 지배 집단과 기존의 정치권력을 무너뜨려 낡은 사회를 변혁하고자 한 반식민주의 혁명가들 간의 이념적 차이와 상관없이) 모든 식민지에서 근대국가로 나아가기 위해 실현해야 할 필수적 과제로 인식되었다. 이것이야말로 1차 산업혁명이 역사 발전 과정에 대한 사유의 측면에서 발휘한 보편화 효과인 것이다.

1차 산업혁명은 세계사적 규모에서 보편화 효과를 발휘하면서 과학기술의 혁신에 따르는 새로운 변화들을 낳았다.

영국에서는 1차 산업혁명 시기에 생산기술이나 도구의 혁신에 발맞춰 자원 조달과 동력 전달이 용이한 장소에 새로운 공업지대들이 창출되었고, 생산물을 신속하게 운송하기 위해 운하와 철도와 도로가 건설되었으며, 상품의 생산과 유통, 소비가 효율적으로 이루어지는 집단적 거주 공간으로서 여러 근대적인 도시가 형성되었다. 요컨대 애슈턴이 말했듯이, 1차 산업혁명으로 한 나라의 지형과 풍광이 확 바뀌었다. 그런 의미에서 1차 산업혁명은 오늘날 '외형적' 측면에서 영국이라는 나라의 원형을 만들어냈다고 할 수 있다.

이 같은 외관의 변화는 영국보다 뒤늦게 근대화의 길에 접어든 다른 유럽 국가들뿐 아니라 유럽 바깥의 나라들에서도 같거나 비슷하게 나타났다. 이런 외관의 변화는 근대로의 이행이 의미하는 보편성을 표현하는 것이지만, 한편으로 인간이 과학기술의 혁신을 통해 본격적으로 자연(현상)을 통제하고 지배하기 시작했음을, 자연이 변형과 파괴와 정복의 대상이 되었음을 의미하는 것이기도 했다. 1차 산업혁명을 계기로 인간과 자연의 관계는 '공존과 적응'의 관계에서 '지배와 종속'의 관계로 결정적으로 바뀐 것이다.

또한 1차 산업혁명은 생산과정에서 인간의 노동 방식을 바꿔놓았다. 이전까지 인간의 육체적 힘과 숙련 기술에 의존하던 생산 활동은, 기계가 발명되고 기계의 기능에 따른 분업이 확대됨에 따라 기계의 구조와 작동에 맞춰질 수밖에 없었다. 인간은 신(神)을 만들었지만 자신이 만든 신에 종속되었듯이, 노동의 편의와 생산력 증대를 위해 기계를 만든 인간은 스스로 창조한 기계에 자신의 신체를 끼워 맞춰야 했다. 기계 앞에서 인간이 지닌 감정과 정서, 의지는 급기야 생산적 노동을 방해하는 장해물이 되었다. 이렇게 1차 산업혁명은 인간과 생산도구의 관계를 뒤바꿔놓은 것이다.

기계를 주요한 생산수단으로 삼은 자본주의 경제체제에서, 상품을 생산하는 노동이 노동자에겐 생존의 방편이었겠지만 생산수단 소유자인 자본가에겐 상품 판매를 통해 이윤을 실현하기 위한 수단이었다. 그리고 생존에 필요한 임금으로 구현되는 노동의 가치는 노동자의 신체가 지닌 물리적 에너지의 지출 시간(또는 그 시간에 생산된 상품의 양)으로 측정되었다. 시간은 단순한 물리적 현상이 아니라 인간의 노동을 지배하는 경제적·사회적 통제 수단이 되었고, 사람들의 일상생활도 임금노동을 지배하는 시간에 맞춰 영위되기 시작했다.

예로부터 세계 여러 나라에는 저마다 고유한 역사와 문화에 따라 생산 활동에서의 상이한 관습과 정서와 시간관념이 존재해 왔다. 그러나 1차 산업혁명은 여러 지역의 다양하고 구체적인 '살아 있는' 노동을 기계의 운동에 예속된 '죽은' 노동으로 전환시켰고, 그렇게 함으로써 그 가치를 물리적 시간으로 계측할 수 있는 동질적이고 보편적인 노동으로 추상화한 생산방식을 확장시키는 데 기여했던 것이다.

따라서 이 책에서 애슈턴이 여러 산업 분야에서 이루어진 다양한 기술혁신에 관해 세밀하게 추적하고 있는 것은, 노동하는 인간의 신체가 새롭게 발명된 기계장치에 종속되기 시작했던 과정, 이와 동시에 다양하고 구체적인 인간의 노동이 추상적이고 동질적이고 계산 가능한 죽은 노동으로 전환되기 시작했던 과정에 대한 설명으로 읽힐 수 있다. 물론 그 과정이 산업혁명의 '본고장'인 영국에서만 이루어진 것은 아니다. 산업혁명이 발휘한 보편화의 힘은 그 과정을 모든 근대국가들에 이입했다.

1차 산업혁명은 4차 산업혁명의 역사적 근원이지만, 그렇다고 해서 그 둘이 서로 동떨어져 있는 것은 아니다. 앞에서도 말했듯이 4차 산업혁명이 시간상으로는 1차 산업혁명과 멀리 떨어져 있는 것처럼 보여도, 1차 산업혁명이 낳은 과학기술상의 혁신이나 경제체제의 변화라는 내재적 기반 없이는 불가능했을 것이라는 의미에서 1차 산업혁명의 결과와 흔적을 내포하고 있다.

독일 출신의 경세학자로서 '다보스 포럼'이라고도 불리는 세계경제포럼(World Economic Forum) 창설의 주역이자 4차 산업혁명의 전도사라 불리는 클라우스 슈바프에 따르면, 전 세계 인구의 17퍼센트에 해당하는 저개발국의 주민 약 13억 명이 아직도 2차 산업혁명을 경험하기 전이어서 전기를 사용하지 못하고 있고, 전 세계 인구의 절반이 넘는 약 40억 명은 인터넷을 이용하지 못하고 있다. 따라서 1차 산업혁명은 여전히 전 세계 여러 지역에서 진행 중이거나 머지않아 찾아올 산업혁명을 기다리고 있는 셈이다.

뿐만 아니라, 1차 산업혁명이 불러온 문제들이 여전히 오늘날의 4차 산업혁명 시대에도 사라지지 않고 있다는 점에서도 1차 산업혁명은 현재진행형이다.

인간과 자연의 지배-종속 관계는 그동안 환경 파괴와 그로 인한 지구온난화와 기후변화 문제를 낳았고, 이 문제는 인류 전체를 위협하고 있다. 그동안 이런 문제를 해결하기 위한 다양한 노력이 펼쳐져 왔지만 산업혁명을 반드시 거쳐야 한다고 여기는 나라들이 있는 한, 그리고 여전히 자연을 정복과 변형의 대상으로 여기는 근대(인)의 사고방식이 사라지지 않는 한 이 문제의 해결은 쉽지 않아 보인다.

인류를 위협하고 있는 것은 자연 파괴만이 아니다. 처음 두 차례의 산업혁명과 과학기술의 발전은 생산재나 소비재뿐 아니라 군사 무기의 제작에도 응용되었고, 개량된 무기들은 두 차례의 세계대전을 비롯한 여러 전쟁을 통해 그 위력을 여실히 발휘했다. 게다가 3차 산업혁명으로 일상화된 컴퓨터는 무기를 첨단화했고 그 효력을 눈에 띄게 향상시켰다. 물론 전쟁과 대량살상무기 사용을 억제하기 위한 정치적 노력들은 꾸준히 있어 왔고일정한 성과도 이루어 냈다. 그러나 산업혁명이 자연뿐 아니라인류에 대해서도 파괴와 정복 능력을 점점 더 증대시키는 효과를 발휘해 왔다는 점 자체는 부정할 수 없는 사실이다.

1차 산업혁명의 기술혁신으로 전면화되기 시작한 노동으로부터 인간 소외, 살아 있는 노동의 죽은 노동으로의 전화, 노동의추상화와 동질화 같은 문제들 역시 여전히 현존한다. 어떤 의미에서 제1차, 2차 산업혁명은 인간의 노동을 기계로 대체한 과정이라고 할 수 있고, 컴퓨터를 일상화시킨 3차 산업혁명은 그 과정을 한층 더 빠른 속도로 단축시켰다. 그리고 4차 산업혁명은노동과정에서 발휘되는 인간의 정신 능력까지 인공지능으로 대체함으로써 산 노동의 죽은 노동으로의 전화와 노동의 추상화·동질화를 완성시켜 육체적·정신적 힘의 담지자일 뿐 아니라 정서와 의지의 주체인 인간 자체를 아예 생산적 노동으로부터 배제시킬지 모른다.

하지만 이러한 문제들을 심각하게 인식하고 있는 시민들에 의해 자연환경을 보존하려는 운동이나 무분별한 개발에 대한 저항이 오늘날 세계 곳곳에서 펼쳐지고 있고, 반전평화 운동이라든가 반핵 운동도 여기저기 줄기차게 벌어지고 있다. 또한 단지 자기 '노동력'의 재생산과 생산수단 소유자의 이윤 추구를 위한 종속적 노동을 자발적으로 거부하고 '생명력' 있는 삶을 영위할 수 있는 공동체를 건설하려는 움직임들도 꾸준히 확장되고 있다.

역사적으로 네 번째에 이른 산업혁명이 궁극적으로 인간을 종속적인 노동으로부터 해방시켜 다른 방식의 풍요로운 삶을 가능케 할 것인지, 아니면 인간이 창조한 또 하나의 '신'에 인간을 신체적·정신적으로 종속시켜 인간 세계로부터 인간이 소외되는 '포스트 휴먼'(post-human) 시대를 만들 것인지는 아직 예단하기 어렵다.

물론 역사는 단순한 이분법으로는 사유할 수 없는 복잡하고 복합적인 과정이며, 미래에 대한 전망도 현재의 시점에서는 불투명하다. 현재와 미래에 대한 평가나 해석은, 모든 역사가 그렇듯이 현재와 미래 이후에 사후적으로 이루어진다. 그리고 그럴 때에도 역사적 평가나 해석은 늘 변화된 사회적 환경에 영향을 받게 될 역사가의 관점이나 사유 방식에 따라 달라질 것이다. 그러나 분명한 것은, 오늘날 4차 산업혁명과 관련하여 여러 방면에서 제기되고 있는 '포스트 휴먼'의 문제들은 일찍이 1차 산업혁명이 낳은 여러 문제들이 새로운 역사적·과학기술적 조건 속에서 전면화된 것 혹은 그것의 현대화된 버전이라는 점이다. 이 점에서 1차 산업혁명과 애슈턴의 이 책은 여전히 현재성을 지닌다.

2020년 5월
김택현

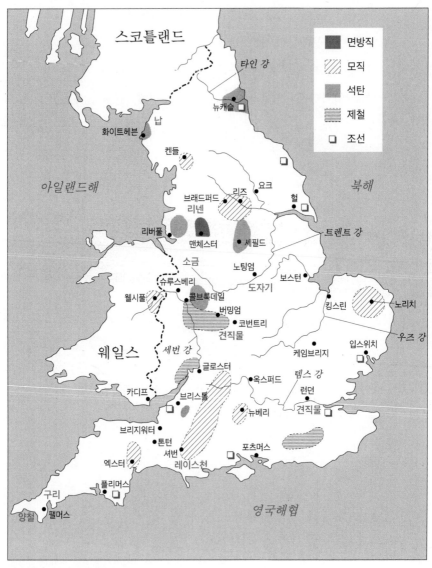

1700년 무렵 영국의 산업

차례

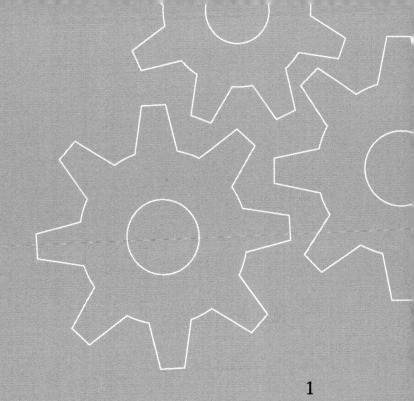

1

서론

조지 3세(1760~1820년 재위)와 그의 아들 윌리엄 4세(1830~ 1837년 재위)의 즉위 사이 짧은 기간 동안, 잉글랜드[1]의 면모는 크게 바뀌었다. 몇 백 년 동안 개방경지[2]로 경작되어 오거나 공동 목초지로 방치되어 있던 땅들에 울타리가 둘러쳐졌다.[3] 작은 마을은 사람들이 붐비는 도시로 성장해 갔고, 늘어선 굴뚝은 오래된 뾰족탑들을 왜소하게 만들었다. 큰길이 나기 시작했다. 대

---

1 통상적으로 잉글랜드(England)는 영국을 의미하지만 스코틀랜드, 웨일스와 함께 브리튼(Britain) 또는 그레이트브리튼(Great Britain)을 구성하는 지역이기도 하다. 잉글랜드, 스코틀랜드, 웨일스에 북아일랜드를 합친 것이 연합왕국(United Kingdom)이며, 대영제국(British Empire)은 해외의 영국 영토까지 포함하는 명칭이다. 이 책에서 'England'는 잉글랜드로, 'Britain'은 영국으로 옮긴다.

2 중세 이래 영국에서는 영주 직영지와 농민들의 보유지가 따로 구획되어 있었던 것이 아니라 길고 좁은 지조(地條)들로 분산되어 혼재했다. 이 같은 경지를 개방경지(open fields)라 부른다. 공동 목초지(common pastures)는 농민이 각자의 지분에 따라 자유롭게 방목할 수 있는 토지를 말한다.

3 이렇게 개방경지와 공동지에 울타리를 치는 것을 인클로저(enclosure)라 한다. 첫 번째 인클로저는 15~16세기에 있었는데, 이때는 영주들이 개방경지와 공동지를 주로 양을 키우는 목초지로 전환하기 위한 것이었다. 양모나 양고기가 곡물보다 더 많은 수익을 가져다주었기 때문이다. 그러나 곧 개방경지에서 경작하던 농민들은 토지에서 추방되었다. 두 번째 인클로저는 18세기 후반부터 19세기 초, 인구 증가에 따른 곡물 수요 증대로부터 더 많은 수입을 얻으려 한 지주들이 자신들의 이익을 대변하고 있던 의회의 법을 통해 강제적으로 실행한 것이었다. 1760년부터 1820년까지 4천여 건의 인클로저 관련법이 의회에서 통과되어 개방경지와 공동지는 사실상 사라졌다. 이 '의회 인클로저'로 인해 단위 경작 면적은 확대되었고 농업 기술 개량과 설비 투자가 이루어져 자본주의적인 농업 경영이 본격화되었다. 이 과정에서도 농민들은 토지에서 추방되어 임금노동자로 전락했다.

니얼 디포(1660~1731)[4] 시대에 여행자들의 점잖은 자세를 무너뜨리던 저 고약한 교통로보다 더 평탄하고 더 단단하고 더 넓었다. 북해와 아일랜드해, 그리고 머시 강, 우즈 강, 트렌트 강, 세번 강, 템스 강, 포스 강, 클라이드 강처럼 배를 타고 갈 수 있는 강들은 잔잔한 운하망으로 한데 연결되었다. 북부에는 최초로 새 기관차가 달릴 철로가 깔렸고, 증기선들이 강어귀와 해협을 드나들기 시작했다.

비슷한 변화가 사회구조에도 나타났다. 인구가 엄청나게 늘어남에 따라 어린이와 젊은이의 비율도 크게 높아졌다. 새로운 지역사회의 성장으로 인구의 중심은 남부와 동부에서 북부와 중부로 이동했다. 기업심이 강한 스코틀랜드인들이 이주 행렬의 선두에 섰는데, 그 행렬은 지금까지도 계속되고 있다. 또한 기술은 없지만 강건한 아일랜드인들도 홍수처럼 쏟아져 들어왔는데, 이런 움직임이 잉글랜드인들의 건강과 생활방식에 영향을 주지 않았다고는 볼 수 없다. 농촌에서 나고 자란 남녀들이 무리지어 함께 살면서 생계비를 벌게 되었으나, 그들은 더 이상 가족이나 이웃 집단이 아니라 공장의 노동력을 구성하는 단위들이었다. 작업은 점점 더 전문화되었다. 새로운 형식의 기술이 발전했고

---

4 그의 대표적인 소설은 《로빈슨 크루소》(1719년)이지만, 본문에서 애슈턴이 당시의 열악한 도로 사정에 관해 인용하고 있는 것은 《영국 주유기(周遊記)》(A Tour through the Whole Island of Great Britain, 1724~1726)이다.

다소 낡은 기술은 자취를 감추었다. 노동은 더 유동적이 되었으며, 기회의 한복판에 뛰어들 수 있거나 기꺼이 뛰어들려는 사람들은 더 높은 수준의 안락함을 누릴 수 있었다.

그런가 하면 새로운 원료 자원이 개발되고 새로운 시장이 열렸으며, 새로운 거래 방법이 고안되었다. 자본의 규모와 유동성도 증가했다. 통화는 금본위(金本位)로 이루어졌고 은행 제도가 도입되었다. 수많은 낡은 특권과 독점이 사라지고 기업 활동의 법적 장애물들은 제거되었다. 이런저런 사안에서 국가의 역할은 점점 더 줄어들었고, 개인과 임의단체가 점점 더 적극적인 역할을 하게 되었다. 혁신과 진보의 관념이 전통적인 규제들을 무너뜨렸다. 사람들은 뒤를 돌아보기보다 앞날을 내다보기 시작했으며, 자연과 사회생활에 관한 생각도 변했다.

이 같은 일련의 변화를 '산업혁명'이라고 불러야 할지 말지에 관해서는 충분히 논의해 볼 만하다. 그 변화들은 '산업'에만 국한된 것이 아니라 사회적이고 지적인 것이기도 했다. '혁명'이라는 단어는 급작스러운 변화를 의미하는데, 사실 경제 과정의 특징은 아니다. 흔히 자본주의라고 불리는 인간관계 시스템은 1760년보다 훨씬 전에 그 기원을 두고 있으며, 1830년보다 훨씬 나중에 최고조로 발전했다. 혁명이라는 단어에는 지속성이라는 매우 중요한 사실이 간과될 위험성이 존재한다. 그러나 '산업혁명'이라는 말은 오랫동안 역사가들이 사용해 왔고 일상어에 깊이 침투해 있기 때문에, 뭔가 그것을 대체할 용어를 제시하는 것이 어쩌면 현학적으로 보일 것 같다.

산업혁명 시기 사회사의 두드러진 특징, 무엇보다도 그 시대를 이전 시대와 구별시켜 주는 현상은 인구의 급속한 성장이다. 장례식과 세례식의 횟수에 근거한 조심스러운 추계에 따르면, 잉글랜드와 웨일스를 합친 인구는 1700년에 약 550만 명, 1750년에는 약 650만 명이었다. 최초로 인구조사가 시행된 1801년에는 대략 900만 명이었고, 1831년에는 1,400만 명에 이르렀다. 따라서 18세기 후반에 인구는 40퍼센트 가량 증가했고, 19세기의 처음 30년 동안 50퍼센트 이상 증가했다. '영국'(Great Britain)의 경우 그 수치는 1801년에 대략 1,100만 명이며, 1831년에는 1,600만 명에 이른다.

인구 성장은 출생률에서 모종의 현저한 변화가 일어난 데에 따른 결과가 아니었다. 18세기의 처음 40년 동안, 인구 1천 명당 출생자 수가 얼마간 증가한 것처럼 보이는 것은 사실이다. 농업 노동자들은 고용주의 집에서 기숙하는 대신 스스로 가정을 꾸리는 경향이 있었고, 공업 부분에서 도제(徒弟) 시스템의 쇠퇴 역시 조혼과 가족 확대를 낳았다. 그러나 1740년부터 1830년까지 출생률은 눈에 띌 만큼 큰 변화가 없었던 것으로 보인다. 왜냐하면 10년을 단위로 볼 때 그 수치가 37.7퍼센트 이상으로 증가하거나 36.6퍼센트 이하로 하락한 10년은 없기 때문이다. 산업혁

명 기간 전체를 통틀어 출산율은 높았지만, 그래도 안정적이라
할 만했다.

인구 증가가 다른 나라로부터의 인구 유입에 따른 것이라고
할 수도 없다. 10년을 단위로 보면, 매 10년마다 선남선녀들이
아일랜드에서 잉글랜드와 스코틀랜드로 가는 배에 올랐고, 기
근 시기에 그 작은 흐름은 큰 물결이 되었다. 하지만 1840년대
의 마지막 5년 동안 쏟아져 들어온 아일랜드인 이민과 같은 급
류는 없었다. 다른 한편, 18세기 동안 아마도 100만 명 정도가
주로 식민지에서 살 길을 찾으려고 영국을 떠나 해외로 나갔을
것이다. 그중에는 북아메리카의 메릴랜드나 오스트레일리아의
보터니 만으로 이송된 죄수 5만 명도 있었다. 또 유럽 대륙으로
건너간 수많은 수공업 장인들도 있었는데, 이들은 법을 어기고
자신들의 전문 지식과 숙련 기술을 유럽에 전파했다. 긴 안목으
로 볼 때, 이것이 그들의 조국에 불이익을 가져다주었다고 생각
되지는 않을 것이다. 이 모든 것을 고려할 때, 영국은 인구 수용
실이 아니라 바다 건너의 새로운 사회들을 위한 양육장 구실을
했다.

인구 증가를 이끈 것은 사망률의 하락이었다. 18세기의 처
음 40년 동안, 값싼 진(gin)[5]에 대한 과도한 탐닉, 간간이 중단

---

5 두송(杜松, 노간주나무) 열매로 만든 증류주.

되면서 이어진 기근과 질병이 수많은 생명을 앗아 갔다. 그러나 1740년부터 1820년 사이에 사망률은 거의 지속적으로 하락했다. 1740년까지의 10년 동안 어림잡아 35.8퍼센트였던 사망률은 1821년까지의 10년 동안에는 21.1퍼센트로 떨어졌다.

여러 요인이 사망 건수의 감소에 영향을 주고 있었다. 이 무렵 감자나 순무 같은 뿌리채소가 재배되기 시작하여 겨울철에 더 많은 가축을 사육할 수 있게 되었고, 따라서 사시사철 신선한 육류 공급이 가능해졌다. 질 낮은 곡물을 밀로 대체하고 야채 소비가 늘어남으로써 질병에 대한 저항력이 높아졌다. 비누와 값싼 면내의가 보급됨에 따라 사람들의 청결 수준이 높아지고 전염의 위험성도 줄어들었다. 목재 대신 벽돌을 사용하여 벽을 세우고 짚 대신 슬레이트나 돌을 사용하여 오두막집의 지붕을 올림으로써 해충이 감소했다. 또한 몸에 해로운 여러 가내공업 제조 공정을 제거한 것은 가내노동자 집 안을 더 쾌적하게 만들었다. 더 큰 도시에는 도로가 포장되고 배수 시설이 갖추어지고 수돗물도 공급되었다. 의약과 외과 수술 지식이 발전하고 병원과 약국도 늘어났다. 또한 쓰레기 처리와 적절한 시신 매장 같은 일에 더 큰 관심이 기울여졌다.

믿을 만한 통계가 없기 때문에, 인구 중 어느 세대가 이러한 개선으로부터 가장 큰 혜택을 입었는지 단정할 수는 없다. 에드워드 기번(1739~1794)은 자서전에 나오는 유명한 구절에서 이렇게 말하고 있다.

부모가 사망하기도 전에 갓난아기가 죽는 일은 가혹해 보일 수 있지만, 냉정하게 말해서 있을 수 있는 일이다. 왜냐하면 일정한 수의 신생아들 중에서 아홉 살이 되기 전에, 즉 심신(心身)의 능력을 갖추기도 전에 꽤 많은 아이가 목숨을 잃고 있기 때문이다. 나는 그런 식으로 헤프게 인명을 낭비하거나 온당치 않게 기교를 부리는 대자연을 비난하지 않겠으나, 이 불행한 일이 내가 자라던 유년기에 비해 곱절로 불어났다는 사실은 말하지 않을 수 없다. 나는 몹시 허약한 체질이었고 죽지 않고 잘 자라날지 너무 불안했기에, 신중한 아버지는 내 동생들이 세례 받을 때마다 '에드워드'라는 내 세례명을 불렀다. 그러면 장남이 죽을 경우에도 이렇게 아버지가 부른 이름이 가족 안에 여전히 살아남을 수 있기 때문이었다.

이 글은 1792~1793년에 쓴 것이다. 그때는 기번이 태어났을 때보다 유아의 생명이 헤프게 스러지는 일이 약간 적었을 것이고, 또 만일 그랬다면 인구 중 어린이와 젊은이들이 차지하는 비율은 더 높았을 것이다. 이 점은 초창기 공장의 노동력 구성을 살펴볼 때 유념해야 하는 문제이다.

영국의 인구 증가는 상품 생산 역시 급속히 증가하고 있을 때에 일어났고, 이러한 동시성은 성급한 일반화를 낳았다. 어떤 저자들은 산업의 성장이 인구 증가를 낳았다고 추론해 냈다. 이게 사실이라면, 산업의 성장은 출생률(앞서 살펴보았듯이 출생률은 여전히 안정적이었나)을 통해서가 아니라 사망률을 통해서 영향력을 발휘했어야 한다. 앞에서 언급한 개선된 생활양식 중 일부는 분명히 산업 발전 덕분이었지만, 그것이 사망률 감소에 주된 역할을 했다고 보는 것은 성급한 일이다. 왜냐하면 영국만이 아니라 성격상 산업혁명 같은 것이 전혀 발생하지 않은 서유럽과 북유럽 다른 나라 대부분에서도 인구는 급속히 증가하고 있었기 때문이다.

또 어떤 저자들은 앞의 인과관계를 거꾸로 놓고 인구 성장이 상품 수요에 영향을 미침으로써 산업 팽창을 자극했다고 주장했다. 하지만 인구 증가가 반드시 공업 제품들에 대한 유효수요의 확대를 의미하지 않으며, 또 해당 국가에서 공업 제품들의 생산 증대를 의미하지도 않는다(만일 그런 것을 의미한다면, 우리는 18세기 아일랜드에서, 그리고 19세기 이집트와 인도, 중국에서 급속한 경제 발전이 일어나리라고 내다봐야 할 것이다). 인구 증가는 차라리 모든 사람의 생활수준을 떨어뜨린다고 해도 좋을 정도이다. 1798년에 토머스 맬서스(1766~1834)의 마음을 억누르던 것은 생계 수단에 대한 인구의 압력이라는 유령이었다. 그것은 망상이 아니었다. 다만 맬서스가 가정한 것보다 직접적인 압력이 덜했던 것은 사실이다. 그러나 만일 19세기 중반 이후 미국에 철도가 없었고 대평원 개척이 없었고 증기선이 없었다면, 영국은 가혹한 경험을 통해 '두 개의 손에는 하나의 입이 딸려 있으므로'(with every pair of hands there is a mouth) 모든 인구 팽창은 반드시 소비 증가와 이에 따른 생산 증가를 가져온다는 견해가 오류임을 배웠을 것이다. 영국에서는 18세기와 그 이후에, 인구 증가와 나란히 다른 생산 요인들이 증가하고 있었고 그로 인해 국민(국민 대부분)의 생활수준이 향상될 수 있었다.

경지 면적이 증가했다. 늪과 습지에서 물을 빼내는 일, 오래 묵어 있던 거친 공동 목초지(흔히 황무지라고 불렀다)를 개간하여 경작지로 전환시키는 일, 그리고 곡물과 가축을 더 많이 기르기 위해 토지에 울타리를 치는 일 등에 상당한 관심이 기울여졌다. 이러한 사태 진전을 목격한 누군가는 "이런 식으로, 명예혁명 이후 모든 전쟁에서 획득된 영토보다 더 쓸모 있는 영토가 개인들의 희생을 통해 제국에 보태졌다"고 썼다. 몇 가지 새로운 곡물이 재배되기 시작했다. 순무는 기르던 가축의 규모를 늘릴 수 있게 했고, 북부에서 대중 음식이 되고 있던 감자는 토지를 꽤 효율적으로 이용할 수 있게 해주었다. 농업과 농민의 변화에 관해서는 나중에 더 살펴보기로 하자. 여기에서는, 이전까지 경제활동 네트워크의 바깥에 있던 토지가 그 안으로 끌려 들어와 선용(善用)되었다는 의견을 말하는 것으로 충분하다. 오늘날에도 토지 경계선이 이동하고 있는 모습을 산 중턱에 올라서면 눈으로 확인할 수 있을 것이다.

동시에 자본도 급속히 증가하고 있었다. 기본적인 생필품을 충당하고도 남을 만큼 소득을 얻는 사람들이 늘어나고 있었다. 저축할 여력도 커지고 있었다. 1688년의 정치적 해결[6]에 뒤따른 안정된 정치적·사회적 상황은 더 먼 지평선을 바라보도록 사람들을 북돋웠다. 경제학자들이 말하는 '시간선호'[7]는 축적에 유리했다. 계급 구조도 축적에 유리했다. 더 많은 저축은 공정성에 대한 근대적 관념에 더 가깝게 접근해 있는 사회에서가 아니라 부의 분배가 불균등한 사회에서 이루어진다는 것이 일반적 인식이다. 1688년 그레고리 킹(1648~1721)에서 1812년 패트릭 커훈(1745~1820)에 이르기까지, 통계학자들의 추계는 여러 사회계급의 소득에서 큰 변화가 있었음을 보여 준다. 그리고 국채(National Debt)를 비롯한 새로운 제도의 출현은 이전 세대부터 이어져 내려오던 불평등을 심화시켰다.

오늘날 우리가 알고 있듯이, 공채(public debt)는 윌리엄 3세가

---

6 1685년에 영국 왕위에 오른 제임스 2세가 의회의 권한을 축소하고 절대주의 왕정 체제로 복귀하려 하자, 1688년에 의회 내의 토리파와 휘그파가 협력하여 제임스 2세를 퇴위시키고, 네덜란드 총독 윌리엄 3세와 그의 부인 메리 2세를 영국의 공동 왕으로 추대했다. 유혈사태 없이 의회가 정치적 주권을 갖는 입헌 왕정을 재확립한 이 사건이 '명예혁명'(Glorious Revolution)이다.

7 time-preference, 현재재(現在財)와 미래재(未來財)의 교환에서 발생하는 할증 가격(agio) 즉 이자를 매개로 현재 소비와 미래 소비의 시간적 배분이 결정되는 것을 말한다. 소득의 일부를 현재의 소비에 지출하고 나머지를 미래의 소비를 위해 유보할 때, 소득의 소비에 관해 시간 선호를 하고 있는 것이라고 말할 수 있다.

벌인 전쟁이 불러온 긴급 상황의 산물이었다. 공채는 꾸준히 증가하여 1815년에는 8억6천1백만 파운드라는 액수에 이르렀다 (거의 전적으로 잇따른 전쟁의 결과였다). 이 모두를 영국인들이 보유한 것은 아니었다. 1776년에 아마도 그중에 4분의 1 또는 그 이상이 네덜란드인의 수중에 있었을 것이다. 그러나 네덜란드가 영국과 전쟁에 연루된 1781년 이후, 영국에서 공채의 대부분을 보유한 이들은 귀족, 향신(鄕紳),[8] 법률가, 은퇴 상인, 유복한 계급의 과부와 미혼 여성이었다. (헨리 파넬 경의 추계에 따르면) 1815년에 연합왕국(United Kingdom) 국민의 화폐 소득 가운데 아마도 11분의 1가량이, 1827년에는 12분의 1가량이 빈민을 포함한 납세자들로부터 징수되어 상대적으로 부유한 국채 보유자들에게 이전된 것으로 나타난다.

하지만 축적이 저절로 자본재(capital goods)의 창출을 이끌어 내는 것은 아니다. 이 시기에는 저축을 하겠다는 의사뿐 아니라 저축을 생산적으로 활용하겠다는 의지도 커졌다. 18세기 초, 토지귀족(landlord)들은 저축 자금을 자신의 영지(領地)를 개량하는 데 사용했고, 또 상인들은 시장을 확장시키는 데, 제조업자(manufacturer)들은 더 많은 노동자를 고용하는 데 사용했다.

---

8 squire, 중세 봉건사회에서는 기사(騎士)를 모시는 종자(從者)였으나, 근대에 들어오면서 지방의 행정을 집행하는 중·대 지주층을 일컫는 용어로 사용되었다.

그리고 은퇴한 유한계급의 저축액 일부는 지방 지주와 농업가(farmer)[9]와 상인에게 담보를 조건으로 대출되거나, 유료도로 트러스트(turnpike trust)[10]의 주식에 투자되었다. 자본시장은 지방 은행가들(이들은 이런 이름을 갖기 훨씬 전부터 존재했다)의 발흥에 힘입어 점점 더 확장되었다. 국가가 다량의 우량 증권을 내놓음으로써 사람들은 비인격적(impersonal) 투자 관념에 익숙하게 되었으며, 그래서 자신들의 저축을 거리상으로 멀리 떨어져 있는 투기적 성격의 기업에 밀어넣게 되었다. 1720년에 '남해거품 사건'(South Sea Bubble)[11]이 터져 수천 명이 파산했을 때, 투자의 결과가 항상 유리하지는 않을 수 있다는 점이 분명해졌다. 그러나 일반적으로 자본 유동성의 증대는 사회적으로 이익이었으며, 실제로 이자율의 큰 하락을 불러왔다.

몇 세기 동안 국가는 이자 취득에 대해 적대적이거나, 적어도

---

9 지주에게 정액 지대를 지불하고 대규모의 토지를 빌려 임금노동자를 고용하여 시장 판매를 목적으로 농경이나 목축을 하는 농업 자본가로서 차지농(借地農)을 뜻한다. 경우에 따라서는 그런 방식으로 자신의 토지를 운영한 독립적인 농업 경영자를 가리키기도 한다.

10 도로의 건설과 유지 비용을 통행인에게 징수하는 유료도로 제도가 1663년에 시작되었는데, 이에 대한 관리를 위임받은 기구가 '유료도로 트러스트'였다.

11 1711년에 설립된 남해회사(South Sea Company)는 막대한 액수의 정부 부채를 인수하는 대신 남아메리카 무역과 은(銀) 거래 사업의 독점권을 획득했다. 1720년대 전반기에 이 회사가 바닷물을 담수로 바꾼다거나 무한 동력의 차륜(車輪)을 만든다는 터무니없는 사업 계획을 발표하자 광적인 투기 붐이 일었고, 회사의 주가는 10배나 치솟았다. 그러나 곧 주가가 폭락하여 회사는 파산했고 수천 명의 투자자들은 막대한 손실을 입었다. 이 사건을 '남해거품사건'이라 부른다.

미심쩍어하는 태도를 보였다. 국가는 상습 채무자였고, 그래서 규정된 이자율 이상으로 대출하는 것을 금지하는 법들을 통과시켰다. 1625년에 법정 이자율은 10퍼센트에서 8퍼센트로 낮아졌다. 또 1651년에는 6퍼센트로, 1714년에는 5퍼센트로 줄었다. 이는 언제나 '자연이자율'[12]의 감소에 따른 것이었다. 18세기 초, 대출할 수 있는 자금이 풍부해지자 재무대신들은 국가의 채권자들에게 지불하는 이자를 줄일 수 있었다. 전쟁을 치르는 동안, 윌리엄 3세 정부는 7~8퍼센트의 이자를 지불해야 했다(고리대 금지법이 국가에는 적용되지 않았다). 그러나 1717년에 종신연금공채(perpetual annuities)의 이자율은 5퍼센트로 감소했고, 1727년에는 4퍼센트로 감소했다. 마침내 1750년대 들어 헨리 펠럼(1696~1754)은 이자율을 한 번 더 낮췄는데, 1757년에는 수없이 발행된 공채를 단 한 가지로 정리하여 이른바 콘솔(Consols)이라 약칭하는 '3퍼센트 이자율 정리(整理)공채'(3 percent Consolidated Stock)를 발행했다. 원하지 않는 대중에게는 이러한 공채 전환이 강요되지 않았다. 일반적으로 사회의 이자율 하락을 이끌어 냈다기보다는 그것을 반영한 것이었다. 이 시기에 기준이 될 만

---

12 자연이자율이란 저축과 투자를 균형 있게 만드는 이자율(정상 이자율), 또는 물가를 변동시키지 않을 (물가에 대해 중립적인) 이자율, 또는 새로 형성된 자본의 이자 수익에 대응하는 이자율을 말한다. 한편, 시장이자율은 화폐자본에 대한 수급에 의해 결정되는 화폐이자율을 말하는데, 예컨대 실제로 은행이 기업에게 대부해 줄 때의 이자율(대부 이자율)이 곧 시장이자율이다.

한 시장이자율이라고 할 만한 것은 없었지만, 그 이자율 하락 과정은 잉글랜드은행(Bank of England)의 주식 가격 상승에서 찾아볼 수 있다.

상인들과 제조업자들의 원부(原簿)는 당시의 상황에 관한 더 많은 증거를 제공한다. 이 시기에 경제활동의 상당 부분을 지배한 쪽은 소규모 동업자 집단이었다. 동업자들은 저마다 연간 이윤 중에서 자기 몫을 받거나, 아니면 자기 몫의 이윤 전부 또는 일부를 회사에 그대로 남겨 두고 이자를 받을 권리가 있었다. 18세기 초반에 이런 식으로 재투자된 돈에 대한 이자율은 꾸준히 하락하고 있었다. 예를 들면, 버밍엄 남서쪽의 우스터셔에 있던 제철업자들의 회사인 에드워드나이트앤드컴퍼니(Edward Knight and Company)에서는 1720~1730년대에 동업자들 각자의 부기 대장 대변(貸邊)에 그들의 미배당 이윤에 대한 이자율을 5퍼센트로 기입해 놓았는데, 1735년에 그 이자율은 4퍼센트로 하락했고 1756년에는 더 줄어 고작 3퍼센트밖에 안 되었다.

만일 한 무리의 사람들이 자신들의 저축금을 유료도로 같은 대자본이 필요한 신규 사업에 투자할 생각이 있었다면, 그들은 먼저 자기 자본이 완전히 회수하는 데 몇 년이 걸릴지 계산했을 것이다. 만일 당시 이자율이 5퍼센트라면, 20년 후에 그 자본을 되찾을 수 있는 사업에 투자할 만하다고 볼 수 있다. 4퍼센트라면 원금 상환에 25년이 걸리는 사업, 3퍼센트라면 33.3년이 걸리는 사업으로 투자가 확대될 것이다. 자본을 취득할 수 있게 하는 이자율이 낮을수록 자본 활동은 더 한층 확장될 것이다. 고정된 형태로 자본을 묶어 놓음으로써 유보되는 이익이 줄어들기 때문이다.

일찍이 1688년에 조사이어 차일드 경은 "오늘날 모든 나라는 이자로 현재 얼마를 지불하고 있고 또 대개 얼마를 지불해 왔는지에 정확히 비례하여 더 부유하거나 더 가난하다"고 언급했다. 나아가 "이자율을 6퍼센트에서 4퍼센트나 3퍼센트로 낮추면 반드시 …… 국가의 자본금이 배가될 것"이라고 논평하면서, "재산 대부분을 토지로 보유한 귀족과 젠트리[13]는 곧 그들이 갖고 있는 모든 재산의 평가 가격을 50이 아니라 100으로 올릴 것이다"라고 덧붙였다. 이자와 자본과 부(富)의 관계에 대한 이 초기의 설명에도 불구하고, 역사가들은 산업혁명 이전의 반세기 동안 이자율 하락의 중요성을 온당하게 강조한 적이 없었다. 적절한 일은 아니겠지만, 우리가 18세기 중반 무렵에 경제 발전 속도가 빨라진 이유를 단 하나만 찾고자 한다면 이 이자율 하락을 눈여겨 봐야 한다. 산업혁명 시기에 깊이 굴착된 탄갱(炭坑), 튼튼하게 지어진

---

13 gentry, 중세 봉건사회에서 기사보다 상층에 있는 고귀한 신분을 가리키는 젠틀맨 (gentleman)이라는 용어에서 유래한다. 근대에 들어와 사회가 변하고 신분제가 붕괴 하면서 귀족과 자영농민인 요먼(yeoman) 사이에 있는 서민 출신의 지주나 상인, 법률 가 등을 지칭하는 용어로 사용되었다.

공장, 훌륭하게 건설된 운하, 견실한 가옥 따위는 비교적 값싼 자본의 산물이었다.

한 가지가 더 필요했다. 점점 증가하고 있던 노동과 토지와 자본이 통합되어야 했다. 18세기와 19세기 초엔 생산요소들의 새로운 결합 방법을 신속하게 고안하고, 새로운 시장을 발견하기 위해 열심히 노력하고, 새로운 아이디어를 잘 받아들이는 기업가들이 많았다. 존슨 박사[14]는 "시대는 미친 듯이 혁신을 추구하고 있다. 세상의 모든 사업은 새로운 방식으로 진행되고 있고, 사람들은 새로운 방식에 매달리고 있다. 타이번[15]조차 열광적 혁신에서 벗어날 수 없다"고 지적했다. 그 시기의 정서와 정신적 태도는 상서로운 것이었다. 앞선 두 세기 동안 사회를 분열시켜 온 종교적·정치적 차이는 수습되었다. 18세기가 두드러진 신앙의 시대는 아니었지만, 적어도 관용이라는 기독교의 미덕을 지키고 실천한 시기였다. 길드(gild)[16]와 지방자치기구(municipality)와 중앙

---

14 시인이자 평론가인 새뮤얼 존슨(1709~1784)을 가리킨다. 스태퍼드셔 리치필드 출신인 그는 옥스퍼드대학에 입학했으나 가난 때문에 학업을 마치지 못하고 문학의 길로 나섰다. 1775년에 영국에서 처음으로 영어사전을 만들어 영문학 발전에 기여했으며 엄격한 성공회 신자이기도 했다.

15 Tyburn, 런던에 있던 사형장의 이름.

16 중세에 결성된 수공업자들과 상인들의 동업조합. 길드는 생산품의 품질, 규격, 수량이라든가 장인이 거느리는 도제의 수 등을 규약으로 정해 놓았다. 이를 길드 강제 또는 규제라 부르는데, 아직 시장이 발달하지 않아 주문에 따라서 생산과 거래를 하는 동업자들 간의 경쟁을 지양하면서 상호부조가 필요했기 때문이다. 그러나 경제가 발달함에 따라 이러한 길드 강제는 오히려 생산력 발전과 경쟁에 장애가 되어 결국 폐지되었다.

정부에 의한 산업 규제는 무너지거나 정지 상태에 있었기 때문에, 창의력을 발휘하여 사업을 펼칠 수 있는 분야가 열렸다. 엘리자베스 1세 시대의 산업통제법규(industrial legislation) 안에 있는 더 엄격한 몇몇 규제 조항의 적용을 받지 않았던 랭커셔와 웨스트라이딩[17]에서 발전이 가장 눈에 두드러졌던 것은 아마 우연이 아니었을 것이다. 촌락과 맨체스터나 버밍엄 같은 비특권 도시들(unincorporated towns)이 가장 빠르게 성장한 것도 분명 우연이 아니었다. 왜냐하면 오래전부터 공업과 상업은 공적 통제의 몇몇 잔재들이 여전히 작동하던 지역들에서 떠나고 있었기 때문이다.

17세기를 지나며 법의 태도는 변했다. 에드워드 코크 경(1552~1634)[18] 시기부터 관습법 법정에서 나온 판결들은 소유권에 대해서는 실로 관대해졌지만, 특권에 대해서는 적대적으로 바뀌었다. 1624년의 독점조례(Statute of Monopoly)는 수많은 기득권을 쓸어 냈다. 한 세기 반이 지난 후 애덤 스미스(1723~1790)는 잉글랜드인들에 대해 "국민 모두가 아주 명예롭게도 독점이라는 야비한 정신에 굴종하지 않았다"라고 말할 수 있었다. 바로 그 조례를 통해 윤곽이 그려진 특허권 제도가 산업 활동의 혁신을 고취하고 있었는지 아닌지는 판단하기 쉽지 않다. 이 제도는

---

17 요크셔 주를 동, 서, 북으로 삼분(三分)한 행정구역 가운데 하나. 1974년에 폐지되었다.
18 법률가. 민사법정(Common Pleas)의 재판장이 된 후 국가권력과 교회 권력에 제한을 가하고자 했다.

발명가들을 보호했지만, 몇몇 특권적 지위가 부당하게 오랫동안 유지될 수 있게 했으며 때로는 새로운 발명을 가로 막는 데 이용되었다.

예를 들면, 제임스 와트(1736~1819)는 다른 엔지니어들이 자신한테서 특허 사용 허가를 받았는데도 신형 증기기관 제작을 25년 동안이나 가로막았다. 모두 사심 없는 동기에서 그런 것은 아니었지만, 많은 제조업자들이 그 법의 적용에 반대했고 특허권 침해를 부추겼다. 맨체스터를 비롯한 여러 산업 중심지에서는 이런저런 단체가 생겨나 특허권 소유자들이 주장한 권리들의 합법성에 이의를 제기했다. 1754년에 설립된 '기술상공업진흥협회'(Society for the Encouragement of Arts, Manufactures and Commerce)는 기꺼이 자신들의 고안품을 누구나 자유롭게 활용할 수 있게 한 발명가들에게 포상금을 주었다. 또한 의회는 농업위원회(Board of Agriculture)와 수의과대학(Veterinary College)에 해마다 상당한 보조금을 줘서 사용하도록 했고 이에 덧붙여 자체 포상금까지 주었다. 예컨대, 토머스 롬에게는 그의 견연사(絹撚絲) 제조 공정[19] 특허권이 만기가 되었을 때 1만4천 파운드를 주었고, 종두법을 발견한 에드워드 제너에게는 3만 파운드를, 다양한 발명품을 만든 에드먼드 카트라이트에게는 1만 파운드를, 그리고 '뮬방적기'를

---

19 실타래에 감긴 비단실이나 생사가 세척되고 꼬여져서 얼레에 감기는 공정.

창안한 새뮤얼 크럼프턴에겐 5천 파운드를 주었다. 이런 금전적 보상을 전혀 받지 못한 뛰어난 산업가 중 한 명인 조사이어 웨지우드는 "이 불명예스러운 노예 사슬, 즉 누군가 나의 작품을 복제하지 않을까 하는 이 천박하고 이기적인 공포심에서 벗어나기로" 결심했다. 그리고 그 뒤로 안전등 발명한 험프리 데이비 경과 클래니 박사와 조지 스티븐슨 모두 광부를 위해 자신들의 발명품에 대한 특허권 취득을 거절했다. 어쨌든 특허권 제도라는 장치가 없었어도 발명은 실제로 그랬던 것과 똑같이 무척 빠르게 전개될 수 있었을 것이다.

기술혁명에 관한 어떤 설명은 집 안의 난로 위에서 주전자 뚜껑이 증기로 들썩이는 것을 지켜보는 꿈 많은 소년에 관한 이야기, 또는 마루 위로 자빠졌으나 여전히 돌아가고 있는 아내의 물레를 물끄러미 바라보는 가난한 직공의 이야기에서 시작한다. 말할 필요도 없이 이런 이야기는 낭만적인 허구다. 또 어떤 설명들은, 여러 발명들이 제조 원리에 관해 정식 훈련을 받지 않은 무명의 수차공들,[20] 목공들, 시계공들의 작품이었는데, 어떤 설비를 우연히 발견해서 다른 사람들에게 명성과 재산을 가져다주면서도 자신들은 궁핍한 생활에 빠진 것 같은 인상을 남기고 있다.

---

20 millwrights, 물방아(수차)와 같이 수력 전달 장치를 제작하고 설치하고 수리하는 목공 기술자를 일컫지만, 공장에 기계장치를 설치, 해체, 수리, 재조립하는 기술을 가진 장인을 일컫기도 한다.

브린들리나 머독처럼 거의 교육을 받지 못했으나 타고난 재능이 풍부한 발명가들이 있었던 것은 사실이다. 크럼프턴과 헨리 코트처럼, 자신들의 발견으로 산업 전체를 변화시켰으나 상대적으로 가난하게 생을 마감하게 된 이들이 있었던 것도 사실이다. 또한 몇 가지 새로운 생산품이 우연한 계기로 출현했던 것도 사실이다. 하지만 이런 설명들은 산업 생산에서 나온 대다수 혁신 뒤에 체계적인 사고가 놓여 있었다는 사실을 은폐함으로써, 또한 경제 시스템 안에서 이루어지는 상벌의 배당이 전적으로 자의적인 것처럼 보이게 만듦으로써, 그리고 무엇보다 기술 진보에서 우연의 역할을 지나치게 강조함으로써 해를 끼쳐 왔다.

루이 파스퇴르(1822~1895)가 말했듯이, "우연은 준비된 자에게만 자비를 베푼다." 대부분의 발견은 거듭된 시행착오를 겪고서야 성취되는 법이다. 수많은 발견에는 이전까지 서로 상관없는 두 가지 또는 그 이상의 아이디어나 공정들이 포함되어 있는데, 그것들은 발명가의 생각 속에서 결합되어 결국 좀 복잡하지만 능률적인 기계장치가 된다. 이런 사례로는 크럼프턴이 제니방적기의 원리를 롤러 방적의 원리와 통합시켜 뮬방적기를 만든 것을 들 수 있다. 또 오랫동안 탄광에서 사용되어 온 철로는 기관차와 결합되어 철도를 낳았다. 교배돌연변이(cross-mutation)라고 부르는 그런 사례들에서, 우연의 역할은 정말이지 아주 작은 것이었다.

하지만 산업혁명에 관해 오해를 불러일으키는 다른 설명들도 있다. 그런 설명은 발견을 사회적 과정이 아니라 천재적인 개인의 성취라고 말한다. 저명한 현대 과학자 마이클 폴라니 (1891~1976)[21]가 언급했듯이, "발명은 배우들로 붐비는 무대 위에서 펼쳐지는 하나의 연극이다." 박수갈채는 마지막 장면의 무대 위에 있게 된 사람들에게 쏟아지기 마련이지만, 공연의 성공은 수많은 연기자와 무대 뒤에 있는 사람들의 긴밀한 협력에 좌우된다. 경쟁자로서든 협력자로서든 함께 산업혁명의 기술을 창안한 사람들은 평범한 잉글랜드인이거나 스코틀랜드인이었다. 이 시대의 면방직업자 고트프리 아미티지는 이렇게 적고 있다.

초인도 영웅도 아닌,

독창적이고 부지런한 '호모 사피엔스'의 후예다.

운 좋게도 서리 내린 날이나 폭풍이 분 날이 아닌,

화창한 날에 모종을 심었으나,

서서히 때가 무르익고, 상황이 적절하게 맞물려

생각지 못한 기회가 나타났을 때,

그것을 꽉 잡았다.

---

21 헝가리 출신의 물리학자이자 사회학자, 부다페스트대학에서 의학을 공부한 후 독일 베를린의 카이저빌헬름연구소에서 물리화학을 연구했고, 히틀러와 나치 세력이 발호하던 1933년에 영국으로 망명하여 맨체스터대학의 물리화학과와 사회학과 교수를 지냈다.

발명이라는 것이 인류 역사의 모든 단계에서 나타난다고 하지만, 단순한 농민이나 미숙련 육체노동자들의 사회에서 성행하는 일은 드물다. 분업이 발전하여 사람들이 한 가지 생산물이나 단일 공정에 집중할 때에만 발명은 결실을 낳게 된다. 그런 분업은 18세기가 시작되었을 때 이미 존재했다. 산업혁명은 부분적으로는 전문화 원리를 고양시키고 확장시킨 원인이었고, 어느 정도는 그 결과이기도 했다.

또한 발명은, 물질적 목적만을 추구하는 사회에서가 아니라 정신적인 것을 중하게 여기는 사회에서 이루어질 가능성이 더 높다. 산업혁명의 중요한 지류(支流)들 가운데 하나는 프랜시스 베이컨(1561~1626)의 가르침에서 싹이 터 로버트 보일(1627~1691)과 아이작 뉴턴(1642~1727) 같은 천재들에 의해 확장된 영국 과학 사상의 흐름이었다. 사실 뉴턴은 너무나 탁월한 철학자이자 과학자였기에, 그가 세상에 선사한 아이디어들이 곧바로 '쓸모 있는' 것이었는지 여부에 관심을 둘 수는 없다. 그러나 관찰과 실험이라는 방법을 통해 산업적 진보를 성취할 수 있다는 신념은 대체로 그를 통해 18세기에 도달했다. 자연철학은 형이상학에서 떨어져 나와 자유로워지고 있었으며 (또한 분업 원리가 적용되어) 생리학, 화학, 물리학, 지리학 같은 독립적인 지식 체계들로 분화되고 있었다. 하지만 이런 과학 분야들은 아직 일반인들의 언어나 생각, 실천과 동떨어질 정도로 전문화되지는 않왔다.

스코틀랜드의 지주인 제임스 허턴이 토양의 구성에 관심을 갖게 된 것은 새로운 농법을 연구하기 위해 노퍽을 방문한 결과였다. 그리고 그를 당대의 가장 유명한 지질학자로 만든 발견들은 잉글랜드에 운하를 만들기 위해 점토를 떼어 내고 바위를 폭파하고 있던 토공(土工)들로부터 얼마간 빚진 것이었다. 벤저민 프랭클린(1706~1790), 조지프 블랙(1728~1799), 조지프 프리스틀리(1733~1804), 존 돌턴(1766~1844), 험프리 데이비(1778~1829) 같은 물리학자나 화학자들은 영국 산업계를 이끌던 인물들과 친밀하게 교류하고 있었다. 실험실과 공장들 간에 왕래가 잦았고 제임스 와트, 조사이어 웨지우드, 윌리엄 레이놀즈, 제임스 키어 같은 이들은 공장에도 실험실에도 익숙했다. 왕립학회[22] 회원 명부에 올라 있는 기술자, 제철업자, 공업화학자, 기기(器機) 제조업자의 면면을 보면 이 시기에 과학과 산업의 관계가 얼마나 밀접했는지 알 수 있다.

---

22 정식 명칭은 '자연에 관한 지식을 향상시키기 위한 런던 왕립학회'(Royal Society of London for Improving Natural Knowledge). 자연과 기술에 대한 유용한 지식을 향상시키고 수집하는 한편, 합리적인 철학 체계를 수립하려는 목적으로 1662년에 설립되었다. 학회의 모태가 된 것은 1640년대 청교도혁명 당시 런던의 상인, 지주, 지식인들이 참여한 자연 연구 애호자 모임이었다. 이 모임의 참여한 이들 중에 존 윌킨스, 로버트 보일, 윌리엄 페티 등은 프랜시스 베이컨의 정신을 구현하기 위해 실험적 학문을 추구한 옥스퍼드철학협회를 결성했다. 국왕 찰스 2세를 회원으로 끌어들인 이 협회는 왕의 특허장을 얻어 왕립학회가 되었다.

발명가, 창안가, 공업가, 기업가들(급변하는 시기에 이들을 서로 구별하기란 쉽지 않다)은 다양한 사회계급 출신이었고 온 나라 곳곳에서 나왔다. 18세기 초반에는 러벨 경 같은 귀족들이, 18세기 후반에는 홀컴의 코크 같은 귀족들이 농업 개량을 이끌었다. 그 밖에 브리지워터 공작과 가워 백작 같은 이들은 새로운 운송 형태를 창안해 냈다. 또 어떤 귀족들은 화학공업과 광업의 혁신을 떠맡았다. 에드먼드 카트라이트와 조지프 도슨을 비롯한 성직자와 교구 목사들은 영혼을 치유하는 일은 제쳐둔 채 베를 짜고 철을 녹이는 더 실용적인 방법을 찾았다. 존 로벅과 제임스 키어를 비롯한 의사들은 화학 연구에 몰두하여 대공업 분야의 거물이 되었다. 학자들은 합리주의 철학의 영향을 받아 인문학에서 자연과학으로 방향을 바꿨고, 일부는 자연과학에서 공학으로 방향을 틀었다. 법률가, 군인, 관리, 그리고 이들보다 더 낮은 지위에 있던 사람들은 원래의 자기 직업보다 제조업 쪽에 출세 가능성이 훨씬 더 높다는 것을 알게 되었다.

본디 이발사였던 리처드 아크라이트는 면방적업자들 중에서 가장 부유하고 가장 영향력 있는 인사가 되었다. 여인숙 주인이던 피터 스터브스는 줄(file) 제조업 분야에서 명성이 높은 회사를 세웠다. 학교 교장이었던 새뮤얼 워커는 잉글랜드 북부의 제철업 분야에서 지도적인 인물이 되었다. 1788년, 패기 넘치는 윌리엄 허턴은 "누구나 자기 손안에 행운을 쥐고 있다"고 주장했다. 이 말이 결코 사실이 아니었다는 건 말할 필요도 없고, 그 절반조차도 사실이 아니었다. 그러나 18세기 중반과 후반의 영국 사회를 자세히 들여다보는 사람이라면 누구든 그런 말이 어떻게 가능했는지 이해할 수 있다. 이 시기에 신분의 수직 이동은 과거 그 어떤 시대보다, 어쩌면 미래의 어떤 시대보다 더 높은 수준에 도달했기 때문이다.

산업의 성장이 잉글랜드 국교회[23]에 반대한 집단들의 성장과 역사적으로 관련이 있다고들 얘기해 왔다. 17세기에 키더민스터에서 리처드 백스터 주위에 모인 청교도 회중(會衆)에는 폴리 가문, 크롤리 가문, 핸버리 가문의 사람들이 포함되어 있었는데, 이들은 스태퍼드셔, 더럼, 사우스웨일스 같은 멀리 떨어져 있는 곳에 대규모 회사를 설립했다. 18세기에 우애협회(Society of Friends) 멤버들은 제분업, 양조업, 제약업, 은행업의 발전에 두드러진 역할을 했다. 그리고 다비 가문, 레이놀즈 가문, 로이드 가문, 헌츠먼 가문의 퀘이커교도(Quaker) 가족들은 급변하는 시대에 철강업의 운명을 이끌게 된다. 기계공업 분야에는 토머스 뉴

---

23 Anglican Church, 독실한 가톨릭교도로서 루터의 종교개혁 운동을 강하게 비판하여 교황으로부터 가톨릭의 진정한 수호자라는 호칭까지 받았던 헨리 8세(1509~1547년 재위)가 궁녀인 앤 불린과 결혼하기 위해 캐서린 왕비와 이혼하려 했을 때, 교황이 이를 불허하자 1534년에 수장법(首長法, Act of Supremacy)을 공포하여 영국에 있는 교회의 수장이 영국 왕임을 선언했다. 이로써 세속 군주인 왕의 지배를 받는 잉글랜드 국교회가 성립했다. 이 국교회에 반대한 여러 교파들을 비국교도(Dissent)라 부른다.

커먼 같은 침례교도들(Baptists)이 있었고 제임스 와트 같은 장로교도들(Presbyterians)도 있었다. 제련업 분야엔 퀘이커교도와 함께 존 로벅과 조지프 도슨 같은 독립교회파(independents)가 있었다. 그리고 면방직업 분야에는 매코널 가문과 그레그 가문을 비롯한 유니테리언 교도들[24]이 있었다. 더구나 면공업 분야의 가장 위대한 발명가인 새뮤얼 크럼프턴은 에마누엘 스웨덴보리(1688~1772)[25]의 제자였는데, 돌이켜 보면 스웨덴보리 자신이 금속과 광업 기술 분야의 권위자였다. 사우스웨일스의 게스트 가문을 비롯한 산업가들은 감리교(Methodism)의 창시자 존 웨슬리(1703~1791)의 가르침에서 힘을 얻었다. 그러나 웨슬리의 첫 호소는 최하층 빈민을 향한 것이었고, 감리교의 영향은 기업의 진흥보다는 그 교파의 영향을 받게 된 노동자들의 절제와 근면, 자기규율의 증대에서 더 잘 찾아볼 수 있다.

산업과 비국교도의 이런 밀접한 관계를 둘러싸고는 다양한 설명이 제시되어 왔다. 새로운 신앙 형식을 추구한 이들은 자연히 세속적인 분야에서도 새로운 길을 가려 했을 것이라는 견해가 있다. 비국교주의(Nonconformity) 특유의 교의와 사업을 성공으로 이끄는 행위 법칙 간에 밀접한 관련성이 존재한다는 논의

---

24 Unitarians, 삼위일체를 인정하지 않는 기독교도.
25 스웨덴 출신으로 기술공학과 광산학을 연구한 과학자이자 신으로부터의 직접적인 계시와 천년왕국을 추구한 신비주의자.

도 있다. 또한 대학이나 행정부의 공직에서 비국교도를 배제한 것이 많은 이들로 하여금 공업과 상업에서 능력을 발휘할 곳을 찾게 만들었다는 주장이 있다. 논점들마다 일리가 있겠지만, 비국교도는 대체로 중간계급 중에서도 더 나은 교육을 받은 이들이었다는 사실에서 더 간단한 설명을 찾을 수 있다. 이 견해는, 1707년의 연합(Union) 이후 (비록 그 직후는 아니지만) 장로교 국가인 스코틀랜드에서 잉글랜드로 쏟아져 들어온 활기찬 흐름이 경제변동에서 수행한 역할을 고려한다면 설득력을 얻는다.

이 시대의 가장 위대한 발명가 제임스 와트가 스코틀랜드에서 왔고, 증기기관을 제작하는 일에 참여한 조수 여덟 명 가운데 일곱 명도 마찬가지였다. 존 싱클레어 경, 토머스 텔퍼드, 존 머캐덤, 데이비드 머싯, 제임스 모몬트 닐슨은 스코틀랜드인의 활달한 정신과 성격을 잉글랜드의 농업과 운송업, 제철업에 쏟아부었다. 스코틀랜드의 고지대인(Highlanders)과 저지대인(Lowlanders)은 똑같이 랭커셔의 면공업 지대로 걸어들어 왔다. 그들 대다수가 초벤트(Chowbent)라는 작은 촌락에 머물러 쉴 때 캐넌이라는 고향 사람이, 공업 중심지로 가면 그들이 지닌 몇 가지 능력이 발휘될 수 있다고 알려주었다. 남쪽 길을 따라가 직물업으로 부자가 된 사람들 중에는 제임스 맥거포그, 제임스 매코널, 존 케네디, 조지 머리와 애덤 머리, 그리고 당시의 랭커셔에서뿐 아니라 오늘날에도 존경받고 있는 존 글래드스턴과 헨리 배녀먼이 있었다. 이들을 포함하여 이주자들 대부분은 무학의 농민이 아니었다. 몇몇은 목사의 자제였고, 더 낮은 지위에 있던 이들조차도 적어도 고향의 촌락이나 자치도시의 학교에서 탄탄한 기초 교육을 받았다.

이 시기에 스코틀랜드가 초등교육 제도에서 다른 유럽 국가들보다 앞서 있었듯이, 그 지역 대학들 역시 마찬가지였다. 과학적 탐구와 응용의 추진력은 횃불이 희미하게 비치고 있던 옥스퍼드나 케임브리지가 아니라 글래스고와 에든버러에서 나왔다. 글래스고대학 교수를 지냈고 나중엔 에든버러대학의 화학 교수였던 조지프 블랙의 가르침에 이끌린 수많은 젊은이들은 사색하는 방법과 실험하는 방법을 익혔고, 이 방법들은 후일 산업 분야에 응용되었다. 이들 중에 화학공업과 유리공업의 개척자인 제임스 키어가 있었으며, (그 젊은이 집단의 범위를 공식적으로는 블랙의 제자가 아니었지만 만일 그의 가르침과 우정에 많은 은혜를 입은 이들에까지 확장시킬 수 있다면) 존 로벅과 제임스 와트, 그리고 재기가 넘쳤으나 불운했던 던도널드의 백작 알렉산더 코크런이 있었다.

더 겸허하게 말하면, 비국교도의 교육열 덕분에 브리스틀, 맨체스터, 노샘프턴, 대븐트리, 워링턴 같은 곳에 설립된 학문 기관들은 스코틀랜드의 대학이 스코틀랜드를 위해 수행한 것과 같은 일을 부족하나마 18세기의 잉글랜드를 위해 해냈다. 신앙과 상관없이 누구에게나 열려 있던 그 학문 기관들이 마련한 교과과정이 신학, 수사학, 고대 유대인 문화를 중시한 것은 사실이지만, 거기엔 수학, 역사, 지리학, 프랑스어, 부기(簿記)도 포함되어 있었다. 이렇게 배출된 학생들 가운데 학문이나 공적 영역에서 이름을 떨친 몇 사람만 꼽아 보자면 대니얼 디포, 존 코프, 존 하워드, 토머스 맬서스, 윌리엄 해즐릿이 있다. 우리의 직접적인 목적에 비추어 볼 때 더 중요한 사실은 이런 학문 기관들이 과학 사상의 요람이었다는 점이다. 몇몇 학문 기관들은 '학문 탐구'의 여건을 잘 갖추고 있었고, 실험을 위한 설비들도 마련되어 있었다. 선생들 중에는 조지프 프리스틀리와 존 돌턴 같은 유능한 이들이 있었다. 이런 교육기관에서 미래의 공업가들이 배출되었는데, 그중에는 존 로벅(에든버러대학과 레이덴대학으로 가기 전에 노샘프턴에서 공부했다), 매슈 볼턴, 존 윌킨슨, 벤저민 고트, 그리고 한 세대 후에 조지프 휘트워스가 있었다.

또 비국교도 학문 기관과는 별도로, 국립기술협회(national Society of Arts)처럼 여러 도시마다 생산 방법을 개량하는 데 전념한 단체들이 있었다. 과학자와 제조업자들의 비공식 단체는 에든버러와 글래스고뿐 아니라 랭커셔와 미들랜즈에도 출현했다. 면방적업자들이 '맨체스터문학철학협회'(Literary and Philosophical Society of Manchester)에서 토머스 퍼시벌이나 존 돌턴과 교류하면서 얼마나 많은 것을 얻었을지는 아무도 섣불리 단정할 수 없다. 또 버밍엄과 그 주변 지역이 이래즈머스 다윈, R.

L. 에지워스, 조지프 프리스틀리, 제임스 와트, 매슈 볼턴, 조사이어 웨지우드 같은 이들이 유능한 지성을 발휘하여 생명 문제와 그에 못지않은 생계의 문제를 다루었던 '루나협회'[26]에 얼마나 혜택를 입었는지는 아무도 예단할 수 없다.

늘어나는 토지와 노동, 자본의 공급이 결합됨으로써 산업 팽창이 가능해졌다. 석탄과 증기는 대규모 제조업에 연료와 동력을 제공했고 낮은 이자율과 물가 상승, 높은 기대 이윤은 자극제가 되었다. 그러나 이러한 물질적·경제적 요인의 이면에는 그 이상의 것이 있었다. 해외무역은 사람들에게 세계에 대한 시야와 우주에 대한 과학적 인식을 확장시켜 주었다. 이런 면에서 산업혁명은 관념의 혁명이기도 했다. 산업혁명이 자연에 대한 이해와 지배에서 진보를 보여 주었다면, 그것은 또한 인간 사회의 문제들에 대한 새로운 태도의 출발을 목격했다. 다시 한 번 강조하건대, 가장 명료한 빛줄기가 뿜어져 나온 곳은 스코틀랜드, 특히 글래스고대학이었다. 선남선녀들의 실생활에서 사변적 사상이 수행한 역할을 지나치게 강조하는 것은 학문적 오류임에 틀림없다. 존 웨슬리, 토머스 페인, 윌리엄 코빗, '웅변가'

---

26 Lunar Society, 미들랜즈의 산업가와 자연과학자, 지식인들이 버밍엄에서 창설한 계몽주의 협회. 이들은 1765년부터 1813년까지 정기적으로 모임을 가졌는데, 처음엔 '루나서클'로 불리다가 1775년부터 '루나협회'로 불렸다. 매슈 볼턴, 조사이어 웨지우드, 제임스 와트, 제임스 키어, 조지프 프리스틀리, 토머스 데이, 새뮤얼 골턴 등 산업혁명기의 주요 인물들이 회원이었다.

헨리 헌트[27]가 데이비드 흄(1711~1776)만큼, 나아가 제러미 벤담 (1748~1832)만큼 사변적 사상의 직접적인 산물이었는지는 논란 의 여지가 있다.

그러나 어쨌든, 산업혁명을 낳은 힘들을 설명하면서 언급하지 않고선 지나칠 수 없는 스코틀랜드 도덕철학의 한 가지 산물이 있다. 1776년에 출간된 《국부론》(An inquiry into the Nature and Causes of the Wealth of Nations)은 이후 몇 세대에 걸쳐 경제학과 정치학의 여러 문제와 관련해서 일종의 항소법원 역할을 했다. 이 책이 내린 판결은 학술 연구를 하지 않는 사람들이 사업과 통 치를 위한 행동 원리를 구축할 때 공히 끌어다 쓴 자료였다. 국가 가 다소간 고정된 양의 거래와 고용을 관리하고 규제한다는 관 념이(비록 여러 번 후퇴하긴 했으나 점차로) 자유경제의 팽창과 무 제한적 진보라는 사상에 무릎을 꿇은 것이 바로 이 책의 영향 때 문이었다.

---

27 급진적인 정치 개혁가 헨리 헌트(1773~1835)는 1819년 맨체스터의 세인트피터광장 에 집결한 군중을 상대로 의회개혁을 요구하는 연설을 했다.

2

산업의 초기 형태들

I

　18세기에 영국인들은 대부분 토지에서 노동하여 생계를 유지했다. 생활과 노동의 조건은 지형과 토양, 기후에서 오는 사소한 차이들에 따라 다 달랐다. 그러나 그 같은 차이와는 별개로, 한 가지 뚜렷하게 대비되는 광경이 말을 타고 잉글랜드의 여러 주(州)들을 지나간 모든 여행자들에게 깊은 인상을 남겼다. 그것은 아무런 막힘없이 지평선까지 펼쳐진 개방경지 지역과 나무 울타리, 석벽, 펜스, 늘어선 나무 등으로 구획되어 있는 경지 지역 간의 대조였다.

　영주나 향신, 자유보유농민, 등본보유농민, 정기차지농민, 오두막농민[1] 순으로 등급이 존재했던 개방경지 촌락은 자체의 생존에 필요한 곡물과 소량의 가축을 생산하는 사회에 아주 적합

1　자유보유농민(freeholders)은 토지를 자유로 매매하거나 양도할 수 있고 분할 상속할 수 있는 농민이며, 등본보유농민(copyholders)은 장원재판소에 기록되어 있는 등본으로 자신의 보유지에 대한 권리를 주장할 수 있는 농민이다. 그리고 정기차지농민(leaseholders)은 영주나 지주로부터 일정 기간 동안 토지를 임차한 농민인데, 17세기에는 그 기간이 관습적으로 21년인 경우가 많았으나 점차 단축되었다. 오두막농민(cottagers)은 영세 농민으로서 자립할 만큼의 토지가 없어 영주나 부농 혹은 촌락 공동체에 고용되는 경우가 많았다.

했다. 이런 촌락은 생각보다 더 융통성을 발휘할 때도 있었지만, 과거의 경작법과 과거의 경제적 관계를 고집하는 경향이 있었다. 배수(排水) 방법이나 새로운 윤작(輪作, 돌려짓기) 방법을 도입하려면 예전의 관습적인 농사에 만족하면서 변화에 의구심을 품고 있던 대부분의 사람들한테 동의를 얻어 내야 했다. 농업의 진보는 개인들이 더 많은 실험을 할 수 있는 새로운 농업 경영 단위를 창설하는 문제와 깊은 연관이 있었다. 그것은 곧 공유지의 구획과 인클로저, 말하자면 이전까지 촌락의 생산에 별로 도움이 되지 않던 거친 목초지와 황무지를 개간하는 걸 의미했다.

인클로저는 일찍이, 적어도 13세기부터 꾸준히 이루어져 왔다. 그 진전은 생계를 유지하기 위한 생산이 아니라 시장을 위한 생산과 연관이 있었다. 튜더왕조(1485~1603년)와 스튜어트왕조(1603~1714년) 시대에, 대부분의 인클로저는 팽창하고 있던 직물공업에 양모(wool)를 공급하기 위한 것이었다. 심지어 1700년 이후 50년 동안에도 인클로저는 특히 목초지로 알맞은 지역에서 가장 널리 이루어졌다. 자극제가 된 것은 곡물 수요의 증대가 아니라 양모와 피혁 수요의 증대였다.

인클로저 과정은 토지 소유권이 점점 더 소수의 수중에 집중된 것과 밀접한 연관이 있었다. 대농장의 필요성에 대한 압박이 있었던 것은 아니다. 개방경지 내의 수많은 보유지들은 효율적인 생산 단위가 될 만큼 아주 넓었다. 그러나 단 한 명의 영주나 몇

몇 대지주들이 한 지역을 지배하게 되면, 경작 방식의 변화는 그들의 자기 농장에서 깔끔하게 이루어지든 아니면 구제도 하의 자유보유농이나 관습소작농(customary tenants)을 대신하게 된 정기차지농민에게 갖가지 조건을 부과하는 것을 통해 간접적으로 이루어지든 어렵지 않게 실현될 수 있었다.

초창기에 인클로저는 대개 상업이나 공직 분야에서 재산을 모은 이들, 그리고 잉글랜드에서 늘 토지 소유와 결부되어 있던 위신(prestige)을 추구한 이들에 의해 수행되었다. 그러나 18세기 전반기에 벌어진 내전[2] 기간에 많은 것을 잃은 구토지귀족들은 예전의 사회적 지위를 다시 주장하고 나섰다. 귀족들은 재산을 그대로 유지하기 위해 한사상속(限嗣相續)[3]을 자주 이용했다. 낮은 이자율에 고무된 그들은 자신의 영지를 저당 잡혀 얻은 차입금을 이용하여 더 많은 토지를 구입하고 있었다. 무엇보다 그들은 인클로저를 주도하고 있었다.

인클로저는 대부분이 해당 토지 소유자들 사이의 사적인 조정을 통해 이루어졌다. 인클로저는 토지 소유자의 수가 적고 따라서 평균 보유 면적이 큰 교구들에서 전개되었는데, 이 교구들

---

2 Civil Wars, 1640년부터 1648년까지 찰스 1세(1625~1648년 재위)를 중심으로 한 왕당파와 왕권을 제한하고 의회 권한을 강화하려는 의회파 사이에 벌어진 전쟁.
3 entail, 무조건 후손에게 재산을 상속하는 것이 아니라 적법한 후손에게만 재산을 상속하는 것을 말한다.

은 일반적으로 방목(放牧)이 아주 활발한 곳이었다. 토지가 많은 이들의 수중에 있던 곳에서는 종종 자유보유농민들을 매수하는 일이 필요했다. 독립자영농(yeoman)[4]의 소멸에 관한 연구는 많은데, 그것은 일반적으로 인클로저의 결과가 아니라 서막일 뿐이다. 만일 자유보유농이 완강히 버티면, 수는 적어도 훨씬 더 많은 토지를 지배했던 자들은 의회의 힘을 빌려 자신들의 소망을 성취할 수 있었다. 그러나 법률을 통한 인클로저는 1760년 이전에는 중요한 구실을 하지 못했다. 독립자영농 다수는 자진해서 소규모 자유 보유지를 매각했고, 매각 대금을 활용하여 대규모로 토지를 빌려 정기차지농민으로 새 출발한 것으로 보인다. 그리고 일부는 (의심의 여지없이) 자신의 자본과 정력을 제조업 쪽으로 돌렸다.

하지만 거의 관심을 받지 않은 더 비참한 계급들이 있었다. 개방경지 내에서 몇 개의 지조(地條)를 경작했고 더 부유한 이웃 사람의 경작지에서 몇 시간 일하는 것으로 생계를 보충하던 오두막농민들에게는 토지가 재분할되었을 때 실제로 얼마 되지 않는 보유지가 주어졌을 것이다. 그러나 황무지의 상당 부분이 향

---

4 독립자영농으로 번역되는 '요먼'(yeoman)은 원래 '시중 드는 자'를 가리켰는데, 14~15세기엔 연간 수입 40실링 정도의 자유보유농민을 의미했고, 16세기부터 막연하게 젠트리보다 지위가 낮고 노동자보다는 상위에 있는 중산 농민층을 가리키는 용어로 사용되었다. 등본보유농민이나 정기차지농민도 여기에 포함된다.

신이나 대농업가에게 할당되었다면, 소를 방목하고 닭을 기르고 땔감을 모으는 일은 쉽지 않았을 것이다. 대부분의 개방경지 촌락 주변에는 보잘것없는 작은 개간지를 일구면서, 또는 날품을 팔고 밀렵을 하고 구걸을 하고 도둑질을 하거나 아니면 빈민 구제를 받으면서 불안정하게 살아가던 수많은 '무단 거주자들'(squatters)이 있었다. 공동체 생활에 기의 관여하지 않았기 때문에 관대한 개방경지 경작자들은 그들의 존재를 묵인했다. 그러나 인클로저가 이루어진 촌락에는 그런 자들이 필요 없었다. 그들의 존재는 토지의 완전한 이용에 장애가 되었고, 그들의 빈곤은 차지농민에게 교구세 부담을 안겼다. 그들은 오두막에서 쫓겨났고 이윽고 오두막은 철거되었는데, 쫓겨난 그들은 아직 경지가 개방되어 있던 지역에 몰려가거나 부랑자 신세가 되었다. 그들과 자손들이 반고용 상태에 있는 광범하게 비효율적인 노동자 무리를 형성했다는 것은 분명하며, 이들은 1834년까지 그리고 그 후에도 정치가들이나 구빈법 집행관들을 괴롭혔다.[5]

토지를 떠날 수밖에 없었던 사람들의 운명을 길게 논해 온 몇몇 저자들은 울타리 안쪽에서 이루어지고 있던 건설적인 활동들을 간과하는 경향이 있다. 인클로저와 관련해 가장 중요한 사

---

5 1834년에 기존의 구빈법이 개정되어 이전까지 각 교구의 구빈원에서 시행하던 원외 구제(outdoor relief)가 폐지되었다.

실은 토지 생산성을 증대시켰다는 점이다. 인클로저가 경작자 수를 감소시켰는지 여부를 놓고선 숱한 논쟁이 있었고, 감소시 켰다고 주장한 몇몇 저자들은 그것이 인클로저의 개탄스러운 귀 결인 것처럼 쓰고 있다. 하지만 생계 수단을 공급하는 데에 필요 한 사람들이 줄어들수록 국민의 생활수준이 높아지는 것은 자 명한 이치다. 토지에서 떨어져 나온 사람들 다수는 (진부한 말이 지만) 자유롭게 다른 활동에 매진할 수 있게 되었다. 인클로저가 산업혁명을 이끈 과정 가운데 하나로 여겨지는 것은, 바로 인클 로저가 사람들을 토지에서 해방시켰기 때문이며, 나아가 높은 소비 수준을 가져다주었기 때문이다.

인클로저는 '활기찬 지주들'이 주도했는데, 그중에 다수는 몇 몇 특정한 학파의 농업 원리나 농업 경험을 신봉했다. 제스로 툴 (1674~1741)은 농업 개혁가들 가운데 가장 유명한 인물이다. 법 학도였던 그는 스물다섯 살에 농업 경영에 발을 들여 엄청난 성 공을 거둔다. 툴은 독특한 경작 이론에 매달렸다. 작물은 원자 라고 부르는 아주 작은 미립자 형태로만 양분을 흡수할 수 있다 고 믿었고, 따라서 심경(深耕, 깊이갈이)으로 흙을 계속 분쇄해야 한다고 주장했다. 심경을 쉽게 하기 위해 그는 1714년에 말이 끄 는 쟁기를 발명하고 개량했다. 여러 면에서 툴이 개발한 농법은 시대를 거스르는 것이었다. 그는 비료 사용을 반대했다. 조파기 (條播機, drills)로 종자를 넓게 산포하는 그의 방법은 종자는 절약했으나 토지는 낭비될 수밖에 없었다. 또한 윤작에 대한 그의 반감(실제로 계속해서 13년 동안 같은 토지에서 밀을 키웠다는 주장으로 뒷받침된)은 잉글랜드의 여러 지역에서 두루 이루어지고 있던 진보적인 농업 경영을 향한 전진을 가로 막았다. 툴은 괴짜였고 농업사에서 그의 중요성은 너무 과장되어 왔다. 실제적인 혁신은 버크셔에 있는 툴의 농장이 아니라 노퍽에 있는 대지주들의 농장에서 나왔다.

노퍽 시스템으로 알려진 그 혁신은 (미국인 나오미 리치스의 말처럼) 일련의 상호 연관된 기술적·경제적·법률적 과정이었고, 인클로저가 이루어진 농장에서 하나로 결합되었다. 그 시스템에는 사토(沙土, 모래흙)에 이토(泥土, 진흙)와 점토(粘土, 찰흙)를 섞는 것, 곡물을 윤작하는 것, 순무와 클로버 같은 새로운 식물을 재배하는 것, 양보다는 곡물과 가축을 키우는 것, 그리고 차지농민이 대규모 보유지를 장기 임대하여 경작하는 것 등이 포함되어 있었다. 이런 특징 가운데 일부는 유럽 대륙의 사례에서 비롯되었다. 그 무렵 노퍽 지역이 직물업이나 어업을 통해 네덜란드와 밀접하게 연계되어 있었기 때문이다. 그러나 그런 특징 대부분은 국내에 있는 열정적인 귀족 지주와 농업 경영자들의 창안물이었다. 유명한 '홀컴의 코크'의 선배이자 친척인 러벨 경(1697~1755)은 적극적으로 이토를 사용하고, 습지를 간척하고, 윤작을 실천했다. 그런가 하면 타운센드 자작(1674~1738)

의 이름은 순무를 채소의 일종으로 키우기 시작한 일과 연결되어 왔다. 물론 최근의 연구는 그가 창시자가 아니라 보급자였음을 알려주고 있시만 말이다. 그럼에도 모든 중요한 혁신이 그랬듯이, 노퍽 시스템은 수많은 일손과 두뇌가 낳은 작품이었다.

18세기 농업사의 대부분은 오래된 미들랜즈 시스템으로 이루어진 삼포식(三圃式) 윤작(겨울 곡물→봄 곡물→휴경) 대신에 사포식(四圃式) 윤작(순무→보리→클로버→밀이나 그 대체 작물)이 잉글랜드의 다른 지역에 확산된 것과 관련이 있다. 풀과 순무의 재배는 항구적인 목초지였던 지역도 경작될 수 있음을 의미한다. 또한 가축은 이제 겨울 철에도 사육될 수 있기 때문에, 곡물과 뿌리채소에 필요한 자연 비료의 공급도 늘어났다. 그러나 '윤작'으로 이행하는 과정은 너무 더뎠다. 가축보다 곡물에 집중한 개방경지 제도는 쉽게 사라지지 않았다. 영국의 그 어느 곳, 심지어 노퍽에서도 농업혁명 또는 농지혁명이라고 말할 수 있을 만한 정도로 혁신들이 채택된 것은 아니었다.

전 세계의 모든 지역에서 직물은 농민 경제에서 가장 빨리 파생된 분야 가운데 하나이다. 영국에서는 양모가 몇 세대 동안 경제활동의 재료가 되어 주었는데, 양모 덕분에 고용된 사람의 수와 늘어나는 거래량 면에서 모직물업은 농업에 버금갈 정도였다. 정부 입장에서 이 산업이 중요했다는 것은, 원모(原毛)의 수출과 숙련공의 이주를 금지하고 또 국내시장에서 모직 의류와 경쟁할지도 모를 편직물의 수입을 금지하려 한 조치들이 꽤나 많았다는 사실로 입증된다. 국민들은 잉글랜드 국산 재료로 만든 옷을 입으라고 권유받거나 강요당했고, 심지어 사망자에게 모직물이 아닌 다른 직물로 된 수의를 입혀 장례식을 치르는 것도 허용되지 않았다.

모직물 생산은 연속되는 긴 공정들로 이루어져 있다. 먼저 양모를 선별하고 세척하고 때로는 염색한다. 그다음에는 장모(長毛)를 단모(短毛)와 분리하기 위해 즐모(櫛毛)[6]를 하거나, 대충 나란히 놓여 있는 실들로 양털 두루마리를 만들기 위해 소모(梳毛)[7] 과정을 거친다. 그 뒤에 방적(spun), 방직(woven), 축융(縮絨, fulled), 세모(洗毛, washed), 건조(乾燥, tentered, 혹은 늘이기, stretched), 표백(漂白, bleached), 정모(整毛, dressed), 전모(剪毛, sheared)가 이어진다. 이런 공정은 저마다 서로 다른 수준의 기술과 힘을 요구한다. 여성과 아동은 선별, 세척, 방적을 할 수 있었으나, 즐모와 방직, 그 이후의 공정은 남성들의 몫이었다. 이 공정들 중 일부는 가정 내에서 간단한 도구의 힘을 빌려 수행되었다. 그러나 축융(이 공정에서 모직물 옷은 표백토로 처리되었고, 직

---

6 combed, 양모를 빗질하는 공정.
7 carded, 양모를 솔질하는 공정.

물은 무거운 망치로 두들겨져 엉켜졌다)은 말의 힘이나 수력으로 돌아가는 공장에서 수행되었다. 정모나 기모(起毛)는 보풀을 세우는 공장에서 이루어졌다. 염색 공정에는 작은 오두막에 들여놓을 수 없을 만큼 큰 통 같은 여타의 설비가 필요했다.

잉글랜드와 웨일스에서 모직물 옷이 소농이나 차지농민 또는 농업 노동자들의 여가 노동으로 생산되지 않은 주(州)는 아마 없었을 것이다. 그러나 양모가 집중적으로 생산된 지역은 웨스트컨트리와 이스트앵글리아[8]와 요크셔였다. 이 지역의 남녀들은 양모를 우선시하고 토지에서 일하는 것을 기껏해야 일종의 부업으로 여긴 전문적인 방직공이나 직포공이 되어, 거친 손을 가진 농민으로서는 생산할 수 없는 아주 우수한 모사(毛絲)와 옷을 만들었다.

모직공업의 조직은 복잡했고 장소에 따라 달랐다. 웨스트컨트리에서는 부유한 직물업자들이 소모사공(梳毛絲工, carder)과 방적공(spinner)에게는 양모를, 직포공(weaver)에게는 모사를 나눠주었는데, 이 직공들은 다들 자기 집에서 일했다. 그런 다음 손질이 끝나지 않은 직포(undressed cloth)는 축융공(fuller), 정모공(dresser), 전모공(剪毛工, shearmen)에게 넘겼고, 이들은 직물업자의 감독 아래 작은 공장이나 작업장에서 일을 마무리했다. 이

---

8 노퍽과 서퍽을 포함하는 동부 지방.

스트앵글리아에는 방적공과 직포공의 작업을 관리하는 우두머리 즐모공(櫛毛工, master-combers)과 마무리공(finishers)을 지배한 상인들이 있었다. 웨스트라이딩 지역의 직물업자들은 대개 소자본가들이었는데, 그들은 가족이나 몇몇 도제와 직인(職人, journeymen)의 도움을 받아 가내 작업장에서 오두막집 부녀들이 방적한 모사를 사용하여 직포를 했다. 이 지역에는 방적공과 직포공을 비롯한 임금노동자들에게 성과급으로 일감을 준 부유한 소모사 제조업자들도 있었다. 일부 직물업자는 제품을 상인이나 해외 소비자에게 직접 팔았다. 일부는 런던의 블랙웰홀[9]에서 중개인을 통해 제품들을 처분했다. 또 다른 일부는 케임브리지에 있는 스터브리지 연시(年市)에 제품을 싸 들고 갔다. 그리고 요크셔의 직물업자와 직포공들은 아직 완성되지 않은 직물을 핼리팩스, 웨이크필드, 리즈, 브래드퍼드 같은 곳에서 열리는 주시(週市)에 갖고 갔다.

다른 분야의 직물업은 적어도 원료의 일부를 해외 공급원에 의존했다. 원견(原絹, raw silk)과 오간진(organzine, 꼰 명주실)은 중국과 이탈리아, 에스파냐, 터키에서 가져왔다. 아마(亞麻, flax)는 아일랜드와 발트 해 연안 지역과 북아메리카에서, 그리고 면

---

9 Blackwell Hall, 1397년에 모직물 상인을 위해 설치된 시장이다.

은 레반트 연안 지역[10]과 서인도제도에서 가져왔다. 원료를 가공하는 이런 작업은 기본적으로 모직공업 원료들의 경우와 동일한 조건 속에서 수행되었다. 견직물 직포공들은 스피털필즈, 코번트리, 노리치, 맥클즈필드 같은 도시로 모여드는 경향이 있었다. 그들은 다락이나 헛간에서 일했는데, 각 작업장마다 자본가인 고용주가 여섯 대 정도의 직기(織機)를 관리했다. 리넨(linen, 마직물) 공장과 면직물 공장은 아주 넓게 퍼져 있었으나, 랭커셔와 스코틀랜드 저지대에 집중되는 경향이 강했다. 면은 섬유 길이가 너무 짧아 손수건 같은 작은 직물을 생산할 때 말고는 날실(warp)로 사용할 수 없었다. 따라서, 훗날 누가 뭐래도 직물 생산의 최대 중추가 된 면직물도 이때에는 그 방적사(紡績絲) 대부분을 아마포와 양모로 충당해야 했고, 면을 사용한 경우는 드물었다. 18세기 전반 랭커셔의 대표적인 생산물은 순모 제품, 면과 아마포가 섞인 퍼스티안 천(fustians)과 체크무늬 천, 묶는 끈, 장식용 수술, 리본, 폭이 넓은 끈, 실 등 갖가지 소품들이었는데, 이 소품들은 면, 아마포, 비단, 양모, 모헤어(mohair)[11] 같은 다양한 원료로 만들었다.

  랭커셔의 직물업 구조는 몇 마디로 간단하게 묘사될 수 없을

---

10 중부 지중해 연안의 시리아와 레바논과 이스라엘 지역들.
11 앙골라 염소의 털.

만큼 복잡했다. 그 중심에 있던 상인이자 직물업자인 포목상들(linen-drapers)은 자신이 고용한 전대인(前貸人, putters-out)을 통해 분산되어 있던 방적공과 직포공에게, 아니면 직접 농촌의 제조업자에게 원료를 분배했고, 농촌 제조업자 역시 자기 지역에서 원료를 전대했다고 말하는 것으로 충분할 것이다. 자신의 에너지를 쟁기와 직기에 분산 투입한 차지농민-직포공도 얼마간 있었다. 그러나 직포공 대부분은 농촌에서조차 사실상 전업 직공들이었다. 또한 값비싼 네덜란드 직기로 소품들이 생산되던 맨체스터 같은 대도시에서 노동자들은 원료를 공급했을 뿐 아니라 흔히 마무리 공정이 이루어지는 표백장과 염색장, 마무리 작업장을 소유하기도 했던 포목상의 자본에 전적으로 예속되어 있었다.

직물업과 구별되는 의류 제조업은 비교적 규모가 작았고 큰 비중을 차지하지도 않았다. 그 이유는 대부분의 가정이 손수 옷을 만들거나 저임금을 받고 일하는 침모(針母, seamstress)를 고용하고 있었기 때문이다. 런던에서는 일찍이 비버 가죽으로 된 모자가 생산되고 있었다. 그리고 토끼 가죽이나 그 밖의 재료로 만드는 중절모는 스톡포트나 맨체스터를 비롯한 여러 곳에서 생산되었다. 또한 베드퍼드셔, 버킹엄셔, 하트퍼드셔에서는 밀짚 끈과 밀짚모자를 제작하는 가내공업이 생겨났는데, 집안에서 그 일을 한 이들은 주로 여성과 아동이었다. 특히 양말 판매를 전문적으로 취급하는 시장이 있던 스코틀랜드와 웨일스에서는 여전히 가내수공업 방식으로 양말을 만들었다. 그러나 목사인 윌리엄 리가 양말 편직기를 발명한 엘리자베스 시대부터, 런던의 많은 남녀와 아동은 편물업에서 일자리를 찾았다. 18세기 초 이 산업은 수도 런던에서 더비, 노팅엄, 레스터 지방으로 이동하고 있었는데, 이런 지방에서는 편물공조합(Frame Knitters' Company)의 통제가 별 효력이 없었고 또 임금도 낮았다. 편물기를 소유한 양말상인(hosier)은 대개 자신의 점포나 창고 안에 기계 몇 대를 두고 있었으나, 기계의 대부분은 편물공들에 임대되었으며, 이들은 자기 집에서 전대인들이 문 앞까지 가져다준 가지각색의 원사를 갖고 일했다. 18세기 중반 이전 미들랜드에는 100대나 되는 기계를 소유한 양말상인도 있었는데, 이들과 편물공 사이에 새로운 양말공 장인 계급이 중개인으로 활동하기 시작했다. 원래 전대인이었던 이 중개인들은 양말상인과 계약을 맺고 성과급으로 일감을 발주했으며, 또 기계를 임대하여 더 높은 사용료를 받고 편물공에게 재임대했다. 양말상인이 계속해서 원료와 기계 모두를 소유했어도 상인 이상은 아니었고, 그 자신 덕분에 고용된 사람들과는 아무런 직접적 관계가 없었다.

하지만 이미 18세기 초반에 직물업에는 변화의 징조가 나타났다. 기술적 이유 때문에 소수의 사람들이 무리를 지어 여기저기에서 작업장과 소규모 수력 공장으로 모여들고 있었다. 수많은 혁신과 실험이 이루어졌다. 1717년, 토머스 롬은 동생이 이탈리아에서 기계 설계도를 가져온 후 더원트 강가에 제대로 된 공장을 설립했는데, 거의 300명이나 되는 노동자들이 고용되어 명주실을 꼬았다. 사실 영국은 견직물공업의 성장에 결코 적합한 곳이 아니었기에 공장 수는 적었는데, 그런 공장은 여러 유사한 공장들의 선구자 격이었다.

1733년 랭커셔의 시계공 존 케이(1704~1764)는 단순하지만 중요한 직기의 개량을 이루어 냈다. 수레바퀴 위에 걸린 북[12]을 망치로 쳐서 날실 사이로 그 북을 움직이게 한 것이었다. '비사'(飛梭, flying shuttle)는 인간의 노동을 크게 절약하는 발명품이었다. 그것은 직기에 앉아 망치에 부착된 끈을 손에 쥔 직포공 한 명이 한 폭의 피륙을 만들 수 있게 했는데, 이전까지 그 일에는 두 명의 노동이 필요했다. 그러나 이 발명품은 랭커셔 직포공들의 저항에 부딪혔고, 아마도 서서히 극복될 수밖에 없었던 기기(機器)상의 문제점도 안고 있었을 것이다.

비사가 일반적으로 사용된 것은 1760년 이후였다. 1738년에 의사 아들인 버밍엄의 루이스 폴은 직포를 하는 것이 목적이었던 케이의 발명품을 방적에 응용할 수 있겠다는 생각을 떠올

---

12 shuttle, 날실의 틈을 오가면서 씨실을 풀어 주어 피륙을 짜게 하는 기구. 한자어로는 '사'(梭)라고 한다.

렸다. 빗질된 면이나 양모를 서로 다른 속도로 회전하는 두 벌의 롤러(roller) 사이로 통과시키고, 그 방법으로 뽑아 낸 실을 방추(紡錐, spindle)에 보내 꼬게 하는 것이었다. 그러나 버밍엄, 런던, 노샘프턴, 레민스터 등지의 작은 공장에서 그 발명품을 사용하려던 시도는 모조리 실패하고 말았다. 어느 정도는 기술적 결함 탓으로 보이지만, (폴이 말했듯이) 아마도 노동자들의 변변찮은 자질과 굼뜬 습관 때문이기도 했을 것이다. 거의 두 세대가 지난 후 아크라이트가 그 발상을 다시 채택했을 때에야 비로소 롤러 방적이 방적사(yarn) 생산 방법을 혁신할 수 있게 되어, 공장에서 면직물만을 생산하는 공업이 실제로 창출되었다.

영국에서 다른 주요 산업들도 면직업과 마찬가지로 어떤 식으로든 농업과 밀접하게 연계되어 있었다. 특히 석탄 채굴업이 그랬다. 지하 탄층에서 이루어지는 채굴 작업을 통제하고 그 탄층을 이용해 지대(地代)와 광산 사용료를 받아 내는 이들은 지주들이었다. 석탄 채굴은 오히려 도시에서 멀리 떨어진 농촌 지역에서 이루어졌다. 석탄을 끌어올리거나 운반하는 데 수많은 말이 이용되었고, 대부분의 탄광 소유주들은 이 말들을 먹이기 위해 귀리 같은 곡물을 재배하는 농장까지 보유하고 있었다. 광부(colliers)도 땅과 밀착해 있었다. 그들은 대개 추수기 몇 달간은 경작지에서 일하기 위해 탄광을 떠났다. 또한 고용된 방식이나 고용주와의 관계도 광부들은 농업 노동자의 경우와 무척 비슷했다.

18세기 초에 탄전(炭田)의 대부분은 오래전에 노두(露頭)를 채탄하는 단계 또는 구덩이 옆을 채탄하는 단계를 거쳐 왔다. 수직 갱도의 경우는 때때로 60미터가 넘는 깊이 아래로 내려갔다. 지하 갱도는 점점 넓어졌고 초보적인 통풍 장치도 고안되었다. 멀리 떨어져 있는 노섬벌랜드와 더럼의 탄전은 바닷길을 통해 런던 시장에 접근할 수 있었기에 가장 규모가 크고 훌륭하게 개발된 석탄 생산지가 되었다. 그런 지역에서 지주들과 자본가들은 협력 관계나 동업 관계를 형성했고, 자신들의 경영 활동에 조언을 해주는 전문적인 '감독관'까지 고용했다. 또 각 탄갱마다 감시인을 두어 탄을 캐거나 운반하는 일꾼들의 작업을 지휘하는 십장들을 관리하게 했다. 다른 탄전에서는 대개 그런 직책상의 위계가 없었다. 탄광 노동자들은 6~8명 또는 12명으로 직접 조합을 결성했고, 자신들의 우두머리(협상권을 가진 조합장)를 통해 한 곳의 작은 갱 전체를 운용하고 일정량의 석탄을 채굴하여 소비자에게 전달하는 일 또는 일정한 길이의 지하 갱도를 파는 일에 관해 총액 계약을 했다.

이러한 조직상의 차이는 석탄 채굴 방법에 존재하는 차이와 관련이 있다. 노섬벌랜드, 더럼, 컴벌랜드, 랭커셔, 스코틀랜드에서의 채굴 방법은 탄주(炭柱)와 채탄장(採炭場)을 만드는 것이었다. 광부가 소년 한 명의 도움을 받아 만든 채탄장 또는 막장은 석탄 기둥으로 지탱되었다. 따라서 광석의 거의 반이나 심지어 3분의 2 정도는 지붕을 지탱하기 위해 채굴되지 않을 수 있었다. 그러나 지붕과 바닥이 더 단단한 슈롭셔, 워릭셔 같은 미들랜즈 지역의 광부들은 지붕을 버팀목들로 지탱했고, 이미 석탄을 캐내어 만들어진 빈 공간으로 암석이나 분탄(粉炭)을 내던지면서 긴 갱벽을 따라 협력 작업을 했다.

지하에서 석탄을 운반하는 방법에도 차이가 있었다. 잉글랜드 북부의 탄전에서는 물푸레나무로 활주부를 만들어 붙인 목제 썰매를 탄층 표면에서 탄갱 아래까지 끄는 운반부들이 그 일을 수행했다. 그러나 1750년 무렵 뉴캐슬 지역에서는 사내아이들이 돌보는 조랑말들이 그 일을 대신하기 시작했다. 또 다른 곳에서는 젊은이들이나 여성들이 바구니에 일일이 석탄을 담아 날랐다. 그런가 하면 파이프셔에서는 광부의 아내와 딸들이 등이 굽을 만큼 무거운 석탄 짐을 지고 지하 통로를 따라 운반했을 뿐 아니라, 이어 붙인 사다리로 수직갱도를 타고 올라 지표면까지 운반했다. 19세기에 어떤 광산주가 '숙녀의 등에 석탄을 실어 나르는 고약한 풍습'이라고 부른 작업 방식은 1842년까지도 몇몇 지역에서 지속되었다.

채탄에서 주요한 기술적 문제점들은 갱 내부에 가스와 물이 차기 때문에 발생한다. 비활성 가스나 질식성 이산화탄소는 갱도를 따라 바늘금작화(金雀花, furze) 다발을 끌고 다니거나 다른 간단한 방법으로 흩어 없어지게 할 수 있었다. 불붙기 쉬운 폭발성 메탄가스는 좀 더 심각한 문제여서 때때로 화부(火夫)가 처리했다. 가죽이나 젖은 누더기 옷을 입고 맨 끝에 양초 불을 단 긴 막대기를 든 화부는 얼마간 신체상의 위험을 무릅쓰고 그 양초 불로 가스를 폭발시켰다. 1730년대 뉴캐슬 지역에 있는 대규모 광산에서는 두 개의 수직갱도를 파는 것이 일반적이었다. 그 두 수직갱도 가운데 한 곳에 불붙은 석탄을 담은 철 바구니를 매달아 놓았는데, 그 바구니는 가스를 실은 공기를 상승시킴으로써 지표면에서 다른 수직갱도 아래로 신선한 공기를 공급했다. 거의 같은 시기에 컴벌랜드와 타인사이드에 있는 광산에는, 양초 불이 채탄 작업에 가하는 위험을 피하기 위해 화분기(火粉機, steel-mill)라고 알려진 장치가 도입되었다. 채탄부 옆에 있는 한 소년이 톱니모양의 작은 바퀴를 부싯돌을 향해 회전시켜 불꽃을 빗발치듯 튀게 만들면, 희미하지만 조명으로 쓰기엔 족했다. 그러나 화분기를 사용할 경우 사고가 날 가능성이 높아, 어떤 탄갱은 부패하고 있는 물고기나 인광(燐光)을 내는 나무 조각들로부터 얻을 수 있는 빛으로 조명을 대신하는 것을 선호했다.

물은 광산 기술자나 감독관에게 훨씬 더 처리하기 힘든 과제를 안겼다. 북부 탄전에서는 통상적으로 수직갱도 안쪽에 방수가 되는 통 모양의 나무 '틀'(tubbing)을 씌운 양가죽을 덧대 솟

아나는 물을 제어하려 했는데, 그렇게 하지 않으면 물에 젖은 지층을 뚫고 내려가는 일은 불가능했을 것이다. 채굴장에서 갱 바닥의 물웅덩이로 배수된 물은 수동 펌프와 '순환사슬' 모양의 병들을 비롯하여 사람이나 당나귀, 때로는 수차나 풍차로 움직이는 다양한 장치들을 통해 지표면으로 끌어 올려졌다. 이렇게 물을 빼내는 데 드는 비용이 엄청났기에 갱 바깥으로 물을 내보내는 더 효과적인 방법을 찾아내려는 강력한 동기가 존재했다.

토머스 세이버리가 1698년에 증기를 이용하는 양수기(揚水機)를 발명하게 것은 콘월의 금속 광산업자들의 필요 때문이었을 것이다. 수직갱도 안쪽 움푹 들어간 공간에 설치된 이 기계는 단순히 보일러 하나와 파이프가 부착된 콘덴서(응축기)로 구성되었는데, 파이프 하나가 수직갱도를 따라 물웅덩이까지 이어졌고 다른 하나는 지표까지 이어졌다. 증기가 응축되면서 만들어 낸 진공 상태가 웅덩이로부터 물을 빨아들였다. 그리고 보일러에서 유입된 새로운 증기는 그 물을 지표면까지 이어진 배수관으로 끌어 올렸다. 그러나 증기를 직접 찬물과 접촉시킨 데에 따른 에너지 손실이 너무 컸다. 이 낭비를 피하려고 다트머스의 철물상 토머스 뉴커먼(1663~1729)은 1708년에 완전히 다른 형태의 자동 기압기관을 발명했다. 지상에 높이 세워진 단단한 돌기둥 위에 추축을 둔 거대한 목제 가로 들보(beam)가 둥그런 호(弧)를 그리며 자유롭게 위아래로 흔들리게 되어 있었다. 그 가로 들보의 한

쪽 끝에 연결된 피스톤은 실린더 안에 증기가 먼저 주입되고 난 다음 냉각될 때 아래위로 움직였다. 이 운동은 가로 들보에 전해 졌고, 따라서 가로 들보의 다른 한 쪽 끝에 잇닿아 있는 펌프의 봉(棒)들에도 전해졌는데, 이 펌프 봉의 운동으로 물은 수직갱 도 안에 있는 도관을 통해 위로 끌어 올려졌다. 이 기관은 뉴커 먼과 그의 후계자들에 의해 여러 차례 개량과 보완 조치가 이루 어졌다. 미들랜즈의 탄광에서 처음 사용된 이 장치는 곧 북부의 탄전에서도 채택되었고, 1765년에 타인위어 주 인근에서는 약 100대가 작동하고 있었다. 그 장치는 물을 머금은 지층 속은 물 론 그 아래 얇은 탄층에서도 채굴할 수 있게 해줌으로써 탄광의 생산량을 증대시킨 중요한 역할을 했다. 이런 면에서 토머스 뉴 커먼은 근대 공학의 선구자들 가운데에서도 아주 특별한 자리 를 차지할 만하다.

　기압기는 오로지 펌프질에만 이용된 장치였고 석탄을 끌어 올 리는 작업에는 사용될 수 없었다. 석탄이 담긴 개암나무 바구니 나 광주리를 수직갱도의 맨 위까지 끌어 올린 것은 말의 힘으로 움직인 기중기였다. 광부들도 때때로 광주리를 타고 오르내렸다. 하지만 석탄을 올리는 밧줄 고리에 한쪽 다리를 걸고 한 덩어리 로 매달려 수직갱도를 오르내리는 일이 더 많았다. 이때 소년들 은 어른 무릎 위에 앉거나, 아니면 그냥 손과 발로 밧줄을 꼭 잡 았는데, 갱 벽에 부딪히거나 수직갱도 바닥으로 떨어지는 사고가 잦았다.

저마다 탄광들이 처해 있던 지하 운송의 어려움뿐 아니라 산업 전체가 처해 있던 지상 운송의 어려움도 생산량을 제약했다. 북부에는 나무로 만든 짐마차 도로가 탄광에서 강까지 깔려 있었고, 300~400백 톤 규모의 해상 운반선 1천여 척이 먼 곳까지 석탄을 실어 날랐다. 그러나 내륙의 탄전에서는 말 등에 걸친 바구니나 험한 길을 따라 이동하는 짐마차에 의존하여 석탄을 운송해야 했다. 더 좋은 공도(公道, highway)와 운하가 출현하기 전까지, 시장은 일정한 지역에 한정될 수밖에 없었다.

석탄 생산에서는 채굴 작업이나 갱도 내 운반에 기술적 발명을 적용할 기회가 거의 없었다. 땅속에서 석탄을 캐내기 위한 싸움은 신속한 결과를 기대할 수 없는 군인의 전투와 다를 바 없었다. 초창기의 석탄 생산량은 추정치에 불과하나, 1700년 한 해에 약 250만 톤, 1750년에는 약 475만 톤의 석탄이 생산된 것으로 보인다. 이런 수치는 1800년의 약 1,000만 톤, 1829년의 약 1,600만 톤, 그리고 그 후의 훨씬 더 많은 톤수에 견주면 적은 양이다. 석탄의 시대는 18세기가 아니라 '19세기'였다. 그러나 1700~1750년에도 연료는 대부분의 생산과정 발전에 기반이 되었기에, 상대적으로 늦은 채탄업의 발전 속도는 전반적으로 영국의 산업 팽창을 제약하고 있었다.

연료를 많이 사용한 분야 가운데 하나는 철을 녹이고 '정제하는' 산업이었다. 하지만 이 산업의 경우 연료는 석탄이 아니라 목탄이었다. 목탄은 삼림과 관목 숲 소유자들을 통해 생산되었기 때문에 여기에서도 공업과 토지는 밀접한 관련이 있었다. 제철소의 입지를 결정한 것은 철광석이 아니라 나무의 존재였는데, 그 이유는 먼 거리에 나무나 목탄을 운송하는 것보다 광석을 운송하는 편이 더 값쌌기 때문이다. 16~17세기에 윌드 지방의 서식스와 켄트에는 제철업이 번창했다. 그러나 이 지역에서 (대개 제철업은 물론 조선업 수요 때문에도) 숲이 고갈되자 제철업은 쇠퇴하게 된다. 그래서 1700년까지 이 산업은 삼림이 아직 남아 있거나 새로운 관목을 심어 숲을 조성할 수 있는 국내의 다른 지역들로 이동하고 있었다.

철을 생산하기 위해서는 먼저 광석을 용광로에서 녹여 선철(銑鐵)을 뽑아야 한다. 그런 다음 선철을 소형 열풍로(熱風爐)에서 다시 용해시켜 주물을 생산하거나, 제철소로 옮겨 가열하고 단련하여 단철봉(鍛鐵棒, bars of wrought iron)을 만든다. 이렇게 작업한 단철봉들은 절단 공장으로 보내, 그곳에서 다시 가열되고 홈이 있는 압연기를 통과하여 늘여진 단철봉들은 가늘고 긴 봉으로 절단되었다. 단단하지만 깨지기 쉬운 주철(鑄鐵)은 가정에서 쓰는 솥이나 냄비 같은 물건을 만드는 재료였고, 또한 전쟁이 많이 치러진 시기에는 결코 무시할 수 없는 온갖 무기를 만드는 데 사용되었다. 탄소 함유량이 적은 단철은 잘 깨지지 않고 해머로 두드려서 펴거나 늘리기 좋은 재질이다. 그래서 말의 편 자나 못, 곡괭이, 삽, 자물쇠, 쥠쇠, 철사 같은 갖가지 연장과 도구 를 만드는 데 사용되었다.

용광로나 단철 공장, 절단 공장은 대개 별개의 작업장으로 이 루어져 있었다. 연료 공급의 제약 탓에 흔히 서로 멀리 떨어진 곳에서 독립적인 생산자들에 의해 운영되었다. 18세기 초, 제철 업에서 나타난 두드러진 혁신은 선철이나 주물을 생산할 때 목 탄 대신 코크스[13]를 사용한 일이다. 한 세기가 넘도록 개발자들 은 이 기술을 실행할 수 있는 방법을 잇달아 찾았고, 몇 가지 특 허를 취득했다. 하지만 그 특허들은 성취보다는 열망을 드러내 는 것이었다. 왜냐하면 코크스 안에 포함된 유황 탓에 주물에 부적합한 생산물이 나왔고, 또 단철로 바뀔 때 그 생산물은 깨 지기 쉬워서 사용할 수 없었기 때문이다.

1709년에 비로소 슈롭셔의 콜브룩데일에서 퀘이커교도 제철 업자인 에이브러햄 다비가 코크스를 사용하여 용해시킨 질 좋 은 선철을 생산해 냈다. 그가 사용한 용광로의 규모는 흔히 목 탄을 사용하는 제철업에서 쓰는 것과 비슷했고, 송풍기도 특별

---

13 석탄을 건류(乾溜)하여 휘발성을 없앤, 회흑색의 금속성 광택이 있는 다공질(多孔質) 의 고체 탄소 연료.

히 우수한 것이 아니었다. 이 성공은 확실히 인근에 있던 괴탄(塊炭) 덕분이라고 말할 수 있다. 그 괴탄은 다른 지역의 석탄과 달리 유황 함유량이 적어 용광로의 목적에 적합한 코크스를 추출할 수 있었다. 다비의 발명은 공업국가로서 영국의 장래에 지대한 결과를 가져왔으나, 온전한 성과는 18세기 후반에야 비로소 나타났다. 이 방법은 오랫동안 다비의 친족이나 친구들 사이에서만 사용되며 서서히 확산되었다. 이는 어쩌면 퀘이커교도의 조심성 또는 경쟁자들에게 그 지식을 알리지 않으려는 욕심과 어느 정도 관계가 있을 수도 있으나, 코크스로 용해한 선철의 사용은 어떤 경우든 제약을 받았다. 다비의 철은 단철업자가 원료로 쓰기에는 순도가 낮았고 실제로도 그렇게 여겨졌다. 광물성 연료가 목탄을 대체할 수 있었던 것은 주물 생산에서뿐이었다.

다비의 이 발견은 용광로와 주물공장을 삼림지대 인근보다는 탄전 지대에서 서서히 성장시켰다. 그것은 수차공(水車工)으로 하여금 몇 가지 목적에 적합한 더 나은 원료를 취득할 수 있게 했고, 몇 가지 일상용품 생산에서 단철 대신 주철을 사용할 수 있게 했다. 이런 성과가 중요하지 않은 것은 아니지만, 제철업 대부분을 여전히 반농촌적인 환경에 머물러 있게 했다. 그 동력은 낙하하는 물에 의존할 수밖에 없었고 또 연료는 줄어들고 있던 삼림에 묶여 있었다.

탄소 함유량 면에서 보면, 주철과 단철의 중간에 있는 것이 강철(鋼鐵)이다. 단철 조각들을 목탄으로 덮은 채 불가마에 넣고 그것들을 며칠 동안 높은 열로 달구면 강철이 만들어진다. 이렇게 해서 얻은 포강(泡鋼)은 작은 봉 조각으로 절단된다. 이 봉들은 다발로 한데 묶여 용광로에서 다시 가열하여, 두드리고 펴서 칼이나 연장의 날을 만드는 강철을 생산했다. 원료가 스웨덴에서 수입한 질 좋은 강철이었기 때문인지 모르겠지만, 제강업은 잉글랜드 북동부 뉴캐슬어폰타인 인근에 집중되어 있었다. 생산하는 데 막대한 비용이 들어가는 강철은 가정용 칼이나 면도날, 고급 도검류, 총포, 그리고 괘종시계나 회중시계의 작동 부품에만 제한적으로 사용되었다. 1740년대 초, 셰필드의 시계공인 퀘이커교도 벤저민 헌츠먼은 강철을 작은 도가니 안에서 용해하는 방법을 고안하여 더 순도가 높고 균질한 생산물을 얻어 냈다. 이렇게 허츠먼이 개발한 질 좋은 강철은 기계공업을 비롯하여 여러 산업이 성장하는 데 중요한 역할을 하게 되었다. 그러나 초창기의 다른 발견들처럼, 그 제조 방법에 관한 지식은 더디게 확산되어 18세기 말에 가서야 비로소 도가니강(crucible steel)이 널리 사용되기에 이르렀다.

생산과는 달리 철을 가공하는 데는 광물성 연료를 충분하게 사용할 수 있었다. 따라서 공구나 연장, 농기구, 쇠사슬, 자물쇠, 볼트 그리고 무엇보다 못 제조업자들이 탄전으로 모여들었다. 가장 규모가 큰 생산지는 스태퍼드셔 남부와 우스터셔 북동부,

특히 테임 강과 스투어 강을 끼고 있는 지역에 있었는데, 예전에 곡식을 빻는 데 사용된 수차가 철을 절단하는 장비로 전용되고 있었다. 일찍부터 집중적으로 마구(馬具)가 제조되었는데, 이런 조건이 월솔과 브로미치 서부에서 재갈이나 등자(鐙子)를 비롯하여 말과 관련된 또 다른 철 가공물 생산을 성장시킨 게 틀림없다. 또 버밍엄에서는 총포와 도검, 그리고 훗날 버밍엄을 유명하게 만든 다양한 경금속 상품 제조가 이미 전문화되기 시작했다. 하지만 이 도시들 주변에 있는 농촌에서 생산 활동의 주력은 못 제조였다. 대규모 못 시장을 제공하고 확장시킨 일등공신은 한창 목조 주택이 지어지고 있던 아메리카 식민지였다.

요크셔 남부와 더비셔 인근 지역에도 금속 가공업이 집중되었다. 셰필드는 최고급 칼 제품과 공구의 생산지였고, 그 주변 촌락에서는 낫이나 못 제조 같은 비교적 기술이 덜 필요한 작업이 이루어졌다. 또 뉴캐슬어폰타인에도 많은 칼 제조공이 있었고, 가까이 스월웰과 윈레이튼에서는 스터브리지 출신의 앰브로즈 크롤리가 닻, 쇠사슬, 공구, 못 등을 생산하는 가족 기업을 설립했다. 윈레이튼에서 금속 세공장(細工匠)을 비롯한 장인 노동자들의 작업장은 크롤리가 조성한 구역에 있었는데, 거기에서 그들만을 위한 목사와 의사, 교사를 두고, 또 그들만의 질병 치료 기금과 퇴직 기금을 조성하고 반(半)협동체적인 환경 속에서 생활했다. 하지만 당시에 이런 환경은 예외적인 것이었다. 미들랜즈

서부와 요크셔 남부, 랭커셔 서부(이 지역에 있는 리버풀과 위건, 워링턴 사이의 농촌에서도 제철업이 발전했다)에서는 여기저기 흩어져 있던 직공들 집에 붙어 있던 작은 직업장이나 헛간에서 생산이 이루어졌다. 철물상들은 자신들의 창고에 있는 봉철(棒鐵)을 전대했고, 못 제조공과 그 밖의 장인들은 완성품을 가져 왔다. 그러나 나중에는 도매상이나 중간상들이 성장하여 랭커셔에서 전대인들 또는 미들랜즈 동부에서 양말 상인이나 출장 판매원(bagman)이 하던 것과 똑같은 기능을 수행했다.

직물과는 달리 철과 강철에는 쉽게 기계식 생산 방법을 적용하지 못한다. 생산품의 종류에서는 이런저런 혁신이 있었으나, 제조 공정에서는 거의 발전이 없었다. 노동자 수가 증가하고 전문화도 얼마간 진전되었지만 무엇보다 원료가 생산량의 한계를 결정했다. 따라서 석탄을 이용하여 단철을 생산할 수 있게 된 18세기 말에 가서야 비로소 금속공업은 어지간히 팽창할 수 있었다.

대량생산이 가능하려면 분업이나 전문 설비뿐 아니라 조직적인 운송과 상업, 신용 시스템의 지원도 필요하다. 당대의 모든 관찰자들에 따르면, 영국의 국내 교통수단은 산업자본가들의 요구를 충족시키기엔 한참 모자랐다. 전문성이 낮은 측량사나 미숙련 부역 노동자들에 의존해 건설되고 수리된 잉글랜드의 도로는 대부분 바퀴 달린 교통수단에는 적합하지 않았다. 따라서 중요한 육상 운반 수단은, 공도의 가장자리나 그 한복판에 돌을 깔아 놓은 길을 때로는 160킬로미터 이상 줄지어 이동하던 짐말 이었다. 인클로저가 진행될 때 촌락 진입로를 넓히거나 곧게 만들 수 있는 기회가 있었다. 어떤 지역에서는 1662년의 법에 따라 통행세에서 나오는 미래의 수입을 담보로 자본 조달 권한이 부여된 위탁자들이 유료도로를 건설했다. 그러나 사실상 공도를 사유화한 이런 처사에 대해선 상당한 반대가 있었고, 통행료 징수를 위해 설치된 차단 막대는 자주 파손되었다. 여하튼 19세기 후반까지 유료도로는 런던에서 조금이나마 멀리 떨어진 지역의 경우엔 효율적인 교통로가 되지 못했다.

크고 무겁거나 깨지기 쉬운 물건을 운반하는 데는 강과 바다가 훨씬 값싸고 안전한 운송 수단이었다. 점차 항구들 간 연안 교역이 널리 이루어졌고 항구의 수도 거듭 늘어났다. 그중에서 뉴캐슬이나 헐, 브리스틀처럼 이미 거대해 진 항구들은 시간이 흐르면서 교역 규모를 엄청나게 늘려 나갔다. 휫비, 스카버러, 킹스린, 야머스 같은 항구는 산업혁명의 힘이 산업 집중 못지않게 거센 교역 집중을 불러오자 뒤처지게 되었다. 전부는 아니라 해도 수많은 항구가 항행 가능한 강의 하구에 자리 잡고 있었는데, 이 강들은 해상 공도와 마찬가지로 1700~1760년 시기 잉글랜드 경제의 두드러진 특징이던 지역 간 교역(산업의 지방화)의 발전에 중요한 구실을 했다.

런던 주민에게 필요한 연료의 거의 전부와 식량 대부분이 수로로 공급되었다. 석탄은 타인 강에서 배에 실렸다가 바다를 항해하는 석탄 운반선으로 옮겨져 런던의 풀[14]로 운반되고, 그곳에 내려진 석탄은 다시 거룻배에 실린다. 또 템스 강 유역에서 나온 곡물과 그 밖의 생산물들은 바지선으로 강 하류에 운반되었다. 세번 강에서는 슈롭셔와 우스터셔에서 생산된 석탄과 속이 깊은 그릇(hollow-ware)과 못 등을 실은 대형 바지선이 강을 타고 브리스틀까지 내려 왔으며, 봉철과 점토와 서인도제도산 생산물 등 수하물을 싣고 힘센 (그러나 오래 살지 못한) 일단의 견인(牽引) 인부들(bow-hauliers)에 의해 상류로 다시 끌어 올려졌다. 강이 작을수록 항행은 더 어려웠다. 몇몇 강들에는 둑과 어량(魚梁, fish-garths)[15]이라는 방해물이 버티고 있었다. 수심이 얕아서 가뭄이 닥치면 항행하기 어려운 강도 많았다. 또한 그런 강에 배를 띄우려고 바닥 짐을 배 밖으로 던져 버리는 반사회적인 행위가 때때로 항행을 중단시켰다. 견식 있는 지주와 산업자본가, 특히 북부의 지주와 산업자본가들은 회사를 설립하여 수많은 수로를 넓히거나 깊게 만들 수 있는 법적 권한을 획득했다.

일찍이 살워프 강의 개량 덕분에 드로이트위치는 소금 생산의

---

14 Pool, 템스 강 위쪽 런던브리지에서 그 아래쪽으로 뻗어 있는 구간을 말한다. 런던브리지에서 체리가든 부두까지가 '상부 풀(Upper Pool)'이고, 체리가든 부두에서 라임클린그리크까지가 '하부 풀(Lower Pool)'이다.
15 한 군데로 물이 흐르도록 물길을 막고, 그곳에 통발을 놓아 고기를 잡는 장치.

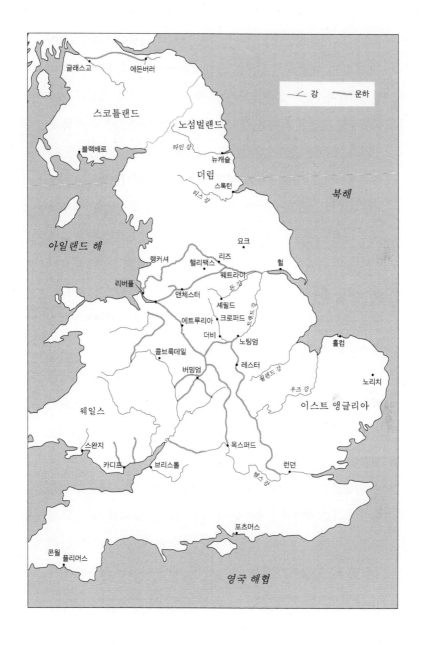

중심지로 성장할 수 있었다. 하지만 그보다 나중에 있었던 위버 강 개발은 체셔 주의 '소금도시들'(wiches)을 훨씬 더 급속하게 성장시켰다. 에어 강과 콜더 강의 수심이 깊어지자, 링컨과 레스터셔에서 생산된 기다란 양모들이 웨스트라이딩으로 운송될 수 있었다. 또한 돈 강이 깊어진 것은 로더럼 금속공업의 성장을, 나중에는 셰필드 금속공업의 성장을 촉진했다. 랭커셔에서는 이례적인 활황이 나타났다. 더글러스 운하 덕분에 위건 인근의 탄광에서 나온 석탄은 리블 강과 필드 강의 어귀에 도달할 수 있었다. 머시 강과 아이어웰 강의 꾸준한 개발은 리버풀이 항구로, 또 맨체스터가 면공업 중심지로 성장하는 데 일정한 역할을 했다. 그리고 자그마한 생키브룩 강을 운하로 조성한 것은 세인트헬렌스와 워링턴에 번영을 가져다주었다.

하지만 이러한 사업은 저마다 강의 흐름을 돌리는 것에 항의하는 지주들로부터, 요크와 게인스버러와 보트리 같은 오래된 기존 항구의 상인들로부터, 그리고 자유롭게 이용할 수 있다고 여겨진 뱃길에 통행료를 지불해야 한다는 사고방식을 혐오한 모든 이들로부터 상당한 반대가 있었다. 잉글랜드의 강들은 기껏해야 느리고 값비싼 교통수단이 될 수 있었을 뿐이다. 더 이상 공도가 아니라 더 효율적인 운하 시스템에 속하는 지류로 강을 이용하는 일은 18세기 후반 몇 십 년 동안에 나타난 혁신들 중에서 가장 중요한 것에 속한다.

한편, 국내의 상업 활동 대부분은 한정된 생산물을 전문적으로 취급한 상인들에 의해 수행되었다. 상인들 가운데 일부는 직접 농촌 주변을 돌아다녔으나, 대다수는 소비자들로부터 주문을 확보하고 수금을 하기 위해 '순회상인'(riders-out)을 고용했다. 해외무역의 경우, 상인은 특정 상품보다는 특정 시장과 전문적으로 거래했다. 상인이 물건을 갖고 항해하는 일은 오래전에 자취를 감추었고, 이제 물건들은 화물 관리인에게 위탁되거나 해외의 대리상(代理商)에게 배송되었다. 비교적 작은 배일지라도, 배의 건조와 설비, 수리에 드는 비용은 개인이 감당하기엔 너무 컸다. 상인과 제조업자, 선장을 비롯한 많은 이들이 사실상의 합자회사에서 4분의 1 또는 6분의 1, 32분의 1, 심지어는 64분의 1의 지분을 보유하고 있었다. 이런 식으로 부유층 상당수가 연안 무역과 해외무역에 적극적으로 관여했다.

영국은 식량을 자급했고, 또 모든 것을 고려해 볼 때 곡물 수출국이었다. 그러나 선박의 건조와 유지에 필요한 목재와 봉철, 대마(大麻)를 비롯한 여러 물품을 외국에 크게 의존했고, 직물 산업에 사용되는 비단과 면, 염료의 경우도 마찬가지였다. 또 설탕, 럼주, 차, 커피, 담배는 물론 수많은 완제품들의 경우도 그랬다. 그 대신 영국은 모든 종류의 공산품, 특히 양모나 철, 가죽으로 만든 제품들을 수출했다. 직물, 총포, 철기, 장신구들은 아프리카로 보내 노예와 교환되었고, 이 노예들은 다시 배에 실려 서인도제도로 이송되어 고약한 삼각무역에서 마지막 선적물인 사치품과 원료품의 대가로 넘겨졌다.

역사가들은 원격시 상업에 지나치게 관심을 쏟는 경향이 있다. 수출입 무역은 압도적으로 유럽 대륙, 특히 영국과 가장 가까운 국가들과 이루어진 거래였다. 이에 비하면 인도와 서인도제도, 북아메리카와 하던 거래는 규모가 작았고 아프리카와의 거래는 보잘것없었다. 동인도회사와 아프리카회사에서 일한 사람들이 큰 재산을 일궜다 해도, 이 시기에 영국의 상업을 구축한 것은 은과 노예를 거래하던 독점 조직들이 아니라 일상용품을 취급하던 런던을 비롯한 항구들, 그리고 수많은 국내 도시의 개별 상인들이었다는 사실을 숨겨선 안 될 것이다. 영국이 해군 군수품을 사 오던 발트 해 연안 국가들과의 무역은 열대지방 전체와의 무역보다 정치적·경제적으로 더 중요했다.

II

지금까지 산업혁명에서 두각을 나타낸 주요 경제활동들을 고도로 압축하여 설명했다. 따라서 여기엔 많은 것들이 생략되어 있다. 지면도 부족하고 어떤 경우엔 지식 부족으로 건축업자, 조선업자, 어부, 선원, 제혁업자와 피혁업자, 제지업자와 인쇄업자들을 비롯한 그 밖의 많은 이들에 대한 서술은 빠져 있다. 하지만 이들에 관한 연구가 지금까지 제시된 설명의 큰 줄기를 크게 바꿀 것 같지는 않다.

산업은 도시적이라기보다는 농촌적이었다. 앞 선 두 세기 동안 산업은 어느 정도 도시 규제와 길드 규제에서 벗어나기 위해, 또 어느 정도는 기술적인 이유로 도시에서 농촌으로 멀리 이동했다. 바다에 의존한 재화의 운송은 내륙보다 해안지역에 더 많은 사람을 살게 했다. 또한 강을 이용한 운송의 중요성은 템스 강, 세번 강, 클라이드 강 유역을 따라 인구가 조밀해져 간 것으로 반영되었다. 페나인산맥과 코스트월드산맥의 측면, 데번셔의 황무지, 스코틀랜드 남부의 고지대에도 인구가 집중되었는데, 이 지역들 모두 양모 공급지였을 뿐 아니라 여전히 영국의 주요 산업인 양모 산업의 몇몇 공정에 필요한 연수(軟水) 공급원이기도 했다. 제분공장, 축융공장, 용광로, 제철소, 절단공장, 칼 공장, 그리고 연마공장은 낙하하는 물을 동력으로 삼았다. 그렇게 많은 공장이 유지될 수 있을 만큼 충분히 물을 공급해 준 도시는 거의 없었으며(셰필드가 그 몇 안 되는 도시 가운데 하나였다), 제철공장은 어떤 경우에도 연료를 공급받기 위해 인근의 삼림이 필요했고 금속공업은 탄광이 필요했다. 자연자원의 분포, 특히 수자원의 분포에 따라 인구는 지리적으로 널리 퍼져 나갔다.

꽤 규모가 큰 도시들(항구 도시, 하구 도시, 상업 중심지)이 있었던 것은 사실이다. 조선소, 창고, 맥주와 증류주 양조장, 소비재

(비단과 가죽 제품, 가구, 괘종시계와 회중시계, 유리, 도자기, 칼, 보석 따위)를 생산하는 다양한 수공업 동업조합이 있던 런던은 국민의 경제생활에서 오늘날보다 더 중요한 위상을 차지했다. 그러나 그렇게 런던이 발전한 것은 수도이자 항구로서의 지위 덕분이었다. 런던과 그 인근 지역인 미들섹스, 서리, 켄트에 인구 집결을 불러온 것은 브리스틀, 노리치, 글래스고 같은 다른 대도시의 경우도 그랬듯이 원래는 제조업이 아니라 상업이었다.

산업들은 이동하고 있었다(그렇다고 노동자와 기업가들이 이동했다는 말은 아니다). 철 생산은 윌드에서 웨스트미들랜즈로, 견직물과 양말 공업은 런던에서 이스트앵글리아와 미들랜즈와 북부 지역으로 이동했다. 제염업은 더럼 해안에서 체셔의 평원으로 이동했다. 산업구조는 유연했다. 직물, 의류, 금속을 비롯한 여러 업종들은 교과서가 '가내공업 시스템'(domestic system of industry)이라고 부르는 범주 안에서 수행되었다. 이 용어는 사실 편리하긴 하지만 오해를 낳고 있다. 왜냐하면 가내공업의 주된 특징은 그 어떤 단일한 조직 시스템에도 적합하지 않았다는 점에 있기 때문이다. 가내공업에서는 다양한 수준의 기술과 자본, 위험 부담 능력을 갖춘 사람들이 자신의 재능을 충분히 발휘할 수 있었고, 또한 광범할 뿐 아니라 거의 어리둥절하다고 할 만큼 다채로운 가내공업 형태가 존재하고 있었다. 정도는 덜하지만, 광업과 제철업도 사실은 마찬가지였다. 아주 적은 자본을 가진 두세 명의 동업자들이 탄광을 개발하거나 제철소를 건설할 수 있었고, 타인대동맹(Grand Allies of Tyne)에 속한 기업이나 슈롭셔의 퀘이커교도 명문가에 속하는 기업 같은 대기업들과도 충분히 경쟁할 수 있었다. 생산공정이 비교적 단순했기 때문에, 남녀들은 한 직종에서 다른 직종으로 쉽게 이동했다. 제조업과 농업 사이엔 왕래가 잦았다. 광산과 용광로, 촌락의 작업장은 여름과 초가을에 작업을 멈추어 노동자들이 추수를 도와줄 수 있었다. 자본의 대부분은 건물이나 기계보다는 생산공정에 필요한 원료에 투입되었다. 자금은 공업에서 상업으로, 또는 상업에서 공업으로 쉽게 오갈 수 있었다. 따라서 누구든 스스로를 어느 때는 공장주라고, 또 어느 때는 상인이라고 말할 수 있었다. 노동자들의 단체행동은 별로 없었던 데다가 힘이 없었기 때문에, 자본으로 노동을 대체하거나 어떤 노동을 다른 종류의 노동으로 대체하는 것은 어렵지 않았다. 그리고 생산비 저감의 전제조건인 생산요소들의 전문화는 거의 제약을 받지 않고 진행될 수 있었다.

이런 점에서 1700~1760년 무렵의 산업은 100년도 더 지난 뒤 경제학자들이 구축한 모델에 매우 합치했다. 하지만 대략적인 상황이 사회적으로 유리했음을 지나치게 강조하고, 특히 노동조건을 이상화하는 것은 위험하다. 제조업과 농업이 결합되어 노동자들이 전반적으로 행복했는지 여부는 다소 의심스럽다. 왜냐하면 그것은 노동자의 노동을, 특히 직물업에서 더 열악한 유형의 생산 활동에 가둬 놓음으로써 노동자의 손이 거칠어지고 손마디가 울퉁불퉁하게 되었음을 의미했기 때문이다. 대부분의 노동자가 자신이 공구나 기구를 소유하고 있기 때문에 발생한다고 생각한 이익을 모조리 얻어 냈던 것은 사실이다. 하지만 곡괭이와 부삽, 모루와 망치, 혹은 톱 한 벌과 줄을 취득했기에 거의 항상 빚을 지고 있었다. 직기나 편물기가 주요 가구였던, 그리고 보풀과 먼지로 인해 또는 양모를 빗질하거나 그 밖의 많은 일을 할 때 피워 놓은 목탄 난로에서 나오는 연기와 그을음 가스 탓에 공기가 탁한 오두막집에서 안락함이라고는 거의 기대할 수 없었다.

대부분의 노동자가 자신의 노동과 여가 시간을 얼마간 자유롭게 결정했다는 것 역시 사실이다. 광산업에서 의도적인 결근은 어쨌든 오늘날처럼 흔히 있었던 것 같다. 휴일도 많았고 잘 지켜졌다. 수많은 가내노동자들은 일요일과 월요일, 가끔은 화요일에도 빈둥빈둥 보내거나 놀이를 즐기는 습관이 있었다. 하지만 이것은 그들이 한 주의 나머지 요일엔 밤까지 오래도록 일을 해야만 했음을 의미했다. 따라서 그 불규칙성이 어른들에겐 그렇게 중요한 것이 아니었을지 몰라도(일부 저술가들 역시 불규칙하게 일한다) 성인을 보조하는 아동들에겐 좋을 리 만무했다.

일반적으로 고용주와 노동자의 관계는 직접적일 때가 가장 좋다. 농업의 경우, 노동자가 자기 집을 소유하는 경향이 점점 더 늘고 있었지만, 여전히 많은 노동자는 주인집에서 숙식하는 하인이었다. 그러나 노동자들이 광범한 지역에 산재해 있고 면 공장과 양모공장에서처럼 한 사람이 2천~3천 명을 고용할 수 있던 산업에서 개인적인 접촉은 불가능했다. 가장 밀접한 유대 는 함께 일하는 집단에 속한 구성원들 간의 유대였다. 광업과 어업에서는 '동료' 간의, 유리 제조업에서는 '의자'에 같이 앉은 사람들 간의, 그리고 대부분의 경우엔 가족 간의 유대가 그런 것이었다. 그러나 성인 남성과 여성, 아동이 나란히 일한다는 사 실이 가구(家口)가 하나의 독립적인 단위였다는 것을 의미하진 않는다. 어떤 여성도 남편이 요구한 분량이나 다양한 종류의 실 을 방적할 수 없었다. 당시 기술 수준은 단 한 대의 직기를 멈춤 없이 작동시키는 데 대여섯 명의 방적공이 쉴 새 없이 일해야 했기 때문이다. 중간상인은 직포공이 실을 구하러 이리저리 찾 아다니는 수고를 덜어 주었지만, 가혹한 조건으로 직포공과 계 약했다. 미들랜즈에서는 장인(匠人) 양말공이 친구로 여겨지는 일은 드물었다. 또 랭커셔에서 사람들은 가슴 아픈 이야기를 들 었을 때, "그 이야기는 숫돌이라도 측은한 마음을 갖게 하지만, 숫돌보다 더 모진 것은 다름 아닌 전대인(前貸人)이다"라고 말 할 정도였다.

농업의 경우를 제외하고 노동자들 대부분은 일한 분량에 따라 임금을 받았다. 많은 산업에서 노동자들은 대개 주마다 또는 2주에 한 번씩 생계를 유지할 만한 목돈을 받았고, 임금의 차액(만일 그것이 얼마간 있다면)은 6주나 8주 혹은 12주가 끝날 때 받았다. 미들랜즈와 사우스웨일스에서 광부들은 석탄을 캐내서 갖고 나오는 일뿐 아니라 소비자에게 배달하는 일까지 했다. 그들은 석탄이 팔렸을 때만 보수를 받을 권리가 있었고, 운송이 지체되거나 시장이 폐쇄되기라도 하면 몇 주, 심지어 몇 달 동안 임금을 박탈당한다는 것을 의미했다. 이런 처사는 생산에 따른 위험 부담을 거의 감당할 수 없는 그들의 어깨 위에 지우는 것이었다. 또한 오랫동안 일한 후 임금을 지급받는 '장기 지불제'(long pay)가 존속했던 모든 산업에서 노동자들은 임금을 받은 후 며칠 동안은 마음대로, 심지어는 아낌없이 소비하는 경향이 있었다. 그래서 그 나머지 기간 동안은 소득을 더 합리적으로 배분하여 사용하면 유지할 수 있었을 안락한 생활수준보다 훨씬 낮은 수준으로 살아가는 경향이 있었다. 임금 지불의 규칙성과 그에 따른 지출의 규칙성이 달성된 것은 고용주들이 자본을 조달하고 위험을 감당하는 기능을 충실하게 수행한 산업혁명 이후의 일이다.

노동자는 대개 고용주나 대리인이 아니라 상급 노동자한테서 임금을 받았다. 이런 일은 십장 제도(butty system)가 지배적이던 탄광 지역에서 일반화되어 있었다. 또한 그런 관행은 '연고 없는'

여성 운반부들이 채탄부나 광부에게 예속되어 그에게서 소액의 임금을 받던 스코틀랜드 동부에서 있었고, 광부가 종종 자기 자식이기도 했던 '꼬맹이' 아이들을 고용하여 임금을 준 노섬벌랜드와 더럼에서도 어느 정도 있었다. 수많은 금속공업과 핀 제조업, 런던의 다양한 수공업에서는 따로 직인(journeymen)을 고용한 옥외 직공(outworkers)이 생산을 담당했다. 그리고 심지어 앰브로즈 크롤리가 설립한 매우 체계적인 시설에서도 금속 세공장은 해당 업종의 관습에 따라 자기 밑에 있는 단련공에게 임금을 주었다. 런던의 견직포공들은 북에 실을 감는 작업에는 여성을, 실패에 실을 채워 넣는 일에는 아동을 고용했다. 거의 모든 곳에서 훈련을 제대로 받지 못한 소년 소녀가 똑같이 하급 직인 형태로 고용되어 있었다. 또한 수많은 아동들이 배고픔과 과도한 노동, 학대로 고통을 받고 있었다. 대자본과 부유한 고용주가 지배한 제련업 같은 산업에서는 말할 것도 없고 발전이 더딘 가내공업에서도 노동조건은 최악이었다.

농업이라든가 광업, 제철업, 도기 제조업을 비롯한 여타 산업에서 고급 기술을 가진 노동자들은 대개 1년 정도로 장기간 고용되었다. 노동계약서는 그들에게 어느 정도 고용을 보장했고, 또 부수적으로는 영국의 육해군(Forces of the Crown, 오직 가난한 이들만이 지원 입대할 수 있었던, 평판이 나쁜 집단)에 징집되는 걸 피할 수 있는 안전판이 되기도 했다. 그러나 고용 보장의 대가는 이동의 자유

상실이었다. 스코틀랜드의 광부들과 제염(製鹽) 노동자들은, 생계는 보장되었지만 관습과 법에 따라 평생 같은 장소에서 같은 일을 하도록 묶여 있었다. 그리고 이런 농노제에 가까운 조건이 오래전에 사라진 잉글랜드에서조차, 숙련 노동자들의 처지가 종종 실업 상태에 있을 때 자기 뜻대로 직업을 (정주법이 정한 한계 내에서) 바꾸고 일터를 옮길 수 있었던 노동자들이나 반숙련 직포공들의 처지보다 더 바람직한 것이었는지 여부는 의문이다.

공업 생산이 원활하게 이루어지지 못한 데에는, 특히 가내공업의 경우 여러 가지 원인이 있었다. 어떤 고용주들은 실이나 철을 할당할 때 무게를 속이는 노동자들에게, 지급하는 원료로 만들수 있는 것보다 더 많은 직물이나 못을 요구했다. 또 어떤 고용주들은 불량 원료를 할당하거나 불규칙하게 임금을 지불했다. 소매상이 거의 없고 화폐 공급이 충분치 않은 외딴 지역에서는 현물 지급이 보통이었다. 다른 한편 방적공이나 직포공, 편물공, 못 제조공은 종종 불량 생산물을 반송할 때가 있었다. 직물공들은 버터와 수지(獸脂)를 직물에 섞어 무게를 늘렸고, 못 제조공들은 창고에서 수령한 봉철을 질 낮은 철로 바꿔치기하기도 했다. 재료를 훔치는 좀도둑질도 널리 퍼져 있었다. 그런 일을 방지하기 위한 의회 법이 1703년, 1740년, 1749년, 1777년에 통과되어 점점 더 무거운 형벌이 부과되었다. 그리고 이 의회 법 가운데 마지막 법에서는 수색을 목적으로 작업장이나 집에 딸려 있는 헛간에 들어갈 수 있는 권한이 고용주에게 부여되었다. 이 시기의 수많은 모직물위원회(Worsted Committees) 가운데 최초로 설립된 위원회는 횡령과 생산물 반송의 지연을 처리하기 위해 설립되었다. 위원회가 선임한 감독관들은 치안판사[16]로부터 허가를 받아 사실상 산업 경찰이 되었다. 그들이 활동한 광범한 지역에서 노동자들은 공장주가 강제한 규율 못지않게 엄중한 규율에 복종했으나, 공장이 제공해야 할 고용과 노동시간의 규칙성이라는 보상은 받지 못했다.

생산은 이런저런 상인과 중개상을 통해 조직화되었기에 신용 제도가 필요했다. 그런데 신용은 거꾸로 말하면 빚이다. 가내노동자들은 고용주한테서 재료뿐 아니라 출생과 질병, 사망 또는 이사 같은 긴급한 대소사를 치르기 위해 돈을 빌린 채무자였다. 채권자의 지급 요구는 장차 지불해야 할 임금의 공제액으로 결제되었고, 때로는 채무를 청산하는 방법으로 어린 자식들이 고용주를 위해 무보수로 일하는 경우도 있었다. 흔히 한 가지 빚을 갚기도 전에 새로운 빚이 생기기 일쑤였다. 당시의 임금 장부들은 빚에서 결코 벗어나지 못한 노동자들의 수많은 사례를 보여 준다. 사용하는 물건들

---

16 정식 명칭은 Justice of Peace이다. 14세기 후반에 출현한 치안판사는 왕의 평화(King's Peace)를 지키기 위한 재판 업무, 임금의 규정이나 빈민 구제와 같은 일반 행정, 경찰 업무 등을 관장한 하급관리로서 주로 지방의 정치를 지배한 젠트리들이 그 직을 맡았다.

은 행상인한테서 외상으로 구매했고 선술집의 맥주 값은 빠르게 쌓여 갔기 때문에, 빚을 갚으라는 요구가 있을 때면 다시 고용주를 찾아갈 수밖에 없었다. 많은 도시에서 원자재 절도뿐 아니라 소액 빚 상환을 다루는 특별 법정이 설치되었다. 채무, 특히 고용주에 대한 채무는 도덕적 풍속만 악화시킨 것이 아니라, 최선을 다해도 임금에 관해 효과적인 주장을 펼 수 있는 지위에 있어 본 적이 없던 남녀 노동자들의 교섭력도 약화시켰다.

고용주들은 수많은 가내 노동자들에게 손쉽게 일감을 주는 경향이 있었는데, 어느 정도는 몹시 바쁜 시기에 노동력 부족이 발생하지 않도록 하기 위해서였다. 메리야스 상인과 양말 상인이 그렇게 한 데에는 특별한 동기가 있었는데, 그들이 더 많은 편물공을 고용할수록 직기 임대에서 나오는 수입은 더 많았기 때문이다. 대부분의 가내 직종에 필요한 기술은 어렵지 않게 습득할 수 있었고, 가족 모두에게 고용 기회가 있다는 점이 자석처럼 사람들을 끌어당겼다. 이 때문에 더 많은 사람이 정규적 노동을 보장받을 수 있는 직종보다 이 가내 작업 직종에 들어가는 경향이 있었다. 주기적 실업이 아니라 불완전 고용이 가내 노동자의 파멸을 불러오는 원인이었다.

일반적으로 노동 수요를 초과하는 공급이 존재하는 것은 '투자 기회'가 소진된 결과이며, 이는 '후기 단계의 자본주의'의 특징이라고 주장하는 사람들이 많다. 그러나 자본주의가 성숙하지 않았고 투자 기회가 충분히 열리기 전인 1700~1760년 무렵에, 사람들 대다수는 정규 고용을 위한 수단을 갖지 못했다. 전체 인구 중에서 걸인과 부랑자, 도둑과 노상강도, 매춘부와 온갖 기생자(寄生者)가 차지하는 비중은 오늘날보다 더 컸다. 그런가 하면 이들과 달리 경제체제의 주변에는 가능하다면 정직한 수단으로 근근이 생활해 나간 남녀 무리도 상당히 많았다. 황무지 무단 거주자와 반고용 상태의 촌락 농민과 도시의 다락방 거주자 같은 이들이다. 이런 사람들이 '빈민' 대중의 대부분을 형성했는데, 너저분하고 무분별한 생활방식은 딘 터커 같은 초기 경제학자들의 이성과 양식을 모욕하는 것이었다. 어떤 이들이 가난한 것은 실제로 그들의 성격상 결함 때문이었지만, 또 다른 이들이 가난한 이유는 일반적인 투자 수준에서는 그들에게 일거리가 거의 없거나 아예 없었기 때문이다. 그 패배자 군단을 경제체제의 일부로 끌어 들였다는 점, 그리고 비록 과도하게 편입하긴 했어도 수많은 비정규군을 산업군의 유효한 부대원으로 전환시킨 것은 산업혁명이 가져온 작지 않은 성과였다.

'왜 산업혁명이 더 일찍 도래하지 않았을까' 하는 질문에는 수많은 답변을 내놓을 수 있다. 18세기 초반에 재능 있는 발명가들은 상당히 많았으나, 이들이 열매를 맺기까지는 시간이 필요했다. 초기의 혁신들 가운데 몇몇은 구상이 불완전했기 때문에 실패했고, 또 어떤 혁신들은 제대로 된 재료를 입수하지 못했거나 노동자들의 기술이나 응용 능력이 부족했기 때문에, 또는 변화에 대한 사회의 저항 때문에 실패했다. 산업은 거대한 공업 사회의 필수 조건인 '사회기반시설'(도로, 다리, 항구, 부두, 운하, 급수 시설 등)의 건설이 가능할 만큼 충분히 많고 충분히 저렴한 자본이 형성되기를 기다려야 했다. 사회적 이상으로서, 또한 사회적 과정으로서 산업은 진보의 관념이 소수의 생각이 아니라 다수의 생각이 되도록 확산될 때까지 기다려야 했다.

그러나 이 같은 거대한 흐름과는 별개로, 주요 산업 각각에는 더 넓은 확장을 위해 사전에 제거되어야 했던 어떤 장애물, 요새 말로 하자면 어떤 병목현상이 있었다. 농업에서 그것은 공유권(公有權)과 겨울철의 사료 부족이었다. 광산업에서 그것은 홍수를 처리하기 위한 효과적인 방책의 결여였다. 제철업에서는 적절한 연료가 부족했고, 따라서 금속공업에서는 당연히 재료가 부족할 수밖에 없었다. 직물업에서는 실의 공급이 불충분했다. 운송, 상업, 신용은 다 같이 독점 조직의 압박에 시달렸고, 이 서비스업들의 발달이 제약을 받은 것은 산업 일반에 역효과를 불러왔다. 그렇기에 모든 분야에서 인간의 노력이 증대했음에도, 기존 제도들의 안정성을 위협할 만큼 변화가 빠른 것은 결코 아니었다. 1700~1760년 무렵 영국은 생산 기술이나 산업구조에서 그리고 국민들의 사회경제 생활에서도 결코 혁명을 경험하지 못했다.

3

기술혁신

"1760년 무렵 기계장치의 물결이 잉글랜드 전역을 휩쓸었다." 한 학생이 산업혁명에 관한 질문의 답변을 그렇게 적절하게 시작했다. 하지만 다른 어떤 시대나 장소에서도 유례를 찾기 어려울 정도로 갑자기 밀어 닥친 것은 기계장치만이 아니라 농업, 운송업, 제조업, 상업, 금융업에서 나타난 다양한 혁신들이다. 발전의 가속화는 새로운 특허 일람표, 긴 목록의 인클로저 법률들, 생산량과 수출량의 증가, 두 세대 동안 대체로 안정세를 유지한 뒤 바야흐로 반세기가 넘도록 상승이 이어질 물가 추이 등으로 입증된다. 18세기 처음 10년 동안만 보더라도 브린들리, 로벅, 웨지우드, 하그리브스, 아크라이트, 와트 같은 이름과 관련된 혁신이 이루어졌다. 그런데 이 시기의 이야기는 진화론적 과정의 견지에서 말한다는 것이 도저히 불가능하다.

이 시기가 혁신과 팽창에 유리했다는 주장은 벌써부터 있어왔다. 국내외 시장의 팽창과 함께 나타난 이자율 하락은 자극제가 되었다. 헨리 펠럼이 국채 이자율을 3.5퍼센트에서 3퍼센트로 전환하는 일은 1757년에 완료되었다. 그리고 7년전쟁이 콘솔공채(Consols) 가격을 낮추고 영국 무역의 문을 어느 정도 닫게는 했어도, 1763년에 평화가 회복되자 공공 대출 이자율은

3.75퍼센트를 넘지 않게 되었고, 또 극동 지역에서도 서유럽에서도 기업과 자본의 새로운 시대가 열렸다. 이와 동시에 식량, 연료, 철, 실, 운송 등의 부족 때문에 생긴 장벽들은 어느 것이 먼저인지 판단하기 어려울 만큼 빠른 속도로 무너져 가고 있었다. 또한 어느 한 산업의 길에 놓인 장애물이 다른 산업의 길을 혼잡하게 만들었던 것과 똑같이, 이제는 그 장애물의 제거가 폭넓은 해방을 가져왔다. 혁신은 일단 진행되면 가속화되는 경향이 있다.

농업에서 인클로저는 빠른 속도로 진행되었다. 토지 점유자가 소수이던 교구에서 다수인 교구로 확산되었다. 그리고 인클로저에 대한 적대감이 있었기 때문에 서로 동의 속에 실행되기보다 의회에서 통과된 법률에 따라 진행될 수밖에 없었다. 토지의 80퍼센트를 소유한 자들(그러나 대체로 소유자의 총수에서는 훨씬 적은 비율을 차지하는)이 서명한 청원서가 의회에 제출되었다. 그다음엔 특정 교구의 "개방경지와 공동경지, 목초지, 방목지, 공동 용지와 황무지를 분할하고 할당하고 인클로저를 실행하기 위한" 법안이 통과되는 순서를 밟았다. 1740년부터 시작된 10년 동안 그 같은 법이 38건이 통과되었고, 다음 10년 동안에는 156건이 통과되었다. 나아가 1760년에 이후 10년 동안에는 480건, 그 뒤에는 이보다 훨씬 많은 법이 제정되었다. 주도권을 발휘한 계층은 대개 향신과 10분의 1세 소유자(tithe-owner)였다. 지주 세력이 압도적이던 의회는 인클로저에 대한 항의에 거의 신경 쓰지 않았다. 저마다 별도의 법에 따라 임명된 위원들이 토지에 대한 법적 권리를 입증할 수 있는 사람들과 치열하게 협상한 것처럼 보이지만, 일반적으로 위원들은 어쨌거나 조상 대대로 여태껏 아무런 시비 없이 땅을 경작해 왔다는 것을 유일한 권리로 내세운 그들의 정당한 요구를 무시했다. 사실 인클로저에 관한 이야기는, 부자들이 정치적·경제적 힘을 행사하여 가난한 이들에게 자신들의 의지를 관철시켰다는 식으로 계급투쟁의 관점에서 경제사를 서술하는 사람들의 구도에는 아주 잘 어울린다. 그러나 그 이야기가 완전하려면, 전쟁과 흉작이 성장하고 있는 도시 사회의 생존을 위협하고 있을 때, 토지 생산성을 증대시키기 위해 함께 노력한 일도 고려해야 한다. 인클로저와 관련하여 불미스러운 사건들은 많았지만, 인클로저 전체를 마치 귀족 모험가 일당이 유리창을 깨고 물건을 삽시간에 탈취한 습격 같은 것으로 취급하는 것은 온당치 않다.

개방경지 촌락이 정체되어 있었던 것만은 아니다. 어떤 곳에서는 클로버 재배를 포함해 새로운 윤작법이 도입되고 있었다. 그러나 차지농민에게 경지 관리인 선출권을 허용함으로써 그 같은 개량을 촉진하고자 했던 1773년 법은 실패했다. 아서 영 같은 꼼꼼한 관찰자에게 개방경지 제도는 빈사 상태에 있는 생계 유지형 농업의 유물로 보였고, 잉글랜드가 살아남으려면 반드시 제거되어야 하는 것이었다. 전쟁의 해이자 기근의 해였던 1801년에 일반 인클로저 법(General Enclosure Act)은 절차를 간소화하고 비용을 줄였는데, 이때부터 1815년까지 인클로저 운동은 빠르게 진행되었다.

자유보유농민이었던 독립자영농이 몰락한 것, 소영지가 대영지로 대체된 것, 그리고 농촌 인구가 큰 폭으로 감소한 것 등이 인클로저 때문이라는 믿음은 최근까지도 일반화되어 있었다. 18세기 초보다 18세기 말에 독립자영농의 수가 더 적었던 건 사실이다. 그러나 최근의 통계조사는 자유보유 토지 대부분이 의회 인클로저(Parliamentary enclosure)가 진행되기 훨씬 전에 매각되었음을 보여 준다. [사실 1780년 이후에 점유적 소유(occupying ownership)는 증가한 것으로 보이는데, 왜냐하면 1914~1920년처럼 수많은 차지농민들이 전쟁 때 얻은 이익을 보유지 구매에 사용했기 때문이다]

대농장이 더욱 커져 가는 경향이 있었던 것은 사실이다. 그러나 한 가족이 경작할 만한 작은 농지의 수도 증가했다. 또한 인클로저가 이루어진 토지가 목초지로 바뀐 곳에서는 노동력이 덜 필요했고, 그래서 수많은 오두막 농민들과 무단 거주자들이 매수되거나 쫓겨난 것도 사실이다. 그러나 더 많은 곡물에 대한 긴급한 수요가 있었던 전쟁 기간에, 많은 노동자를 필요로 하는 경작 지대가 확장되고 있었다. 시간이 지남에 따라 인클로저의 대상은 점점 더 황무지 쪽으로 옮아갔고, 따라서 이전까지 전혀 경작되지 않았던 토지의 개간은 고용을 증대시켰음에 틀림없다. 농업 노동자 중에 인근 도시로 이주한 자들이 있었음은 의심의 여지가 없다. 그러나 그들이 농업에서 추방되었다기보다 제조업에 이끌렸다는 것은 공업 중심지 인근에 있는 농장 노동자의 임금이 비교적 높았다는 점으로 설명된다. 잉글랜드의 그 어떤 주도 1801년에서 1851년 사이에 인구 감소를 기록하지 않았다는 사실은 이 시기 농촌에서 광범한 인구 감소가 없었음을 시사한다.

이 시기에 발전한 기술은 사실 노동 절약형 기술이 아니었다. 농업은 전문화할 수 있는 영역이 상대적으로 적었으며, 20세기에 들어와서야 토지에 기계가 널리 사용되었다. 1780년대에는 신형 쟁기가 도입되었고, 스코틀랜드의 한 수차공은 더 효율적인 탈곡기를 발명했다. 철 생산의 증가는 쟁기의 뼈대는 물론, 써레와 굴림대의 일부를 나무에서 금속으로 대체할 수 있게 했다. 그리고 1803년에는 강철로 만든 보습이 시장에 출현했다. 하지만 이러한 혁신들 그 어느 것도 중요하지 않았다. 우리가 농업 기술에서 주요한 변화를 찾아야 하는 곳은 다른 데에 있다.

1760년 조지프 엘킹턴은 워릭셔에서 새로운 배수(排水) 방법을 개발하기 시작했다. 거의 같은 시기에 레스터셔의 디슐리에 살던 로버트 베이크웰은 동종번식 방법을 실험적으로 사용하여 더 많은 고기를 얻을 수 있는 소뿐 아니라, 더 힘센 말과 더 몸집

이 크고 무거운 양을 사육하고 있었다. 17세기 말부터 홀컴의 코크(1752~1842)는 이회토(泥灰土)와 클로버를 사용하고, 새로운 목초와 인공 사료를 도입하고, 차지농민들이 성실하게 토지를 관리하도록 유도하고, 노퍽 농법의 장점을 선전하는 등 자신의 영지를 개량하는 일에 막대한 돈을 쓰고 있었다. 다른 귀족들뿐 아니라 국왕 조지 3세 스스로도 농업을 개량해야 하는 이유를 열심히 화제로 삼았다.

새로운 방법에 관한 지식은 차지농민의 저녁 식사 자리에서, 양모 깎기 축제에서, 그리고 더 자주 열린 수많은 지방 농업가들의 클럽에서 널리 보급되었다. 기술협회(Society of Arts)는 새로운 발명에 대해 상금을 주었고, 주(州)와 지구(地區)의 농업협회들은 발명 과정에 도움을 주었다. 1776년에는《파머스 매거진》(Farmers' Magazine) 창간호가 출간되었으며, 1806년에는《파머스 저널》(Farmers' Journal) 창간호가 나왔다. 농사 방법에 관한 여러 논문과 아서 영의 잉글랜드, 아일랜드, 프랑스, 이탈리아, 에스파냐 여행기 같은 책들이 농촌 생활의 고립화와 편협성을 극복하는 데 큰 도움이 되었다. 그리고 1793년에 존 싱클레어 경(1745~1835)은 정부로부터 얼마간 지원을 받아 농업위원회(Board of Agriculture)라는 협회를 설립했다. 이 협회는 독지가의 자발적 기부로 운영되었고, 여기서 나온 보고서들은 국내 여러 지방에서 이름 없는 농민들이 시도하고 있던 실험들에 관해 상당히 많은 정보를 알려주었다. 하지만, 계몽적인 지주들과 진보적인 경작자들에 의한 농업 개량이 일반적이었다고 추정하는 것은 위험하다. 노퍽의 윤작법, 사육 방법의 개선, 로더럼 쟁기, 그리고 황소를 말로 대체하고 호밀이나 귀리를 밀로 대체한 것 등과 같은 혁신들은 서서히 전파되었다. 진보가 뚜렷한 곳은 오직 동부와 이스트미들랜드 지역이었고, 국내 여러 지역에서 농업 경영은 이전의 몇 세기 동안 해오던 것과 거의 같은 방식을 따랐다.

시장에 판매하기 위한 생산은 운송 분야의 개선과 더불어 지역별 전문화와 지역 간 교역의 성장을 촉진했다. 동부와 남부 지역에서는 곡물이, 미들랜즈에서는 소와 말이, 본주들[1]에서는 낙농 제품과 채소가 주요 생산물이었다. 소는 스코틀랜드에서 이스트앵글리아로, 웨일스에서 에식스로 이동하여 살을 찌운 다음 시장으로 내보냈다. 어린 양들은 윌트셔에서 미들섹스로, 노팅엄에서 우스터로 보내졌고, 그 대신 새끼를 치기 위한 암컷 양들이 반송되었다. 소규모 전문화도 많았다. 체셔는 치즈, 노퍽은 칠면조, 에일스베리는 오리, 켄트는 홉, 햄프셔는 양봉을 전문화했다. 그러나 혼합농업의 기술적 이점이 매우 컸기에 지역적인 집중이 절대적이었던 경우는 아주 드물었다.

지대와 임금의 결정에서 관습의 역할은 점점 더 줄어들었고

1 Home Counties, 런던을 둘러싸고 있는 서리, 켄트, 에식스, 미들식스 같은 주들.

경쟁의 역할은 점점 더 커졌다. 농촌 수공업의 쇠퇴가 수많은 가정경제를 심하게 압박했지만, 적어도 북부에서는 노동자들의 생활수준이 향상되었다. 그러나 노동자들은 과거에 비해 덜 안정적이었다. 1820년대에는 탈곡기 개량 탓에 겨울철 농장 일감이 줄었으며, 농업 노동자들은 도시민들과 함께 기술적 실업을 경험하기 시작했다. 도시민 자신들에게도 농업 진보는 이득이 될 게 거의 없었다. 밀이 미들랜즈에서 호밀과 보리를, 북부와 스코틀랜드에서는 귀리를 제치고 주식이 되었다. 감자는 날마다 흔히 먹을 수 있는 식품이 되었고, 고기도 더 이상 사치는 아니었다. 더 질이 좋고 더 다양한 식품이 노동자들의 건강과 기대수명에 영향을 끼쳤으며, 산업 생산 팽창에 작지 않은 원인이 되었다고 할 수 있다.

농업과 마찬가지로 채탄업에서도 기계의 적용이나 급작스런 기술 변화를 위한 여지는 거의 없었다. 모든 채굴 산업이 그랬듯이 이 산업에서도 진보는 점진적으로 이루어졌다. 18세기 중엽에 북부 지역에서 조랑말이 탄광에 사용되기 시작함으로써 석탄 원가를 크게 낮추었다. 그것은 지하 노동자의 다수를 차지한 운탄부(運炭夫)들이 이제 비교적 저임금을 받는 소년들로 대체될 수 있다는 것을 의미했기 때문이다. 석탄에 의존하던 철 생산의 증가는 채탄 작업에 중요한 영향을 미쳤다. 수직갱도에 주철관을 사용함으로써 더 깊이 굴착할 수 있게 되었다. 그리고 1777년 존 커가 셰필드 주변의 탄광에 끌어들인 주철 궤도는 지하 운송비를 더 한층 절약하는 효과를 낳았다. 그가 주철 궤도 위를 달릴 수 있도록 고안한 바퀴 달린 석탄 운반 바구니는 석탄을 탄광 바닥에 내려놓는 일 없이 수직갱도를 따라 끌어올릴 수 있었는데, 이는 또한 비용의 절감을 의미했다.

통풍 방법은 1750년대에 화이트헤이븐의 칼라일 스페딩이 지하 통로를 통해 공기가 흐르도록 통풍 칸막이를 사용하기 시작함으로써 개선되었고, 존 버들이 노섬벌랜드의 광상(鑛床)에 손수 만든 3중 환기 장치와 더욱 정교한 '토끼몰이'(coursing) 방법을 도입한 1790년대에는 한층 더 개선되었다. 석탄 채굴 과정은 여전히 과거와 다를 바 없었으나, 석탄 지지대는 더 가는 것으로 바뀌면서 '제거'되었다. 또한 18세기 말에는 암석을 발파하는 데 화약이 사용되기 시작했다. 조명은 1813~1815년에 험프리 데이비 경, 클래니 박사, 조지 스티븐슨이 몇 가지 안전등을 처음 만들기 전까지는 변함없이 커다란 골칫거리였다. 광부들이 생명이 더 한층 안전하게 된 것은 아니었지만, 안전등이 처음 사용됨으로써 이전까지 너무 위험하여 전혀 작업할 수 없다고 여겨진 얇은 탄층으로부터 다량의 석탄이 생산될 수 있었다고 한다.

제철업에서는 코크스 연료를 사용하는 용광로의 규모와 사용량이 꾸준히 확대되고 있었고 새로운 사업 분야도 열렸다. 1756~1763년 전쟁 기간에 군수품 수요에 자극을 받아 브로즐리에 있는 존 윌킨슨의 공장과 캐런에 있는 존 로벅의 공장을 비롯해 수많은 새로운 공장이 설립되었다. 캐런 공장은 규모와 제품(그중엔 유명한 캐러네이드[2]가 있었다)의 다양성에서 새로운 기업 스타일을 예고했다. 1760년 크리스마스 선물의 날[3]에 이 공장에서 최초로 용광로가 점화된 사건은, 기원 문제 같은 것에서 정확성을 중요하게 치는 사람들에게 스코틀랜드 산업혁명이 시작되었음을 표시하는 데 유용할 것이다.

코크스로 제련한 선철을 봉철로 전환시키는 데에는 여전히 목탄이 사용되었지만, 이 초기 공정 단계에 광물성 연료가 사용되는 일이 점점 더 많아졌다. 콜브룩데일 회사의 직원이었던 크래니지 형제는 1776년에 그 같은 봉철 제조에 오직 코크스만을 사용하려고 시도하여 거의 성공을 눈앞에 두고 있었다. 하지만 1783~1784년에 패어럼 인근에 제철소를 설립한 해군 용역업자 헨리 코트(1740~1800)가 정련과 압연에 대한 두 가지 특허를 획득했을 때 비로소 최종적인 해결책이 나왔다. 코트의 방법은 먼저 선철을 반죽 형태가 될 때까지 코크스로 재가열하고, 그다음

---

2 carronade, 구경이 크고 포신이 짧은 함포.
3 Boxing Day, 크리스마스 다음 날. 이날 고용인이나 집배원 등에게 크리스마스 선물을 담은 박스를 주는 풍습이 있다.

엔 다량의 탄소와 불순물이 연소될 때까지 봉철로 휘젓고, 마지막으로 철 압연기 사이로 통과시켜 여전히 남아 있는 찌꺼기를 밀어내는 것이었다.

코트의 발명은 기술의 역사에서 눈에 띄는 사건 중 하나였다. 다비의 발명이 용광로 소유주들을 삼림 지대에 의존하는 것에서 해방시킨 것과 똑같이, 제철소 주인들을 삼림 지대에서 해방시키는 효과를 발휘했다. 스웨덴이나 러시아와의 정치적 관계가 자칫하면 틀어지기 쉬웠던 때에, 코트의 발명은 영국이 발트 해 연안 지역에서 목탄 연료로 만든 대량의 철을 수입해야 할 필요성에서 벗어나게 했다. 그래서 여기저기 흩어져 있던 제철업 용광로를 탄전으로 끌어 당겨, 용광로 바로 옆에서 철제품을 완성시킬 수 있게 되었다. 또한 그의 발명은 광석과 석탄 채굴에서부터 봉철의 절단에 이르기까지 단일한 경영자 집단이 모든 공정을 통제하는 거대한 종합회사의 성장을 이끌었다. 제철업은 비교적 짧은 시간 안에 주로 네 곳에 집중되었는데, 스태퍼드셔와 사우스요크셔, 클라이드 강, 그리고 사우스웨일스의 탄광이 있는 언덕과 탄 찌꺼기 더미 주변에는 사람들로 북적이는 새로운 유형의 공단이 성장했다. 철 생산량은 빠르게 증가했고, 건설 공사에서 금속이 목재와 석재를 대체하게 되었다. 철기 제조 공업이 생산물의 범위를 확대해 감에 따라 농업에서 조선업까지, 기계공업에서 방직업까지 값싼 철이 불어 넣은 활기찬 효과를 경험하지 않은 산업은 거의 없었다.

한 세대 정도 후에 데이비드 머싯이 스코틀랜드에서 검은 띠가 있는 철광석을 발견하게 되었고, 곧이어 J. B. 닐슨이 용광로에 열풍(熱風)을 불어넣는 방법을 사용하기 시작했다. 이 방법은 기존 용광로의 생산성을 더 한층 향상시키는 결과를 낳았다. 이런 혁신이 이루어진 시기는 이 책에서 우리가 다루고 있는 시기의 범위 안에 있지만, 완전한 효과를 느끼게 된 것은 1830~1840년대였다.

코트가 발명한 정련법과 압연법은, 그 시기의 수많은 다른 기술적 발명과 마찬가지로 새로운 형태의 동력으로 뒷받침되지 않고선 효과가 없었을 것이다. 1860년대까지 뉴커먼이 고안한 기압기는 유용하긴 했으나 여전히 양수(揚水)라는 제한된 목적을 위한 장치였다. 그 기압기로 끌어올려진 물이 바퀴를 움직여 갖가지 기계를 작동시킬 수 있었던 것은 사실이다. 그러나 그 과정에서 엄청난 에너지가 소비되었고, 그래서 적어도 한 스코틀랜드인은 그것을 그냥 두고만 볼 수 없었다. 조지프 블랙은 글래스고대학에서 (자신이 발견한) 잠열(潛熱) 현상에 관해 강의하고 있었고, 존 앤더슨은 물리학 수업에서 뉴커먼의 기압기 모형을 사용하고 있었다. 글래스고대학 소속은 아니었으나 대학 구내에 작업장을 갖고 있던 수학 도구 제조업자 제임스 와트는 뉴커먼한테서 기압기 모형을 수리해 달라는 요청을 받았다. 와트는 기압기의 주요 결함이 교대로 이루어지는 증기의 주입과 응축에 있다는 것을 알았다. 기압기의 피스톤이 위쪽을 완전히 치기도 전에 증기가 응축되는 것을 피하려면 실린더를 따뜻하게 유지할 필요가 있었다. 그러나 마찬가지로 피스톤이 아래쪽을 되치게 하려고 증기를 응축하기 위해선 실린더를 냉각시켜야 했다. 실린더 벽 온도의 급작스런 변동은 엄청난 양의 잠재 에너지가 낭비된다는 것을 의미했다.

와트는 블랙, 앤더슨, 존 로빈슨을 비롯한 대학의 다른 동료들과 함께 이 문제에 관해 여러 차례 토론했고, 몇 달 동안 깊이 생각했다. 그런데 1765년 어느 일요일 오후에 산책을 하던 중, 갑자기 영감이 섬광처럼 스치면서 실린더가 계속 따뜻할 동안에 냉각을 유지할 수 있는 별개의 응축기를 사용할 수 있겠다는 해결책이 떠올랐다. 몇 주 안에 모형이 만들어졌으나, 그것을 본격적인 증기기관으로 만들어 내는 과정에서 기술적 난관은 상당한 세월이 흐른 후에야 극복될 수 있었다. 와트의 실험을 재정적으로 지원한 이는 1769년에 취득한 특허권의 공동 소유자인 존로벅이었다. 그러나 반드시 도움을 받아야 할 숙련 장인들이 캐런의 제철공장에는 없었고, 와트 본인도 측량기사이자 토목기사로 일하면서 생계를 유지하는 데에 힘을 쏟아야 했다. 하지만 1774년, 로벅은 사업이 곤경에 처하게 되자 자신의 특허권 지분을 매슈 볼턴(1728~1809)에게 넘겼고, 제임스 와트는 스코틀랜드를 떠나 버밍엄으로 갔다. 그곳에서 와트는 이미 충분한 사업기반을 쌓은 인물의 도움을 받았는데, 그 사람은 자신만만한 기질을 타고 났고 단순한 돈벌이를 훨씬 넘어서는 야망을 품고 있었다.

밸브를 비롯한 여타의 정밀 엔진 부품들을 만들기 위해 와트가 필요로 하는 장인들이 볼턴의 소호(Soho) 공장에는 있었다. 멀지 않은 곳에는 기압기용 주물 생산에 오랜 경험을 갖고 있던 콜브룩데일의 제철공장이 있었고, 가까운 브래들리에는 훌륭한 제철업자인 존 윌킨슨(1728~1808)이 있었다. 1774년에 특허권을 획득한 윌킨슨의 대포 천공(穿孔) 기술은 당시까지 도달하지 못했던 정확성을 통해 실린더의 구멍을 뚫는 데 적용될 수 있었다. 와트는 동료 운이 좋은 편이었다. 기본 원리를 확립한 블랙의 연구, 볼턴의 자본과 기업, 윌킨슨의 천재성, 머독과 서던의 숙련 기술 그리고 수많은 무명 기술공들 모두가 증기기관 제작에 참여했다. 와트는 순수과학에서 사용된 체계적 실험 방법을 산업에 적용한 최초의 인물 가운데 한 사람이다. 그리고 다른 사람들의 구상을 종합하여 복잡한 기계장치의 창조에 필요한 다양한 기술을 결합할 수 있었던 것도 그의 공적이었다.

1775년 의회는 와트의 특허권을 1800년까지 25년 더 연장했다. 이 기간 중 처음 6년 동안, 와트의 증기기관은 피스톤의 왕복 타격을 연출하는 단동식(單動式) 장치에 머물러 있었다. 그것은 기압기보다 네 배나 효율적이었고 저수지, 제염공장, 양조장, 증류주 제조장, 그리고 콘월의 금속 광산에서 물을 뽑아 올리는 데 널리 사용되었다. 하지만 채탄업에서는 상대적으로 별다른 역할을 하지 못했다. 왜냐하면 와트는 뉴커먼의 기압기와 자신의 증기기관의 연료 소비 차이를 근거로 더 비싼 특허 사용료를 받았기 때문이다. 또 탄광에서는 약간의 석탄을 절약하는 것이 별로 중요하지 않았으므로, 옛 동력기를 새로운 것으로 대체하는 일은 별로 자극제가 되지 못했다. 반면, 제철업에서 그 발명품은 풀무와 해머, 압연기 등을 작동시키는 거대한 바퀴들의 회전에 필요한 물을 끌어올리는 데 사용되었다. 따라서 증기기관은 제철업 발전의 초기 단계부터 생산량에 엄청난 효과를 끼쳤다고 할 수 있다.

와트가 그 이상의 일을 하지 않았더라도, 그는 영국 발명가들의 선두에 확고하게 한 자리를 차지했을 것이다. 그러나 그는 증기 펌프에 불과한 것의 개량이 아무리 굉장한 것이었어도 거기에 멈춰 설 수 없었다. 그는 왕복운동을 회전운동으로 전환시켜 기계를 움직일 수 있게 할 생각으로 여념이 없었는데, 이는 1781년에 특허를 받은 유성(遊星) 톱니바퀴 장치를 비롯한 수많은 고안물로 실현되었다. 이듬해에는 복동식(複動式) 회전 기관이 출현했고, 그 기관에서는 증기의 팽창력이 피스톤 양면에 가해졌다. 1784년에는 평행운동 장치가 출현했다. 그리고 1788년에 뛰어난 발명품인 원심조속기(遠心調速機)가 나왔는데, 이것은 더 정교하고 복잡한 공정을 위한 원동력에 반드시 필요한 운동의 규칙성과 원활성을 더 한층 높여 주었다.

중대한 사건이었다. 코트의 정련법 및 압연법의 도입과 동시에, 그리고 아크라이트와 크럼프턴의 발명 직후에 도입된 회전 기관은 수백만 명 남녀들의 생활 조건을 완전히 바꿔 버렸다. 브래들리에 있는 존 윌킨슨의 해머를 작동시키기 위해 새로운 기관이 최초로 설치된 1783년 이후, 영국에 기술혁명이 일어나고 있다는 점은 분명해졌다. 볼턴과 와트는 1800년에 자신들의 특허권이 소멸되기 전까지 국내와 (몇몇의 경우엔) 국외에서 두 가지 유형의 기관 약 500개를 설치하여 작동시켰다. 새로운 형식과 새로운 동력으로 이전까지 사람의 손과 근육으로 수행된 작업을 대체할 수 있게 한 새로운 전동 장치는 산업의 방향을 근대단계로 전환시키는 축(軸)이었다.

변혁은 직물 제조 공장에서 가장 빠르게 일어났다. 방적에서는 이미 중요한 변화들이 발생했고, 오랫동안 직포의 발전을 방해한 방적사 부족 문제는 해결되어 있었다. 1764~1767년 무렵에 블랙번의 직공이자 목공인 제임스 하그리브스(1720~1778)가 '제니'(jenny)라고 일컫는 간단한 수동 기계를 고안해 냈는데, 그 기계로 여성 한 명이 처음엔 6~7가닥의 실을, 나중엔 80가닥의 실을 한꺼번에 방적할 수 있었다. 하그리브스에겐 불행이었지만, 그는 1770년에 특허권을 획득하기 전까지 수많은 제니방적기를 만들어 팔았고, 이를 이유로 나중에 법정은 그의 권리가 무효라고 판정했다. 제니방적기는 처음엔 노팅엄에서, 그 후엔 랭커셔에서 열광적으로 채택되었다. 그리하여 1788년까지 잉글랜드에는 약 2만 개의 방적기가 작동되고 있었다고 추산된다. 제니방적기는 오두막집 안에 들여놓아도 될 만큼 크기가 작았고 제작비도 많이 들지 않았다. 게다가 그것을 작동시키는 데에도 큰 힘이 필요하지 않았다. 따라서 제니방적기는 기존의 가내공업 시스템에 아주 적합했다. 그리고 당시에 방적공은 직포공과 보조를 맞출 수 있었기 때문에, 그 기계의 사용은 가족경제의 약화가 아니라 강화를 가져왔다. 하지만 제니방적기로 방적된 실은 질기지 않아서 씨실에만 적합했다. 날실은, 하그리브스의 발명 직후 아크라이트의 이름과 연계된 발명이 출현할 때까지, 여전히 수동 방차(紡車)로 방적되어야 했다.

리처드 아크라이트(1732~1792)는 랭커셔 주의 프레스턴에서 일하던 이발사이자 가발 제조공이었다. 그다지 위대한 발명 재능을 지니지 않은 것으로 보이나, 전통적으로 그의 고향을 연상케 하는 강인한 성격과 건강한 의식을 갖추고 있었다. 덧붙이자면, 사실 그에게 랭커셔 주민에게 보이는 특성인 친절함과 유머

라고는 거의 없었다. 워링턴의 시계 제조공인 존 케이(방적 실험을 한 리(Leigh)의 토머스 하이스를 거든 적이 있었다)의 도움을 받은 아크라이트는 1768년에 '방적기'를 제작하여 이듬해에 특허권을 취득했다. 아크라이트, 케이, 하이스 같은 이들이 실제로 루이스 폴이 만든 기계를 보았는지 여부는 여전히 의심스럽지만, 그 방적기는 외견상 폴의 발명품, 즉 조방사(粗紡絲, rovings)가 방추로 넘겨지기 전에 롤러(roller)를 사용하여 조방사를 뽑아내는 것과 비슷했다. 이 기계로 생산한 실은 좀 거칠긴 해도 질기게 꼬여서 날실로 적합했으며, 일반적으로 날실 짜기 용도로 사용되던 리넨보다 덜 비쌌다. 직물업에서 나타난 첫 단계 산업혁명은 완전 면제품인 값싼 캘리코(calicoes)를 토대로 이루어졌다.

하그리브스처럼 아크라이트도 랭커셔를 떠나 노팅엄으로 갔는데, 그곳에서 양말업자들의 수요는 곧 그에게 방적사 시장을 제공했다. 제니방적기와 달리 그의 방적기가 작동하려면 인간의 근력보다 더 큰 힘이 필요했고, 이에 따라 방적 공정은 처음부터 제조소나 공장에서 진행되었다. 마력으로 움직이는 작은 설비로 실험을 마친 후, 아크라이트는 부유한 양말업자인 노팅엄의 새뮤얼 니드와 더비의 제네다이아 스트럿한테서 지원을 받으려 했다. 1771년 그는 크롬퍼드에 수력으로 움직이는 거대한 공장(더비에 있던 토머스 롬의 견직물 공장을 모델로 삼았다고 알려져 있다)을 설립했는데, 그 공장에서 그는 단시간 내에 약 600명의 노동자들을 고용했고, 그 대부분은 아동이었다. 구식의 소면 (梳綿) 방법은 방적업자들의 요구를 충족시킬 만큼 충분한 양의 원료를 더 이상 제공할 수 없다는 점이 곧 분명해졌다. 그리고 1775년에 아크라이트는 다른 이들의 구상을 한데 모으고, 거기에 크랭크와 소면기를 추가하여 실린더식 소면에 관한 특허를 취득했다. 이것은 롤러식 방적처럼 별도의 인력을 필요로 했고, 그에 따라 공장에서는 대개 그 두 가지 공정이 나란히 수행되었다. 새로운 공장이 더비셔의 벨퍼와 밀퍼드에 설립되었으며, 1777년 랭커셔에서는 수력을 이용한 최초의 공장이 촐리 인근에 건설되었다. 맨체스터 면방적업자들(늘 그랬듯이 모든 종류의 독점에 대한 단호한 반대자들)이 소면 특허를 취소시키는 데에 성공한 1781년 이후, 랭커셔의 농촌뿐 아니라 체셔, 더비셔, 노팅엄셔, 요크셔, 노스웨일스의 농촌에서도 수많은 노동자들이 새로운 공장을 짓느라 분주했다.

1780년대 중반 무렵, 방적에서 나타난 또 다른 혁신 때문에 상황은 다시 변했다. 볼턴의 직포공인 새뮤얼 크럼프턴(1753~1827)은 '숲속의 회관'(Hall-i'-th'-Wood)이라 불린 건물 안에 있는 자신의 '요술 방'에서 7년 동안의 실험을 마친 후, 질길 뿐 아니라 품질도 좋고 심지어 날실용과 씨실용 모두에 적합한 실을 생산하는 데 성공했다. 이 실은 모든 종류의 직물을 짜는 데 사용되었지만 특히 당시까지 사치품으로 동양에서 수입해 오던 양질의 모슬린(muslins) 제조에도 사용되었다. 이 실을 생산하는 기계는 제니방적기와 수력방적기 양쪽 모두의 특징을 갖고 있었으며, 그 태생이 잡종이라고 여겨졌기 때문에 '뮬'[4] 방적기로 알려지게 된다. 특허 설명서의 방대한 조항이 방해 요인으로 작용했는지 모르겠지만, 아크라이트는 결국 특허를 얻지 못했다. 그리고 1785년에 아크라이트의 특허 두 가지 모두가 최종적으로 취소되었을 때, 사업 영역은 모든 이에게 개방되었다. 같은 해 와트의 증기기관이 최초로 롤러식 방적에 활용되었고, 증기력이 뮬방적기를 움직이는 데 사용된 1790년 이후에는 도시에도 대공장 건설이 가능해졌다. 하지만 그렇다고 농촌 공장이 쇠퇴한 것은 아니다. 오히려 1810년대 말까지 농촌 공장의 수는 꾸준히 증가했다. 그 부분적인 이유는 증기력으로 움직이는 기계보다 수력으로 움직이는 기계가 진동이 더 적었고, 따라서 고운 실을 방적하는 데 더 적합했기 때문이었다. 그럼에도 도시 공장은 급속히 성장했다. 1782년 맨체스터 시내와 그 주변에는 겨우 두 개의 면 공장이 있었던 반면, 1802년에 그 수는 52개에 달했다. 1811년까지 랭커셔에서 생산된 면제품의 80퍼센트는 뮬 방적사로 만들어졌고, 그 대부분은 도시에서 방적되었다.

  1780년대 말과 1790년대에는 모슬린에 대한 새로운 수요가

---

4 mule, 숫나귀와 암말과의 잡종인 노새를 가리킨다.

크게 늘어났기에 (거친 직물을 만드는 직포공들과는 달리) 모슬린 직포공들은 크게 번성했다. 실제로 호황이 찾아왔고, 수많은 남녀들이 직물업의 직포 분야에 끌려 들어갔다. 바야흐로 헛간과 양조장이 직포 작업장으로 급속히 바뀌고, 농촌 전역에서 오두막에 딸린 '직기실'(織機室)이 급조되는 풍경을 볼 수 있었던 시기였다. 하지만 '직포공의 황금시대'는 오래갈 운명은 아니었다. 이미 1784년에 목사이자 시인인 에드먼드 카트라이트(1743~1823)는 아크라이트의 특허권이 소멸된 이후에 뒤따를 발전을 예견하고는 말이나 수차나 증기기관으로 움직일 수 있는 역직기(力織機)를 발명했다. 방적을 위한 발명품과 달리 역직기는 비교적 서서히 발전했다. 그 기계가 공장 생산의 효과적인 도구가 될 수 있으려면 수많은 개량이 이루어져야 했다. 날실에 풀질을 하고 도투마리[5]에 직포를 감기 위한 새로운 발명품들은 1803년과 1804년에 윌리엄 래드클리프와 토머스 존슨이 만들었다. 그리고 한 단계 더 높은 발전은 다음 10년 동안에 스톡포트의 호럭스와 맨체스터의 로버츠에 의해 이루어졌다. 그러나 추산에 따르면 1813년이 되어서도 국내엔 2,400개 정도의 역직기가 있었고, 이에 반해 수동 직기는 거의 100배나 많았다. 프랑스와의 전쟁이 끝난 후 발전 속도가 빨라졌다. 1820년까지 영국에

---

5 beams, 날실을 감는 틀.

는 약 14,000개의 역직기가 있었고, 1833년까지는 약 100,000개가 있었다. 수동 직기를 사용한 직포공들이 증기력과 우월한 공장 조직에 맞서고자 한 상황은 이 시기 경제사에서 가장 침울한 장면 가운데 하나였다.

대개 직포는 그 산업 분야를 전문화한 독립적인 고용주들에 의해 수행되었다. 그러나 1820년 이후에는 방적업자들이 자신의 공장에 직포 작업장을 부설하는 경향이 나타났다. 제철업에서처럼, 면공업에서도 산업의 변화는 대기업의 발흥이나 여러 공정의 통합과 결부되었다.

면방적과 직포에서 일어난 혁신들 대부분은 다른 직물들의 제조에 적용될 수 있었다. 그러나 기술적 진보는 사실 면공업보다는 모직공업에서 훨씬 느렸다. 19세기 중반까지도 요크셔에서는 직물 노동자의 절반도 안 되는, 더구나 서부 지방의 직물 노동자보다 더 적은 직물 노동자가 모직물 공장에 들어왔다. 그 이유는 (일부가 추정하듯이) 선천적인 보수성 때문이 아니다. 지금과 마찬가지로 당시에도 요크셔 사람들은 랭커셔 사람들만큼 기민했고 열정적이었다. 어느 정도는 원료의 성질 때문이었고 부분적으로는, 의도는 좋았으나 잘못된 정보를 가진 정부가 모직공업의 활동에 가한 규제 탓이었다. 또 나라 안팎에서 모직물에 대한 수요가 캘리코와 모슬린에 대한 수요보다 덜 탄력적이었기 때문이기도 했다. 벤저민 고트 같은 기업 정신이 강한 상인들이 여기저기에 대공장을 설립했다. 그러나 일반적으로 기업은 비교적 규모가 작은 회사였고, 사실상 주식회사의 공동 투자자처럼 결합되어 있던 몇 명이 그런 회사를 소유하고 있었다. 웨스트라이딩에서는 소규모이긴 하지만 무시할 수 없는 부(富)가 형성되었으나, 그곳에는 아크라이트나 로버트 필 같은 이가 없었고 페나인산맥 서쪽의 '면직물 왕'과 겨룰 만한 모직물 왕도 없었다.

면직물 제조 과정의 후반 공정은 소면, 방적, 직포 공정의 변화에 조금도 뒤처지지 않을 만큼 큰 변화를 경험했다. 18세기 초 캘리코 날염은 목판을 사용하여 손으로 직포 위에 모형을 찍은 장인들에 의해 수행되었다. 최초의 혁신은 목판을 동판으로 대체한 것이었다. 그러나 가장 거대한 진전이 1783년에 이루어졌는데, 스코틀랜드인인 토머스 벨은 동판 대신 동력으로 움직이는 커다란 회전 실린더를 사용했다. 그의 발명은 곧바로 랭커셔의 필 가문과 그 밖의 사람들에게 채택되었고, 따라서 캘리코 날염에서 대규모 생산의 시대는 소면과 방적에서의 대규모 생산 시대와 거의 정확히 일치했다. 표백과 염색 등 또 다른 마무리 공정은 쉽게 기계적 방법을 적용할 수 없었다. 그러나 이들 분야에서도 일련의 혁신들은 계속 이어져, 거의 같은 시기에 기술혁명과 대규모 사업의 융성으로 절정에 달했다. 이 이야기는 대개 스코틀랜드와 프랑스의 과학자들에 의한 새로운 시약(試藥)과 착색

제의 발견 및 잉글랜드에서 나타나던 공업화학의 성장과 밀접하게 연관되어 있다.

전통적인 표백 방법은 직물을 태양광선에 쏘이게 하거나, 아니면 먼저 잿물 용제에 넣은 다음 산패(酸敗)한 우유에 넣고 삶는 것이었다. 1756년 에든버러대학 교수인 프랜시스 홈은《표백 기술》(Art of Bleaching)이라는 책을 출간했는데, 그 책은 산패한 우유 대신 황산을 사용하라고 가르쳤다. 이미 양철 판을 비롯해 여타 금속공업 제품을 세척하는 데 제한적으로 사용되고 있던 물질이었다. 1736년에 약제사인 조수아 워드는 트위크넘에 공장들을 설립했고, 거기에서 그는 유리 기구를 이용하여 황산염을 소량으로 생산할 수 있었다. 그러나 비용이 엄청나서 산업용 황산염의 실질적인 생산은 10여 년 후에 도래했는데, 이때 숙련된 화학자이기도 했던 존 로벅이 새뮤얼 가빗과 함께 처음엔 버밍엄에, 나중엔 프레스턴팬스에 공장을 설립하여 그곳에서 납 용기로 황산을 제조했다. 1787년 제임스 와트는 염소로 표백하는 클로드 루이 베르톨레의 방법을 프랑스에서 도입했고, 와트의 장인인 맥그레거와 스코틀랜드에 있던 사람들이 그 방법을 사용했다. 그리고 1798년에 글래스고의 찰스 테넌트는 소석회(消石灰) 위로 염소가스를 통과시킴으로써, 액체 상태의 산(酸)보다 다루거나 운송하기는 더 쉽고 건강에는 덜 해로운 표백 분말 생산 방법을 발견했다.

표백제 생산은 화학을 산업에 적용한 하나의 측면에 불과했다. 산류(酸類)의 제조는 알칼리나 염류(鹽類)의 제조와 병행했고 연계되었다. 프레스턴팬스에서 로벅은 황산염과 일반 염을 사용하여 소다를 생산했고, 1773년에 제임스 케어(조지프 블랙의 지도로 화학을 공부했으며, 퀘벡[6]에서 울프와 함께 군복무를 한 적이 있었다)는 또 한 명의 퇴역 군인인 알렉산더 블레어와 공동으로 팁턴에 공장을 설립했다. 이곳에서 그들은 비누 제조용 소다와 도자기 제조용 백납을, 그리고 그들이 예전에 스터브리지에 직접 설립했던 유리공장에서 사용될 일산화납을 생산했다. 다른 제조업자들은 잿물, 명반, 암모니아 등을 생산했는데, 암모니아 제조 방법은 몇 년 전에 프리스틀리가 발견했다. 그 후의 단계에서 염수(鹽水)와 석탄과 황산의 보급은 흥기하고 있던 화학공업을 타인 강 주변 지역으로 유인했고, 19세기 초 쿡슨스가 르블랑법을 도입하자 그 지역에 있는 사우스실즈와 게이츠헤드 주변으로 인구가 대거 몰려들었다. 그러나 더 거대한 발전은 1820년대 초에 도래했는데, 이때 염세(鹽稅) 감소에 자극받은 제임스 머스프랫과 조사이어 갬블은 르블랑법을 활용하기 위해 아일랜드를 떠나 리버풀로 건너갔다. 두 사람은 훗날 그곳에 불쾌한 냄새가 진동

---

6 Quebec, 지금 캐나다 지역이지만, 당시엔 영국군과 프랑스군이 서로 차지하려고 각축하던 곳이었다.

하지만 번성하게 된 세인트헬렌스나 위드니스 같은 지역사회가 생겨나리라고는 생각하지 못했다.

그동안 석탄의 파생물에서도 진보가 이루어지고 있었다. 일찍이 1756년에 스코틀랜드의 지질학자 제임스 허턴은 석탄에서 나오는 매연으로부터 염화암모늄을 추출하는 데 성공했다. 그러나 석탄을 화학제품의 원료로 실제 개발한 이는 또 다른 스코틀랜드인인 던도널드 9대 백작 알렉산더 코크런이었다. 선박의 목재를 보호하는 데 필수적인 타르와 피치[7]는 18세기 내내 거의 발트 해 연안 강국들의 독점물이었고, 따라서 이 강국들은 국가의 번영을 점점 더 해운업에 의존하게 된 나라에 대해 외교적 압력을 행사할 수 있는 지위에 있었다. 애국주의와 이기심이 함께 발동한 그 백작은 자신의 영지에 있는 석탄에서 타르와 유약(釉藥)을 추출하는 실험을 했고, 그것을 만들기 위해 1782년에 컬로스(Culross)에 공장을 설립했다. 몇 가지 상황도 사업에 유리하게 작용했다. 조지프 블랙과 애덤 스미스, 그리고 백작의 친척인 존 라우던 머캐덤이 조언을 해주었다. 의회는 특허를 1806년까지 연장했다. 또한 헨리 코트의 발명에 뒤이은 코크스 제조 가마의 급속한 증가는 배기가스에서 필요한 형태의 원료를 만들어 낼 수 있게 했다. 그러나 얼마 안 가 자본의 부족, 해군성의 보수성,

---

7 pitch, 원유나 콜타르 등을 증류시킨 후에 남는 검은 찌꺼기.

그리고 던도널드 백작 본인의 기질 등이 재정 파탄을 불러왔다. 혁신에 따른 보상을 거두어들이는 일은 머캐덤과 그의 후계자들에게 남겨졌는데, 그 혁신의 잠재력은 오늘날에야 완전히 실현되었다.

지금까지 살펴본 여러 산업에서 생산의 성장은 새로운 동력 형태나 새로운 기계장치, 또는 과학에서 얻은 새로운 지식과 연결되어 있었다. 이러한 것들이 산업혁명의 실현에 유일하게 영향을 끼친 것이 아니었다는 점은 도자기 제조업에서 이루어진 발전을 보면 분명해 진다. 17세기 이래 주석과 납이 점점 더 부족해지고 차와 커피에 대한 기호가 점점 증가함에 따라, 이런저런 가정 용품에 금속기 대신 토기가 점점 더 많이 사용되었다. 동양에서 온 도자기와 네덜란드에서 온 델프트산 도자기가 부유층의 식탁에 등장했고, 비교적 가난한 집의 식탁에는 조야한 잉글랜드 도자기들이 놓였다. 18세기 초반에 램버스, 첼시, 브리스틀, 우스터, 리버풀을 비롯한 중심 도시에는 도자기 제조소가 있었다. 그러나 나무 연료의 부족 탓에 도자기 산업은 탄전 지대, 특히 스태퍼드셔 북쪽으로 밀려가고 있었는데, 그곳에는 다양한 종류의 점토와 겉칠하는 데 필요한 납이 바로 근처에 있었다. 다른 소비재를 생산하는 업종처럼 도자기 공장도 소규모였다. 전형적인 사업주는 한두 개의 작업장, 점토를 물과 섞기 위한 큰 통, 건조를 위한 일광(日光) 접시(sun-pan), 손이나 발로 움직이는 단 한 개의 도공용 녹로(轆轤), 그리고 도기를 굽는 가마 등을 소유했다. 도기 그릇은 순회상인들(itinerant cratemen)[8]에게 팔렸고, 상인들은 도기 그릇을 광주리에 담아 당나귀 등에 싣고 갔다.

도자기 산업에서 진보란 대개 새로운 기술을 발전시키는 것, 특히 양질의 점토와 도기 표면을 칠하는 유약과 장식 방법을 발견하는 것이었다. 구운 석회석 가루와 섞인 데번과 도싯에서 생산된 흰 점토는 스태퍼드셔의 더 거칠고 탁한 점토를 대체했다. 체셔에서 갖고 온 소금은 도기 표면을 칠하기 위한 (그렇다고 납을 전혀 사용하지 않은 것은 아니지만) 것이었다. 코발트는 색을 얇게 입히는 데 사용되었다. 그리고 파리에서 온 석고는 도기를 눌러 본을 뜨는 형판이나 거푸집을 만드는 데 사용되었다. 18세기 중반 무렵, 가마의 온도를 측정하기 위해 '고온계측 용구'(pyrometric bead)가 발명되었고, 이윽고 도기에 무늬를 찍기 위해 동판이 사용되었다.

이러한 몇 가지 발전에서 웨지우드 가문이 두드러진 역할을 했다. 이 가문에 속한 사람들은 17세기 초부터 도자기 제조업에 종사해 왔다. 도자기 산지의 성장과 가장 밀접하게 연관된 사람은 조사이어 웨지우드(1730~1795)였다. 그는 1769년에 핸리

---

8 짐을 나무상자에 포장하여 싣고 떠돌아다니는 상인.

근처에 그 유명한 에트루리아 공장을 설립했는데, 그 공장은 콜브룩데일과 크롬퍼드, 소호처럼 수많은 다른 기업의 모델이 되었다. 웨지우드는 학교 교육을 받은 과학자가 아니었지만 지치지 않고 실험에 몰두했다. 그는 녹색 유약을 발명했고, 여왕 도자기(Queen's ware)로 알려진 크림색 도자기를 창안했으며, 오늘날 웨지우드의 이름이 언급될 때마다 떠오르는 재스퍼[9]를 완성했다. 예술가적 감성을 지닌 웨지우드는 '장식용'(ornamental) 제품을 디자인하기 위해 플랙스먼과 웨버 같은 재능 있는 사람들을 고용했다. 그러나 그는 또한 본인이 '써먹을 수 있는' 상품이라고 부른 것을 대규모로 제조한 데서 수익이 나온다는 것을 알만큼 솔직한 본심을 지니고 있었다. 볼턴과 와트의 친구였던 그는 증기기관의 발전에 예민한 관심을 가졌고, 또 원료를 분쇄하고 녹로를 회전시키기 위해 새로운 동력을 이용했다. 그러나 에트루리아에서 작업의 대부분은 손으로 이루어졌다. 웨지우드로 하여금 생산비를 절감케 하여 영국의 모든 지역에서, 또한 유럽과 미국에까지 도자기 시장을 개척할 수 있게 만든 것은 분업의 강화였다. 그는 노동자를 위해 촌락 하나를 건설했고, 도로를 개선하는 데 많은 돈을 투자했으며, 1777년에 개통되어 도자기 산지와 특히 에트루리아에 번영의 시대를 가져다준 대운하(Grand

---

9 jasper, 벽옥(碧玉), 녹색의 장식석(裝飾石).

Junction Canal)의 회계 담당자였다. 그 어떤 탁월한 고안물도 발명하지는 않았으나 웨지우드는 탁월한 혁신가였다. 그는 콘월점토회사(Cornish Clay Company) 주식 대부분을 취득할 정도로 상재(商才)가 뛰어났으며, 그의 조직 능력은 노동자 훈련에 대한 강조만이 아니라, 판매원과 지배인을 뽑는 데 쏟은 세심함, 그리고 낭비를 피하기 위해 그가 쏟은 관심에서도 나타났다. 초라한 환경에서 출발한 그는 50만 파운드가 넘는 재산을 남기고 죽었으며, 그런 재산을 만드는 과정에서 "조잡하고 하잘 것 없는 제조업을 품위 있는 예술로, 나아가 국가적 상업의 중요한 요소로 전환시켰다."

18세기에 떠오르던 새로운 산업 가운데 가장 중요한 것은 토목업이었다. 오늘날 우리가 알고 있는 민간 토목기사는 17세기의 여러 전쟁에 참전한 공병의 직계 후손이라고 알려져 왔다. 그러나 유럽의 다른 나라에서는 그랬을지 모르지만, 잉글랜드에서 토목기사는 전술과 전략의 필수 요원이 아니라 교통수단의 개량을 이끈 상업적 필수 요원이었다. 새로운 도로와 다리, 운하, 철도를 만든 사람들은 민간인들이었고, 그들은 국가가 고용한 것이 아니라 본인에게 수입을 가져다주는 지역 사업의 발전에 열성적이던 개인들, 혹은 그런 개인들로 구성된 회사들이 고용한 민간인들이었다. 그들 중에는 대토지 소유자가 특히 많았다. 그중에서 가장 눈에 띄는 사람이 자신의 탄광과 운하의 개발에 25만 파운드가 넘는 돈을 투자한 브리지워터 2대 공작인 프랜시스 이거턴이었다.

런던 사교계에서 은퇴하고 또 사랑하는 연인과 헤어지기도 한 브리지워터 공작은 1759년에 자기 아버지가 세운 계획에 착수했다. 그 계획은 워슬리에 있는 부친의 탄광에서 몇 마일 떨어진 신흥 도시 맨체스터까지 운하를 건설하는 일이었다. 한편으로는 수로를 지하에서 굴착하고 다른 한편으로는 바턴에 있는 아이어웰 강 위에 수도교(水道橋)를 건설하는 일이 포함되어 있었기 때문에, 대단히 어려운 사업이었다. 그러나 공작의 작업반에서 일한 무학(無學)의 수차공인 제임스 브린들리(1716~1772)의 기술 덕분에 모든 장애물을 극복했다. 1761년 여름에 석탄은 이전까지 도로로 운반되었을 때의 반값에 불과한 운송비로 맨체스터에 전달되었다. 1763년에 7년전쟁이 끝나고 이자율이 하락했을 때, 공작은 머시 강어귀에 있는 런콘까지 운하를 연장하여 랭커셔 남동부의 직물업 지대와 리버풀 사이에 효율적인 교통로를 마련하려는 더 야심찬 사업을 시작했다. 1767년 새로운 수로가 열리기 전, 체셔의 암염(巖鹽) 산지와 스태퍼드셔의 도기 제조 지역을 통과하여 머시 강과 트렌트 강을 연결하고, 또 그렇게 함으로써 험버까지 연결하게 될 운하 건설 계획이 이미 착수되었다. 그랜드트렁크(Grand Trunk) 운하라고 일컬은 이 사업을 실행하려면 개인이 조달할 수 없는 훨씬 더 큰 자본이 필요했다. 공작과 그의 처남, 가워 백작, 앤슨 경, 스태퍼드 후작, 웨지우드, 리처드 벤틀리를 비롯한 여러 사람이 합세하여 필요한 법률을 확보하고 자금을 마련했다. 그리고 브린들리는, 이전까지 전투가 아닌 단일한 사업에 동원된 적이 있었던 인원보다 더 많은 인원을 통일적으로 지휘해야 하는 사업을 위해 이번에도 기술과 조직 능력을 발휘했다. 자연환경의 제약과 재정적 난관이 숱하게 앞을 가로막았다. 온 힘을 다한 브린들리가 세상을 떠나고 몇 년 후인 1777년에 비로소 그랜드트렁크 운하는 완성되었다.

그동안 1768년에 개통된 울버햄프턴 운하는 금속공업 지대인 미들랜즈를 세번 강과 연결시켰다. 그 운하는 그랜드트렁크 운하와 연결되었고, 따라서 두 개의 수로는 합쳐져서 브리스틀, 리버풀, 헐 사이를 잇는 수로 운송을 가능케 했다. 그 기획자들의 다음 목표는 런던이었다. 1767년과 1768년에 코번트리 운하와 옥스퍼드 운하에 관한 법이 통과되었는데, 그 두 운하는 템스 강으로 나가게 될 터였다. 그러나 미국 독립전쟁의 발발이 자본 조달을 어렵게 만드는 이자율 급등을 불러왔기 때문에, 그 중대한 목표는 1790년까지 성취되지 못했다. 그러는 사이 몇몇 다른 운하들이 버밍엄 인근 지역과 북부에서 생겨났다. 그러나 운하 건설 활동이 정점에 달한 것은 값싼 자본의 시대인 1790년대 초가 되어서였다. 1790~1794년의 운하 열기는 분명 상당한 국가 자원을 경솔한 계획에 낭비하게 만들었지만, 전체적으로 볼 때 수로에 대한 투자는 주주들에게 상당한 배당금을 안겨주었을 뿐 아니라 일반 대중의 실질적인 수입 증대도 가져왔다.

운하 시대는, 짧은 기간(1760~1830년 산업혁명기와 일치한다)이었지만 경제생활에서 중대한 변화를 보여 주었다. 석탄, 철, 목재, 석재, 소금, 점토처럼 부피가 크고 무거운 상품들의 비용은 크게 줄어들었다. 시장에서 멀리 떨어져 있던 농업 지역이, 확대되고 있던 상품 교환 권역 안에 들어왔다. 지방에서 식량과 연료의 결핍에 대한 공포는 사라졌다. 또한 새로운 교통수단이 만들어 준 다른 지방과의 더 밀접한 접촉은 도자기 산지와 그 밖의 내륙 지역 주민들을 개화시키는 데 영향을 주었다. 경제활동의 재배치가 일어났다. 뷰들리와 보트리 같은 오래된 하항(河港)들은 쇠퇴했고, 스투어포트 같은 수로 교차점에는 새로운 지역사회가 성장했다. 시장에서 먼 거리에 있는 생산 중심지의 경쟁력은 높아졌고, 시장에 더 가까운 곳의 땅값은 하락하거나 운하가 없었으면 분명히 올랐을 가격만큼은 오르지 않았다. 새 운하를 파낸 사람들이 얻은 소득이 지출되었을 때 일반적으로 고용 수준은 상승했다. 고수익을 기대할 수 있는 양도성 주식의 매도는 사람들로 하여금 공채와 특허무역회사(chartered trading companies) 같은 제한된 분야 이외의 분야에도 익숙하게 자금을 투자할 수 있게 함으로써, 비인격적인 자본시장을 성장시키는 데 한몫했다.

하지만 아마도 브리지워터와 브린들리가 주도한 활동의 가장 중요한 결과는 새로운 토목기사 그룹을 양성했다는 점일 터인데, 이 '종족'은 철도 시대가 그들의 기술과 인내, 절제된 노력을 요청 했을 때 그 요청을 만족시킬 만반의 준비를 갖추고 있었다.

이와 나란히 영국의 도로 체계에도 변화가 일어났다. 18세기 전반기에 운송 수하물의 무게, 마차를 끄는 말의 수, 바퀴 테두 리의 폭 따위를 규제하는 법들이 통과되었다. 이는 교통수단을 도로에 적합하게 만들려는 정책에서 나온 것들이었다. 하지만 1750년 이후엔 도로를 교통에 적합하게 만들려고 했다. 유료도 로의 수가 특히 1750년대 초와 이자율이 낮았던 1790년대 초에 또다시 크게 늘어났다. 또한 특히 떠오르고 있던 북부의 공업지 역에서는 독학한 몇몇 토목기사들이 공도(公道)의 수송 능력을 증대시키기 위해 많은 일을 했다.

이 선구자들 중에는 문맹이었음에도 불구하고 랭커셔와 요크 셔에 수많은 새 도로를 건설한 존 멧캐프(1717~1810)가 있었다. 그는 하층토가 연약한 곳에 헤더(heather)라는 관목 더미를 깔 아 기반을 다졌고, 표면을 볼록하게 조성했으며, 광부들처럼 도 로 건설업자에게도 주적인 물을 제거하기 위해 도랑을 팠다. 그다음 단계에는 토머스 텔퍼드(1757~1834)가 등장했다. 그는 런 던-홀리헤드 간 도로의 측량기사이자 아름다운 메나이 현수교 의 설계자였으며 민간토목기사협회(Society of Civil Engineers)의 초대 회장이었다. 또 런던 유료도로의 주임 측량기사이며 최초의 위대한 운송 행정가인 존 라우던 머캐덤도 있었다. 두 사람의 방법은 서로 달랐다. 텔퍼드는 도로 기반을 단단하게 다지는 것을 강조했고, 머캐덤은 도로 표면을 납작하게 눌러 쪼갠 돌이나 부싯돌을 사용하여 일종의 아치 형태로 만들 것을 강조했다. 그러나 그들은 똑같이 여행에 혁명을 일으켰다.

국내의 대부분 지역에서 점차 마차가 짐말을 대체해 나갔다. 공용 마차나 개인용 마차의 수가 엄청나게 증가했다. 이에 따라 워털루전투가 벌어지고 20년이 안되어 잉글랜드는 급행 역마차가 달리고, 노변 여인숙이 번창하고, 말의 치장과 재주에 몰두하는 시대에 들어섰다. 말을 치장하고 재주 부리게 하는 일은 오늘날에도 완전히 사라지지 않고 있다. 산업에서는 도로의 변화가 수로의 변화에 비해 그다지 중요하지 않았다 해도, 국내 상업에 미친 도로 변화의 결과는 지대했다. 순회 외판원이 '기마 상인'을 대신하게 되었다. 왕립체신공사(Royal Mail)가 서신 왕래의 더 효과적인 통로가 되었다. 주문과 송금 과정도 더 간단해지고 더 빨라졌다.

일찍부터 규모가 큰 탄광에서는 강이나 항구에 석탄을 실어 나르는 마차의 이동을 편하게 하기 위해 도로에 나무 각재를 깔아두는 관행이 있었다. 18세기 초에 도로의 굽은 곳이나 유난히 마찰이 심한 곳에는 때때로 그 각재들을 주철 판을 붙여서 고정시켰다. 그 후 1767년에 리처드 레이놀즈는 콜브룩데일에서 세번 강까지 주철로 된 철도를 건설했는데, 이 철도의 철로에는 바퀴를 붙들어 놓기 위한 테두리(flange)가 있었다. 그리고 1789년에는 유명한 기사 존 스미턴의 조언에 따라 철로가 아닌 바퀴에 테두리를 만들었다. 그때까지만 해도 철도는 거의 대부분 탄광이나 제철소 주변에서 사용되었다. 그러나 1801년 윈즈워스에서 크로이던까지 서리철도(Surrey Iron Railway)가 부설되어 일반 대중을 위한 상품을 수송하기 시작했다. 다음 20년 동안 약 20여 개 회사들이 궤도전차(tramways) 운영 허가를 받았는데, 하지만 그 전차들 대부분은 대체 운송 수단 역할을 했다기보다는 운하에 다다르기 위한 지선(支線) 운송 수단 구실을 했다.

초창기 모든 철로 위에서 운반을 도맡은 것은 말이었다. 그러나 1760년대 이후, 영국뿐 아니라 프랑스에서도 발명 재능이 풍부한 수많은 사람들이 새로 발견된 증기력을 운송에 이용할 수 있을지 생각하기 시작했다. 1784년에 윌리엄 사이밍턴과 윌리엄 머독 두 사람은 기관차 모형을 만들었다. 그러나 증기와 관련된 모든 문제를 좌지우지했던 와트가 그 모형 기관차를 그저 장난감 정도로 간주한데다가, 대개는 그의 폐쇄적인 태도 때문에 증기 교통기관이라는 착상은 옆으로 밀려났다. 와트의 특허가 소멸된 이후, 콘월 출신의 기사 리처드 트레비식(1771~1833)이 고

압 엔진을 발명했다. 1803년에는 그가 제작한 증기차가 런던 시가지를 몇 차례 오갔다. 하지만 공도가 기관차 통행에 부적합하다는 것이 입증되자, 트레비식의 대담한 실험도 직접적인 결실을 맺지 못했다. 매끈한 바퀴는 매끈한 길과 '맞물리지' 않을 것이라는 이상한 관념 때문에 특별히 건설된 길 위에 기관차를 달리게 할 가능성은 더디게 실현되었다. 그러나 1812년에 와서 탄광 기사인 윌리엄 헤들리가 철로와 증기기관이라는 두 발명품의 결합이 실현 가능하다는 것을 보여 주었다.

얼마 지나지 않아 또 한 명의 탄광 기관공 조지 스티븐슨(1781~1848)은 화실(火室)에 보내는 풍력을 증가시킴으로써 기관차의 효율을 높였다. 그리고 1821년 에드워드 피스와 퀘이커 교도 친구들이 스톡턴에서 달링턴까지 철도 부설권을 획득했을 때, 스티븐슨은 기관사로 고용되었고 그의 기관차는 (말과 함께, 또한 고정된 동력 기관에 의해 감기는 굵은 밧줄과 함께) 운반용으로 사용되었다. 하지만 증기 운송 기관의 잠재력이 완전히 현실화된 것은 레인힐에서 열린 신설된 리버풀과 맨체스터 사이철도 운송 경쟁에서 스티븐슨의 기관차 '로켓'(Rocket)이 승리한 1829년이었다. 기관차 철도는 기술혁명이 절정에 다다랐음을 확인시켜 주는 위업이었다. 이 혁명이 영국, 나아가 사실상 전 세계의 경제생활에 미친 효과는 크고도 깊다. 그러나 이에 대해(그리고 나란히 발전한 증기선 항해의 결과에 대해) 얘기하는 것은 이 책의 범위를 넘어선다.

증기기관의 생산은 우리가 공학기술(engineering)이라고 부르는 기계 제조의 한 분야에 속하는 것이었을 뿐이다. 현대의 조립공, 선반공, 주형 제작공의 계보는 스티븐슨, 와트, 뉴커먼을 넘어 수차 및 그 수차로 작동하는 분쇄기를 만들어 내고 정비하는 일에 종사한 수차공까지 거슬러 올라간다. 게다가 이들은, 산업혁명 기간에 자기 직종에 필요한 장치들을 사용하는 일뿐 아니라 그것들을 만들어 내는 일에도 눈길을 돌린 탄광 감독관, 시계공, 기구(器具) 제조공, 주철 제조공, 면방적공한테서 자신의 조상을 찾을 수 있다.

전문화된 공업을 구축하는 과정에서 결정적인 한 걸음은 1795년에 내딛어졌는데, 그해 볼턴과 와트는 단순한 자문 역할(기획안을 제시하고, 기관 장치의 제작을 감독하고, 특허 사용료를 받는)을 그만두고 직접 버밍엄에 소호 주물공장(Soho Foundry)을 설립했다. 거의 같은 시기에 혹은 그보다 약간 뒤에, 조지프 브라마, 헨리 모즐리, 조지프 클레먼트 같은 이들이 수많은 기계 제조 공장을 설립했다. 그리고 이전까지 방적공장 주인들이 자신의 기계를 직접 만들던 랭커셔와 요크셔의 직물업 중심지에서는 돕슨앤드발로, 에이서리스, 리처드로버츠 같은 공장들이 들어섰다. 이 같은 시설들은 대규모 공업의 원인이기도하고 동시에 결과이기도 한 외부경제를 대표했다. 그 공장들에서 나온 뛰어난 발명들은 너무 많기 때문에 여기서 일일이 다 열거할 수 없다. 그 공장들이 개발한 더 정확한 평삭(平削), 천공, 절단, 선반 세공 방법들이 영국 기술혁명의 후기 국면에서 중대한 역할을 했다고 말하는 것으로 충분할 것이다.

　지금까지 발명의 과정을 산업 분야마다 차례차례 따라가 보았다. 이런 식의 배치는 순차적으로 각각의 산업에 어떤 일이 있었는지를 명확히 알려주는 장점은 있지만, 다른 경제활동 분야에서의 발견이 어떻게 함께 연결되었는지를 밝히지는 못한다. 압연기를 통과하게 하여 재료를 가늘게 만드는 원리가 제철업에서 직물업으로 이전된 경우처럼, 혹은 대포에 구멍을 뚫는 윌킨슨의 방법이 증기기관의 실린더 제작에 전용된 경우처럼, 때로는 단순 모방이 이루어진 경우가 있었다. 또한 코크스 가마의 개발이 타르 추출을 가능케 한 경우처럼, 때때로 한 분야의 진전이 다른 분야의 발전 조건이 된 경우도 있었다. 종종 두 개 이상의 산업이 협력하여 제각기 상대방 산업의 진보에 기여하기도 했다.
　더 크고 더 복잡한 주물을 공급할 수 있게 한 코크스 제련법이 발견되지 않았다면, 뉴커먼은 자신의 기압기를 완성하지 못했을 것이다. 그리고 뉴커먼의 기압기가 없었다면 다비는 요구된 규모의 철을 생산하는 데 필요한 송풍 장치를 전혀 구할 수 없었을 것이다. 기압기와 증기기관 둘 다 석탄과 금속의 생산량 증대를 도왔고, 석탄과 금속의 (그리고 특히 구리와 놋쇠의) 공급 증가는 공학기술 발전에 영향을 끼쳤다. '발명이 필요의 어머니'가 되었다. 동일한 산업에서 한 공정의 개량은 흔히 선행 공정, 병행 공정, 후속 공정의 개량을 촉진했다. 단철업자의 영역에 주물업자가 침투한 것은 단철업자로 하여금 단철 생산비를 감축시킬 수 있는 새로운 방법을 모색하게 만들었다. 비사(飛梭)의 도입은 방적업자로 하여금 실을 생산하는 더 나은 방법을 찾도록 압박했다. 그리고 그 후, 방적과 직포의 개량은 더 신속한 표백 방법과 마무리 방법의 모색을 새로운 당면 과제로 만들었다. 모두 이런 식으로 혁신이 혁신을 낳았던 것이다.

주요한 발명이 처음 적용된 공장들(콜브룩데일, 크롬퍼드, 캐런, 에트루리아, 소호)은 저마다 창의적 사고와 진취적 정신을 전국의 다른 지역에 퍼뜨린 중심지였다. 다비 가문은 조지프 레이놀즈와 윌리엄 레이놀즈 형제, 그리고 크래니지 형제 같은 이들을 교육시켰다. 그리고 클라이드, 칼더, 크래먼드, 뮤어커크 같은 회사에서 일한 사람은 캐런제철소(Carron Ironworks) 출신이었다. 잉글랜드, 스코틀랜드, 웨일스에서 수 백 명의 방적공장주와 직포공장주는 아크라이트의 기술과 노동 조직화 방법을 곧이곧대로 모방했다. 볼턴과 와트는 머독, 불, 캐머런, 서던, 이워트, 브런턴 같은 한 세대의 기술자들을 가르쳤다. 그리고 나중에 공학기술학교로 불리게 된 런던의 헨리 모즐리의 공장에서는 내이즈미스, 클레먼트, 로버츠, 휘트워스를 같은 부류의 기술자들이 다수 배출되었다.

발명의 진전은 특허국이 작성한 목록에 고스란히 반영되어 있다. 1760년대 이전에는 연간 부여된 특허 건수가 12건을 넘어서는 일이 드물었으나, 1766년에 31건으로 급증했고 1769년에는 36건으로 늘어났다. 이후 몇 년간 평균 특허 건수는 이 수치 이하였으나, 1783년에 갑자기 64건으로 껑충 뛰었다. 이후부터 그 수는 감소했는데, 1792년에 또 한 번 비약이 일어나 85건이 되었다. 다음 8년 동안은 평균 67건 위아래로 오르내렸으나, 1798년부터 상승하여 1802년에는 107건으로 절정에 달했다. 또다시 절정에 달한 것은 1813년과 1818년이었는데, 이때는 증가폭이 대단하지는 않았다. 하지만 1824년 특허 수는 다시 한 번 갑자기 180건으로 치솟았으며, 호경기가 시작되고 난 이듬해에는 유례없는 높은 수치인 250건을 기록했다. 전쟁이 기술 진보의 원천이라는 견해를 고집하는 사람들은 절정에 도달한 주요한 연도들(1766, 1769, 1783, 1792, 1802, 1824~1825년)이 모두 평화 시기에 속했다는 진실을 깨달을 수 있을 것이다. 그리고 '바람은 제멋대로 분다'고 믿는 사람들은 이 연도들마다 이자율이 일반적 수준보다 낮았다는 사실과 기대 수익이 높았다는 사실을 숙고해 보는 편이 좋을 것이다.

발명을 연대순으로 정렬하면, 한두 가지 뚜렷한 국면을 발견할 수 있다. 18세기 초에는 주로 인간 외부의 힘을 이용하려는 방향으로 노력이 이루어졌다. 콜브룩데일에서 석탄에 저장된 에너지는 용해(鎔解)의 필수 요소였고, 증기의 압력은 펌프를 작동시키는 동력이었고, 인력(引力)은 물을 꼭대기로 끌어 올린 다음 그 물로 커다란 바퀴를 회전시켜 풀무를 움직이게 한 힘이었다. 자본이 비교적 풍부했고 공업 노동자들이 아직은 상대적으로 부족했을 때인 1730~1740년대에는, 면직물공업에서 케이와 폴이 만든 것과 같은 노동 절약형 기계장치에 관심이 집중되었다. 그러한 노력은 계속되어 1760~1770년대에 하그리브스, 아크라이트, 크롬프턴의 기계들에서 절정에 달했다.

그러나 이 무렵에 경제 문제의 성격은 변하고 있었다. 인구가 자원을 압박하기 시작했다. 인클로저가 속도를 내고 황무지가 개간됨으로써 식량 수요가 늘어난 결과였다. 와트가 만든 최초의 기관과 브리지워터 공작의 운하는 석탄 부족이 안긴 문제에 해답을 주었다. 코트가 정련법과 압연법을 도입한 것은 지속적인 목탄 고갈에 대처하기 위한 방법이었다. 그리고 던도널드를 비롯한 여러 사람들의 연구는 그 밖의 원료들의 공급 부족에 대한 현명한 대응이었다.

이자율이 상승하고 있던 18세기 말 이후에, 발명가들의 (결코 전부는 아니더라도) 일부는 자본 절약이라는 목표 쪽으로 생각을 돌렸다. 불과 트레비식이 만든 최신형 기관과 최신형 동력 전달 방법은 값비싼 장치를 필요로 하지 않았다. 최신 표백 기술은 시간을 절약했다. 그리고 운송 방법의 개량과 그로 인해 더 빨라진 운송 속도는 당시까지 생산자에서 제조 공장으로, 제조 공장에서 소비자로 전해지는 상품 안에 갇혀 있던 자본을 해방시켰다. 하지만 이러한 일반화를 더 밀어붙이는 것은 위험할 수 있다. 어떤 발명과 그것의 실용화 사이엔 흔히 몇 년 동안 지체가 있었고, 재료 부족 증대 및 노동 공급이나 자본 공급의 변화 같은 것이 영향을 끼친 것은 발명 자체가 아니라 발명의 적용이었다. 그러나 시간 간격 문제와는 별개로, 각각의 경우에 그 결과가 노동을 자연자원이나 자본으로, 자본을 노동으로, 아니면 어느 한 종류의 노동을 다른 종류의 노동으로 대체하는 것이었는지 아니었는지를 밝히는 일은 중요하다. 왜냐하면 발명이 증대시킨 부(富)가 생산요소 사이에서뿐 아니라 서로 다른 사회계급 사이에서도 어떻게 분배되었는지를 결정한 것은 바로 그것이었기 때문이다.

혁신이 일어난 분야가 국민경제의 일부분이었을 뿐임을 명심해야 한다. 그 분야에 해당하는 것은 기계장치와 관련된, 그리고 실과 직포 같이 중간 공정에 필요한 생산물과 관련된 산업 정도였고, 그런 기계장치와 생산물은 자본재 범주에 속한다. 최종 소비재를 공급하는 여러 산업은 도자기 제조업을 제외하면 직접적인 영향을 거의 받지 않았다.

1830년에 영국은 여전히 눈에 띄게 농촌적이었고, 수많은 농촌 도시가 있었으며, 거기에서 지속된 생활방식은 100년 전과 거의 다를 바 없었다. 그리고 심지어 런던, 맨체스터, 버밍엄 주변 지역에도, 과학과 발명이 공장과 주조소(鑄造所)와 광산에 있는 사람들에게 가져다준 도움을 받지 못한 채 고되게 일하는 남녀들이 살아가고 있었다.

4

자본과 노동

I

   산업혁명은 공업기술뿐 아니라 경제학 면에서 커다란 사건이었다. 자원을 특수한 목적에 사용하는 방법의 변혁 못지않게 자원의 양과 분배의 변혁이었기 때문이다. 사실 이 두 가지 변혁은 서로 밀접하게 연관되어 있다. 시간이 흐르면서 산업은 (회사는 커지고, 상업은 더 확대되고, 분업은 더 세분화되고, 운송과 재정은 더 전문화되어 더 효율적이 되는 등) 계속 느리게 진보했겠지만, 발명이 없었다면 산업혁명은 없었을 것이다. 다른 한 편, 새로운 자원이 없었다면 발명은 거의 이루어지지 않았을 것이며 결코 제한된 규모 이상으로 적용될 수 없었을 것이다. 영국이 발명의 결실을 거둬들일 수 있게 된 것은 저축이 늘어난 덕분이었고, 또한이 저축을 언제라도 산업의 처분에 맡길 수 있다는 태도가 확산된 덕분이었다.

   팽창하는 산업에 투입된 자본의 기원을 둘러싸고는 여러 논의가 있어 왔다. 어떤 이들은 자본이 토지에서 나왔다고 말하고, 또 어떤 이들은 해외무역에서 생겨났다고 말한다. 그리고 또 어떤 이들은 2차산업에서 1차산업으로 유입되는 국내 자본의 추세가 있었다고 주장한다. 그러나 이런 논거들 각각에 대해선 반론을 제시할 수 있다. 로버트 필 같은 토지 소유자나 점유자들 다수가 제조업에 진출했다. 반면에 아크라이트처럼 성공한 제조업자들 다수는 영지를 구입했고 농업을 개량하려 한 지주로 생애를 마쳤다. 앤서니 베이컨 같은 상인들은 자신의 수익을 광산이나 공장에 재투자했으나, 샘슨 로이드와 니어미어 로이드, 피터 스텁스 같은 공업가들 다수는 자신의 생산물을 시장에서 거래하기 시작했고 다른 사람이 생산한 상품을 팔기도 했다. 에이브러햄 다비처럼 금속공업 분야에서 일했던 숙련공들 다수는 용광로와 제철공장을 만들었고 광산을 채굴했다. 그런가 하면 수많은 광부와 제철공은 철기나 도구류 제조업에 진출했다. 브리지워터 공작 같은 지주들처럼, 웨지우드 같은 제조업자들도 유료도로와 운하에 자본을 투자했다. 여기에서 부가 증대하고 저기에서 기회가 증대함에 따라, 자금은 모든 방향으로 흘러들어 갔다. 산업의 바람은 번영하고 있는 어떤 한 분야나 사업 영역에서 불어온 것이 아니었다.

이 시대 초반에 산업 단위들 다수는 소규모 가족회사이거나 친구 두세 명이 만든 동업 회사였다. 대부분의 산업에서, 필요한 고정자본은 가내수공업자 한 사람 또는 심지어 직공 한 명이 자기 수입에서 조달할 수 있는 정도였다. 이익이 생기면 그것을 사용하여 작업장을 확장할 수 있었다. '재투자'(ploughing back)는 몇몇 사람이 생각해 온 것처럼 20세기에 대서양을 건너 온 발견물이 아니다. 축적의 초기 단계는 로더럼에 살던 새뮤얼 워커의 일기에서 인용된 글로 설명할 수 있다.

- 1741년 10~11월 무렵, 새뮤얼 워커와 에런 워커는 그레노사이드에 사는 워커의 오두막집 뒤켠에 있는 낡은 못 제조 공장에 송풍로(送風爐)를 설치했고, 거기에 몇 가지 작은 설비를 추가하고 작은 오두막을 한두 채 만들어 지붕에는 떼 같은 것을 입혔고 작은 안뜰은 담으로 에워쌌다. 그리고 굴뚝이나 연통을 한 차례 개조하고 송풍로를 한 차례 이상 개조한 후에는, 약간 발을 빼 새뮤얼 워커는 그레노사이드에서 학생을 가르쳤고 에런 워커는 못을 만들고 보리를 베고 양털을 깎는 등의 일로 시간을 보냈다.
- 1743년 에런 워커는 이제 상당히 많은 일을 하기 시작했고 주당 4실링을 생활비로 벌었다. ……
- 1745년 이 해에 새뮤얼 워커는 사업이 번창하는 것을 보고 학교를 그만둘 수밖에 없었는데, 낡은 오두막 끄트머리에 집을 직접 짓고 나서는 자신의 삶이 결정되었다고 생각했다. 그 무렵 우리는 가족의 생계를 유지하기 위한 임금으로 제각기 주당 10실링을 벌 수 있었다.

이때 그 사업의 가치는 어림잡아 400파운드였다. 그러나 이듬해 조너선 워커(새뮤얼 워커와 에런 워커의 동생)는 100파운드를 추가로 투자했고, (이전까지 "우리가 받을 수 있는 만큼의 금액인 일당 12펜스로" 고용되어 있었던) 존 크로쇼가 50파운드를, 새뮤얼 본인도 50파운드를 추가로 투자했다. 이렇게 준비를 마친 후 동업자들은 매스버러에 먼저 주조소를 건설했고, 그다음 1748년에는 제강로(製鋼爐)를 설치했다. 새뮤얼 워커가 헌츠먼한테서 도가니강 제조 비법을 훔쳐 재산을 늘렸다는 이야기는 근거가 없다. 성공을 이루게 한 것은 그런 술책이 아니라 끊임없는 노동과 검소함, 성실함이었다. 해마다 크건 작건 몇몇 설비가 추가되었다. 1754년엔 창고가 건설되었고, 과연 그들답게 '인더스트리호'라고 이름 붙인 한 척의 평저선(平底船)이 강 위에 등장했다. 4년 뒤에 동업자들은 '항행 수로'를 팠고 "홈스에서 마스브로에 이르는 도로를 개선했고," 틴슬리-글로리아데오 쪽으로 향하는 소로(小路)를 개량했다. 그리고 1764년에는 그들의 시설에 '프라이팬 제조공을 위한 큰 작업장'을 부설했다.

워커 가문이 140파운드의 이익 배당금을 받은 때는 자본금이 7,500파운드에 도달한 1757년이었다. 그러나 분배된 수익률은 시종일관 높지 않았다. 따라서 1774년에 이르러서야 자본은 62,500파운드에 도달하게 되었다. 미국 독립전쟁 기간 중 대포 제조에서 나온 수익이 그대로 재투자되어 1782년에 128,000파운드라는 액수에 도달했다. 이 해에 새뮤얼 워커가 세상을 떠났지만 후계자들이 그의 정책을 계승했다. 1812년 새뮤얼워커회사(Samuel Walker & Co.)의 자산은 299,015파운드, 자매 회사인 워커앤드부스(Walker and Booth)의 자산 가치는 55,556파운드 이상으로 평가된다.

초창기의 고용주들에 대해 어떤 말이든 할 수 있지만, 결코 방종(放縱)이라는 죄로 그들을 힐책할 수는 없다. 회사마다 남아 있는 기록은 새뮤얼워커회사와 같은 이야기를 들려준다. 회사 소유자들은 급료를 적게 받았고 가계 지출을 제한했으며, 자신들의 수익을 비축하는 데 동의했다. 웨지우드, 고트, 크로셰이, 뉴튼 체임버스를 비롯한 수많은 이들이 이런 방식으로 큰 회사를 건립했다. '산업자본의 주요한 원천은 그 자신이었다.'

하지만, 때때로 어떤 기업은 가장 엄격한 절약을 통해 내부의 자금원에서 얻어 낼 수 있는 것보다 더 많은 자금을 동원할 필요가 있었다. 때로는 새로운 동업자를 끌어들여, 운용 중이거나 잠자고 있는 자본을 추가로 얻어 낼 수 있었다. 그러나 1720년의 거품방지법[1]은 일반적인 동업자 자격을 6명으로 제한했고, 동업자 각자에게 회사 채무에 대해 "본인이 갖고 있는 마지막 1실링

---

1 Bubble Act, '남해거품사건'으로 남해회사가 파산하고 수많은 투자자들이 손해를 보게 되자, 영국 의회는 이의 재발을 막기 위해 1720년 6월에 런던거래소(Royal Exchange)와 런던보험회사(London Assurance Corporation)의 통합과 국왕의 허가 없는 주식회사 설립의 금지 등을 주요내용으로 하는 '거품방지법'을 제정했다.

과 마지막 1에이커까지" 책임을 지게 했는데, 자산가들을 설득하여 그런 위험을 감수하게 하는 일은 쉽지 않았다. 이에 따라 공장 건물을 인근의 지주, 변호사, 목사 혹은 과부에게 저당 잡혀 자금을 끌어내는 방식이 더 일반적이었다. 공채의 투자 수익이 감소하자, 5퍼센트 이율의 저당은 매력적인 안전판이 되었다. 그리고 산업혁명 기간 내내(사실상 1850~1860년대에 유한책임제가 도입되었을 때까지) 그러한 저당은 여전히 산업 금융의 중요한 수단이었다. 이런 식으로든 아니면 개인 보증을 통해서든, 친구나 같은 분야에 종사하는 이들한테서 이따금 대부를 받을 수 있었다. 에이브러햄 다비는 제철업 분야의 퀘이커교도 동료들 다수에게 자본을 조달해 주었다. 로벅은 볼턴한테서, 아크라이트는 스트러트한테서, 그리고 훗날 새뮤얼 올드노는 아크라이트한테서 자금을 빌렸다. 그러나 산업혁명 초기에 장기 자본시장은 일반적으로 국지적이었고 제한적이었다.

수익 기대치가 증가하자 투자 분야도 점점 더 넓어졌다. 사람들은 멀리 있는 기업과 잘 알지 못하는 산업 분야에도 돈을 빌려주기 시작했다. 이 과정에서 큰 역할을 한 이들이 상인, 특히 런던 상인이었는데, 자신의 상품을 언제나 해외 대리인에게 위탁하곤 했던 이들은 종종 국내의 공업회사에 자신의 자금 일부를 기꺼이 투자했다. 예컨대 사우스웨일스의 초창기 제철업은 주로 런던과 브리스틀의 차(茶) 상인들이 창설했고, 클라이드 강 유역의 공업 시설 대부분은 글래스고의 담배 상인 덕분에 건립되었다. 상업자본이 고정자본으로 전환한 것은 제조업 팽창의 (결과인 동시에) 중요한 원인이었다.

공업가들은 공장 건설과 확장을 위한 장기 자본뿐 아니라, 원료 구입비와 생산물 보관비와 정기적으로 임금노동자에게 지불해야 할 목돈 등을 충당할 수 있는 운전자금도 필요했다. 이렇게 단기적으로 필요한 자금 중 최우선적인 것은 일반적으로 생산자나 상인(양모 중개상, 면화 상인, 제철업자 등)이 충당해 주었는데, 이들은 몇 달 동안 또는 종종 제조 과정이 끝날 때까지 외상으로 재료를 조달했다. 하지만 즉시 인도할 수 있는 완제품의 비축 비용, 그리고 판매와 대금 지불 사이의 간격을 메울 수 있는 비용은 부담스러운 액수였다. 이 경우에도 장기 신용대부가 통례였다. 18세기 내내 제조업자가 자신의 상품에 대한 대금을 지불받게 되는 기간은 대체로 6~12개월, 심지어 2년 이상 걸리는 경우도 있었다. 운송과 교통의 속도가 빨라짐에 따라 융자도 단축되는 경향이 있었다. 그리고 1793년 프랑스와 전쟁이 발발한 후에 뒤따른 이자율 상승은 즉각적인 대출금 상환에 대해선 이자를 할인해 주고 상환 기일을 넘긴 신용거래에 대해선 이자를 부가하는 관행을 강화했다. 새로운 시간 감각은 산업혁명의 두드러진 심리적 특징 가운데 하나였다.

다소간 규칙적인 간격의 임금 지불은 고용주가 자금을 마련하고 있어야 한다는 것뿐 아니라, 그 자금을 임금노동자가 받을 수 있는 형태로 마련해야 한다는 것도 의미했다. 기니[2] 금화는 0.5기니라 할지라도 화폐가치가 너무 높았기 때문에 그 같은 목적으로는 사용되기 힘들었다. 또한 1697년과 1717년의 통화개혁이 금으로 환산되는 은의 가치를 평가절하했기 때문에, 은이 유통되지 않는 경향이 나타났다. 18세기 동안 영국에 유입된 은은 무척 적었다. 그중에 소량의 은만이 화폐로 주조되었고, 또 주화의 상당 부분은 용해되어 특히 동인도회사를 통해 해외로 반출되었다. 소액 주화의 부족 상태는 임금을 지불해야 하는 제조업자에겐 심각한 문제였다. 이들 중 다수는 실링 화폐를 구하기 위해 이곳저곳 돌아다니느라 여러 날을 소비했다.

일부는 초기의 산업 운용 방식으로부터 '장기 지불제' 관행을 그대로 이어받아 효과를 보았다. 그리고 19세기 초에 한 면방적업자는 임금 지불에 시차를 두는 방법으로 어떻게든 그 상황에 대처했다. 아침 일찍 노동자의 3분의 1은 임금을 받은 다음 생계를 위한 구매를 하러 나간다. 한두 시간 내에 그 돈은 상점 주인의 손을 거쳐 공장으로 되돌아오고, 그러면 두 번째 그룹의 노동자가 임금을 받고 나서 구매하러 나간다. 이런 식으로 하루가 가기 전에 모든 노동자는 임금을 받았고 구매를 하게 되었다. 덜 영

---

2 guinea, 1기니는 21실링.

리하거나 상황이 더 안 좋은 다른 공장주들은 현물 지급에 의존했다. 이것은 특히 도시에서 멀리 떨어져 있던 공장주들의 일반적 관행이었다. 또한 존 윌킨슨 같은 공장주들과 앵글시코퍼컴퍼니(Anglesey Copper Company) 같은 회사들은 자신들만의 토큰을 주조하여 노동자에게 지불했다. 나폴레옹전쟁 시기의 인플레이션으로 소액 잔돈이 완전히 고갈되었을 때 로버트 필과 새뮤얼 올드노 같은 고용주들은 어음이나 소액 지폐로 임금을 지불했는데, 지방의 소매상인은 나중에 런던에서 지불하는 어음으로 결제하겠다고 보증한 발행자를 믿고 그 어음과 지폐를 기꺼이 받았다. 이 모든 관행에는 부당한 점이 있었다. 현물 임금제가 공공연히 악용된 것은 틀림없다. 소매상인은 흔히 대용화폐와 공장의 지폐를 에누리하고서만 받았다.

어쨌든 고용주는, 임금이 공식 화폐가 아닌 것으로 지불될 때마다 운전자금을 마련해야 하는 자신의 역할을 사실상 임금노동자와 소매상인에게 전가하고 있었던 셈이며, 혹은 지폐나 대용화폐가 유통된 곳에서는 사회 일반에 전가하고 있었던 셈이다. 하지만 많은 경우 고용주는 이 문제에서 선택권이 거의 없거나 아예 없었다. 과오는 때때로 추정되는 것처럼 고용주 쪽의 탐욕이나 악의에 있는 것이 아니라, 정부 자체가 책임을 져야 하는 화폐제도의 결함에 있었다.

만일 적절히 구축된 은행제도가 있었다면, 꽤 많은 어려움을 피할 수 있었을 것이다. 일찍이 1694년에 잉글랜드은행이 설립된 것은 사실이다. 그러나 이 은행의 업무는 국가를 위한, 그리고 수도 런던의 상인과 무역회사를 위한 자금 융통에 집중되는 경향이 있었다. 잉글랜드은행은 1708년에 잉글랜드와 웨일스에서 주식회사로서 지폐를 발행할 수 있는 독점권을 부여받았으나, 지점 개설을 꺼렸기 때문에 그 지폐는 공업지역에서는 거의 유통되지 않았다. (이미 말했듯이, 유통된 지폐는 잉글랜드은행이 아니라 런던은행이 발행한 것이었다.) 또한 수도에는 차일드 가문과 호어 가문의 회사처럼 오래전에 설립된 회사들이 있었는데, 이것들은 상인은행(merchant banks)이 되어 있었다. 그러나 상인은행의 주된 업무는 지금(地金)과 외화 거래, 국내외 정부들을 위한 대부금 조달, 그리고 국내외 정부와 거래를 튼 상인이 발행한 환어음의 인수나 보증 등이었다. 상인은행 역시 (1770년까지) 지폐를 발행했으나, 잉글랜드은행 지폐처럼 액면가가 커서 제조업자들에게는 적합하지 않았다.

대규모 상거래를 위한 수단은 환어음이었는데, 환어음은 채권자가 채무자에게 발행했고 채무자는 그것을 받아 3개월이나 6개월, 12개월 전에 지불한 것을 상환했다. 어음은 여러 사람의 손을 거칠 수 있었고, 어음을 차례차례 보유하게 된 사람들 각자는 배서(背書)할 수 있었으며, 어음의 신용도는 그것이 지불 수단 역할을 한 거래의 건수에 비례했다. 랭커셔에서 흔히 아주 소액이었던 어음은 유통 수단으로서 훨씬 큰 역할을 했다. 하지만 먼 거리 대금 지불을 위해서는 흔히 런던에서 신용이 높은, 따라서 전국적으로 신용이 높은 이름을 어음에 기재할 필요가 있었다. 18세기 전반, 또한 사실상 그 이전에도, 지방 상인은 런던에 있는 자신의 가게나 거래처 앞으로 발행된 어음을 종종 런던이나 그 밖의 지역에서 대금을 지불해야 하는 다른 상인들에게 수수료를 받고 기꺼이 양도했다. 마찬가지로 지방 상인들도 무역업자나 제조업자가 자기 고객 앞으로 발행한 어음을 할인된 값으로 기꺼이 매입했는데, 이런 방식으로 그들은 임금 지불이나 그 밖의 다른 목적을 위해 기니화와 소액 주화가 필요한 이들에게 그것들을 조달해주었다. 때때로 지방 상인은 신용 높은 단골 고객에게 그런 일만이 아니라 다른 편의도 기꺼이 제공하겠다는 광고문을 자기 상점문 앞에 내걸었고, 그렇게 함으로써 일종의 은행가가 되었다.

알려져 있는 바에 따르면 최초의 지방은행은 1716년에 글로스터의 견직물과 모직물 상인인 제임스 우드에 의해 설립되었는데, 그런 종류의 개인은행이 일반화된 것은 1760년 이후의 일이었다. 개인은행가들의 출신 배경에는 공통점이 없었다. 글로스터의 본은 처음엔 금 세공인이었고, 노리치의 거니는 모직물 제조업자였으며, 노팅엄의 스미스는 견직물 상인이었다. 잉글랜드의 농업 지대에서는 현지의 곡물상이 점차 은행가로 변모하는 일이 잦았다. 그리고 웨일스에서는 수많은 가축 상인이 란도베리에

흑우은행(Bank of the Black Ox)이라는 기관을 설립했고, 애버리스트위트에 흑양은행(Bank of the Black Sheep, 이 명칭은 은행 소유주들을 폄하하려는 데서 나온 것이 아니라, 1파운드짜리 지폐에 검은 양 한 마리가 그려져 있었고 10실링 지폐에는 어린 검은 양 한 마리가 그려져 있었다는 사실에서 비롯되었다)으로 불린 또 하나의 은행을 설립했다. 제조업이 성장함에 따라 많은 산업가들(여기에는 아크라이트 가문, 윌킨슨 가문, 워커 가문, 그리고 볼턴과 와트의 회사가 있다)이 부분적으로는 임금 지불을 위한 현금과 송금을 위한 어음을 확보하는 수단으로, 또 부분적으로는 본인들의 자본 증식을 위한 출구로 독자적인 은행을 설립했다는 점은 의심의 여지가 없다. 로이즈은행과 바클레이스은행을 비롯한 유명한 은행들이 출현하게 된 원천에는 제조업이 있었다.

1793년까지 지방은행 수는 약 400개였고, 1815년에는 (몇몇 지점을 포함하여) 약 900개를 헤아렸다. 법이 주식회사의 발흥을 가로 막았기 때문에 각 은행의 영업 규모는 비교적 작았다. 또한 회사설립법(Act of incorporation)이 제정되었어도, 잉글랜드은행에 부여된 특권이 다른 은행의 지폐 발행을 불가능하게 만들었기 때문이다. 하지만 지방은행은 저마다 본사와 그 고객들이 이용할 수 있는 대리은행(correspondent banks)을 런던에 두고 있었고, 어음 할인을 통해 그 대리은행으로부터 지폐와 주화를 확보할 수 있었다. 어떤 지방은행은 사업장을 수도로 이전하거나 수도에 별도의 회사를 설립했는데, 이런 방식으로 생겨난 것이 스미스(Smith), 페인앤드스미스(Payne and Smith), 존스(Jones), 로이드(Loyd & Co.), 테일러(Taylor), 로이드앤드보먼(Lloyd and Bowman) 같은 유명한 런던 금융회사들이었다. 1760년에 런던에 있던 은행은 20~30개였고 1800년에는 70개였다. 대규모 사업이 이루어질 수 있었던 것은 이 은행들의 은행가 환어음(한 은행가가 다른 은행가 앞으로 발행한 어음) 덕분이었다.

보통은행(ordinary bank)이 고객에게 대출할 경우 은행은 그에게 환어음을 주거나, 주화를 지불하거나, 아니면 더 흔하게는 은행 명의의 약속어음을 주었다. 농촌 지역이나 랭커셔 이외의 대부분의 산업 중심지에서는, 은행가 어음이 주요한 화폐 형태였다. 은행가는 어음 발행에 대비하여 주화를 준비해 두고 있어야 했지만 준비된 주화는 일반적으로 소량이었다. 그 이유는 만일 은행가가 더 많은 주화를 필요로 한다면 런던에 있는 자신의 대리점에 어음을 보냄으로써 필요한 주화를 획득할 수 있고 대리점도 다시 잉글랜드은행에 그 어음을 보냄으로써 주화를 비축할 수 있기 때문이었다. 잉글랜드은행이 자유롭게 대부하고자 하는 한 모든 일은 잘 진행되었다. 그러나 정부의 과도한 요구나 여타의 사정 때문에 할인을 제한해야 하는 경우가 있었고, 그에 따라 대다수 지방은행이 현금을 지불할 수 없어 문을 닫아야 하는 일도 있었다. 대부분의 개인은행은 단명했다. 모든 은행의 운명은 특정 지역의 운명과 관련되어 있었다. 어떤 은행가들은 예금주의 돈을 자신의 상거래나 투기를 위해 이용했다. 어떤 은행가들은 은행업의 첫 번째 수업이라고 알려져 온 것(어음과 저당의 구별법)을 좀처럼 배우지 않았고, 갑자기 현금 수요가 있을 때 자산이 장기 대출에 묶여 있다는 사실을 깨닫게 되는 경우도 흔히 있었다. 1772년, 1793년, 1814~1816년, 그리고 특히 1825년에 이들 중 다수가 몰락하여 많은 제조업자와 상인을 파산 법정에 서게 했으며, 이들의 어음을 갖고 있던 모든 이에게 손실을 입혔다.

시간이 지남에 따라, 한정된 자금을 지닌 소규모 개인은행은 공장경제의 요구에 부응할 수 없다는 것이 분명해졌다. 그 은행들은 1793~1815년의 인플레이션에 책임이 있다고 비난받았고, 전쟁에 뒤이은 불황기 동안 그 다수가 파산했을 때는 재난의 희생자일 뿐 아니라 그것의 유발자로도 간주되었다. 1820년대 초 토머스 조플린 같은 사람들은, 주식회사 은행이 허용된 스코틀랜드는 금융 재난에서 벗어나 있었다고 지적했다. 그리고 1826년에 그 전해의 위기에 관한 조사가 진행되었을 때, 의회는 런던에서 반경 100킬로미터 떨어진 잉글랜드에서는 법인은행(corporate banks)의 설립을 허가한다고 결정했다. 운하와 초창기 철도 건설에서 나타난 것과 같은 열광과 애향심이 맨체스터리버풀지역은행회사(Manchester and Liverpool District Banking Company) 같은 새로운 기관의 설립에도 쏟아졌다. 이 회사는 광범한 분야에서 자본과 예금을 끌어 들였고, 수많은 지점을 설치했고, 다양한 산업에 널리 대출할 수 있었다. 같은 시기에 잉글랜드은행은 리버풀 경[3]의 압력에 굴복하여 어쩔 수 없이 지폐를 발행하는 지점을 지방에 개설하기 시작했다. 1830~1840년대에 제조업 공장주들은 온갖 어려움을 해결해야 했으나, 지속적인 유동자금 부족은 이제 더 이상 해결하기 어려운 문제가 아니었다.

브리지워터 공작은 운하를 건설할 때 차일드회사(Child & Co.)로부터 25,000파운드를 끌어왔다. 아크라이트는 방적기를 조립할 때 노팅엄의 라이트(Wright)로부터 상당한 돈을 지원받았다. 1778년에 매슈 볼턴은 콘월에서 증기기관 제작에 몰두할 때 런던의 로우비어회사(Lowe, Vere & Co.)로부터 14,000파운드의 신용대출을 받았고, 그 직후에는 트루로의 엘리엇앤드프라이드(Elliot and Praed)로부터 2,000파운드를 빌렸다. 다른 여러 사례를 열거할 수 있지만, 은행제도가 신기술을 제조업에 적용할 수 있게 하는 자본의 주요 원천이었는지 여부는 의심스럽다. 은행가들은 회사 창설보다 확장에 더 큰 역할을 했던 것으로 보이며, 또한 그들이 손에 쥐고 있던 보증물은 산업의 위험성에 동참하는 주식이

---

3 Lord Liverpool, 로버트 뱅크스 젠킨슨(1781~1840)을 말한다. 1812년 나폴레옹전쟁 말기에 집권하여 1827년까지 영국의 수상이었던 토리당의 젠킨슨은 전쟁 후엔 압제적인 통치를 펼쳤으나 점차 극도로 보수적이고 권위주의적인 입장을 완화했고, 이에 따라 1820년대에 들어와 이른바 '자유주의적 토리파'가 정부를 주도하게 되었다.

아니라 저당과 채권이었던 것으로 보인다. 폐업률이 높았기 때문에 상식적으로만 생각하더라도 신중한 정책이 필요했을 것이다. 그러니 조합법(law of partnership) 역시 결정적 요소였다. 공공사업(유료도로, 운하, 부두, 교량, 수도)과 관련된 대기업은 법인 설립의 특권을 거머쥘 수 있었다. 은행가는 필요하다면 다른 이들에게 자신의 지분을 처분할 수 있다는 것을 알고 있었기 때문에 종종 이런 대기업에 기꺼이 참여했다. 그러나 의회는 제조업 회사에 법인 설립 특권을 부여하는 것을 일반적으로 꺼렸다. 따라서 제조업에 참여하는 데에 따르는 난관과 위험을 각오하고 동업자가 되지 않은 한, 은행가가 제조업 회사에 참여할 방법은 없었다. 은행가는 제조업자의 동업자라기보다는 채권자였다.

산업혁명에 대한 은행의 주요한 공헌은 단기자금을 동원하여 자금 수요가 별로 없는 지역에서 자본이 부족한 다른 지역으로 전해 준 데에 있었다. 농촌 주(州)들에서는 지주, 농업가, 상인이 지대나 생산물 대금으로 받은 어음과 현금을 지방은행에 입금했다(그들은 예금에 대한 이자를 지불받거나 이자를 주는 증권을 지급받았다). 지방은행은 어음을 런던에 있는 대리은행으로 보냈고, 어음이 쌓인 대리은행은 상당한 자금을 확보하게 되었다. 이 자금을 이용하여 산업 중심지에 있는 은행을 위해 어음을 할인해 주었는데, 거꾸로 산업 중심지의 은행은 고객에게 런던에서 발행한 환어음의 형태나 현금으로 대부할 수 있었다. 이러한 일들은 주로 곡물이 판매되고 있던 늦가을과 초겨울에 이루어졌다. 그러나 이때는 제조업자들이 연말 결산을 하게 되므로 절실하게 자금이 필요한 때였다. 남부와 동부의 근검 절약과 미들랜즈와 북부의 기업, 이 둘의 결합은 운이 좋았고 또 많은 결실을 맺었다. 요컨대 그것은 농촌적인 잉글랜드가 성장하고 있던 도시 사회에 직접적인 보답을 요구하고 식료품을 제공하고 있었다는 것을, 따라서 산업화하는 잉글랜드가 공장을 세우고 공업지역과 농촌 양쪽에 이익이 되는 운하와 철도를 건설하는 일에 자체의 자금을 이용할 수 있었다는 것을 의미했다.

은행 이외의 많은 기관이 자본을 모으고 분배하는 과정에 도움을 주었다. 이전에 한 무리의 중개인이 모였던 커피집이 증권거래소 역할을 했는데, 1773년에 증권거래소는 자체의 건물과 부지를 보유하게 되었다. 1803년에 발행된 최초의 증권거래소 명부는 거래가 더 이상 공채나 동인도회사 주식에 한정된 것이 아니라 공공사업 관련 주식과 보험회사 주식에도 미쳤음을 보여 주었다. 런던에는 리처드슨오버렌드(Richardson, Overend & Co.) 같은 전문적인 어음 중개 회사와 골드스미즈(Goldsmids), 리카도스(Ricardos), 베어링스(Barings), 로스차일즈(Rothschilds) 같은 개인 금융회사들이 출현했다. 그리고 지방에는 농촌 변호사들이 저당, 연금, 주식에 관해 중개인 역할을 하는 일이 점점 더 많아졌다. 보험(해상, 화재 생명)은 중간계급의 저축을 끌어 모으는 유력한 수단이었다. 그리고 노동자의 저축은 대개 우애조합(friendly societies)에 유입되었는데, 1800년까지 우애조합의 수는 수천 개에 달했다. 그 이전까지는 그렇게 하지 않았지만, 1789년부터 박애주의자들은 노동계급을 위한 저축은행을 설립하여 그들에게 독립심을 불어넣어 교구에 의존하는 처지를 개선하려 했다. 1819년까지 왕국 내 여러 지역에 350개 이상의 저축은행이 생겨났고, 1828년 무렵 저축은행의 예금 총액은 1,400만 파운드 이상이었다.

1760년에 영국은 이미 인도의 '재외 상관(商館)'과 서인도제도의 플랜테이션에 해외 투자를 하고 있었다. 그러나 모든 것을 고려해 볼 때 영국은 자본의 순수입국이었던 것으로 보인다. 영국에서 장기 이자율은 하락했음에도 여전히 네덜란드의 이자율보다 높았고, 네덜란드 은행과 상인은 자기 나라보다는 잉글랜드에 투자하는 것이 유리하다는 것을 알았다. 네덜란드 은행 중에 일부는 잉글랜드 공업가들에게 직접 대출(1769년에 매슈 볼턴은 암스테르담에서 8천 파운드를 빌렸다)해 주었지만 영국 정부의 국채, 잉글랜드은행의 공채, 혹은 동인도회사의 회사채에 자금을 투자하는 일이 더 흔했다. 18세기 중엽, 주로 네덜란드인이었던 외국인들은 이들 채권 증서의 3분의 1 가량을 보유하고 있는 것으로 여겨졌다. 그리고 1776년의 (노스 경이 계산한 것이라고 잘못 알려져 있고 또 과장되어 있는 것이 분명한) 어느 추계에 따르면,

영국 국채의 7분의 3가량이 외국인 수중에 있었다. 이렇게 외국 자본은 산업혁명 초기 단계에서 중요한 역할을 했다.

하지만 미국 독립전쟁 과정에서 네덜란드는 영국과 적대관계에 들어갔기 때문에, 네덜란드 자본은 본국으로 철수하게 된다. 암스테르담은 이 시기에 입은 손실을 결코 복구하지 못했으며, 18세기가 지나기 전에 런던은 국가 간 대출을 주도하는 중심지로서 위상을 차지했다. 1793~1815년까지 프랑스와 전쟁을 치르는 기간 중, 영국 자본은 동맹국에 대한 대출금이나 보조금 형태로 유럽에 유입되었다. 미국에 대한 투자가 많았고, 1806년부터는 남아메리카에 대한 투자도 많아졌다. 1815년 이후 영국의 투자가들은 베어링스와 로스차일즈를 비롯한 여러 회사를 통해 프랑스 국채에 적극적으로 투자했는데, 어느 저자가 말한 것처럼, "주요 유럽 국가들 모두는 영국 자본의 외풍(外風)을 자유롭게 흡입함으로써 자신들의 시름을 잊을 수 있다는 것을 알았다." 1820년대 초 영국의 이자율이 낮았을 때, 신흥 독립국이 된 에스파냐 식민지들뿐 아니라 그리스에도 대규모 자금이 흘러들어 갔다. (1827년의 어떤 통계에 따르면) 1816~1825년 시기 동안 영국은 약 9,300만 파운드를 외국에 빌려주었는데, 여기에 더해 그보다는 적은 돈이 광산회사와 무역회사에 투자되었고 또한 이민자의 호주머니에 들어가 해외로 유출되었다.

1760년에는 온당하게 자본시장이라고 부를 만한 것이 존재하지 않았다. 대출은 여전히 국지적이고 개인적인 사안이었다. 1830년 무렵이 되면 투자 가능한 자금의 양이 측정하기 어려울 만큼 불어나게 된다. 은행을 비롯한 다른 기관들은 수많은 경로를 통해 조달된 자본을 국내외 산업에 유출시키는 저수지 역할을 했다. 차용인(借用人)의 지불 능력에 관한 빈틈없는 혹은 정당한 근거가 없는 추측 대신, 그 방면에 관해 지침 역할을 하는 공시된 명부(published list)가 있었다. 자본은 비인격적이고 누군가 말한 것처럼 '맹목적인' 것이 되어 갔고 고도로 유동적인 것으로 변해 갔다.

II

고용주가 수많은 사람을 단일한 작업장으로 끌어들인 데에는 여러 가지 이유가 있다. 제철업의 경우 용광로와 압연 기계는 소규모 생산을 사실상 불가능하게 만들었고, 면직물공업의 경우엔 단 한 개의 수차나 기계로 수많은 직공에게 동력을 공급하는 편이 분명 유리했다. 여타의 경우에 그 이유는 기술적인 것이라기보다는 경제적인 것이었다. 화학공업과 기계 제조업에서는 품질 문제 때문에 필수적으로 감독이 이루어져야 했다. 피터 스텁스가 분산되어 있던 줄(file) 제조공들을 워링턴에 있는 자신의 공장에 끌어모은 것은 작업에 대한 감독의 필요성 때문이었다.

도자기업의 경우, 분업과 재분업이 가져다주는 경제성이 웨지우드로 하여금 에트루리아 공장을 창설하게 만든 주요한 유인 요소였다. 그리고 모직공업의 경우, 원료 횡령을 방지할 필요성이 벤저민 고트의 공장에 노동자들을 결집시키게 만든 주된 동기였다. 정말 분명한 것은 노동자들에겐 대규모 시설에 한데 모이려는 강한 욕구가 없었다는 점이다. 잉글랜드의 노동자나 수공업 기술공은 늘 강력한 흡인력과 강력한 반발력이 충돌하는 가운데 공장 직공으로 변하고 있었다.

18세기에 노동자들의 이동에는, 그것이 장소의 이동이건 직업의 이동이건 많은 장애물이 있었다. 공도(公道)는 무거운 물건들의 운송에는 부적절했을지 몰라도 도보로 여행하기에는 대체로 충분했기에 교통수단의 어려움은 사소한 난관이었을 뿐이다. 하지만, 자칫 강제 징모대(徵募隊)에 붙잡히거나 꼬임에 빠져 플랜테이션으로 보내지는 경우가 있었기 때문에, 길을 걷는 사람이 늘 안전한 것은 아니었다. 제임스 와트는 1756년에 런던에서 일을 배우고 있었을 때 거리 바깥으로 멀리 나가는 것을 두려워했으며, 거의 25년 후 윌리엄 머독이 버밍엄에서 콘월로 가게 되었을 때엔 그에게 특별한 보호 조치를 마련해 줄 필요가 있었다.

더 심각한 것은 구빈법(Poor Law)의 시행, 특히 정주 조건이 불러온 장애물이었다. 만일 어떤 사람이 살던 교구를 떠나 다른 교구에 1년 내내 머물렀다면, 그는 떠나온 교구에서는 구제받을 권리를 상실하게 되고 나중의 교구에서 구제받을 권리를 인정받았다. 이런 이유로 교구 당국자는 외지인을 받아들이길 꺼렸고, 고액의 구빈세 납부자인 고용주들은 1년 중 짧은 기간 동안만 일거리를 주는 경우가 있었다. 만일 어떤 노동자가 새로운 교구에서 정주권을 획득하기 전에 불행한 일을 당하게 되면 이전의 교구로 즉시 송환될 수 있었고, 이 때문에 그는 고향을 떠나 멀리서 일감을 구하려 하기 전에 그 일을 다시 한 번 생각해 봐야 했다.

1795년 이후, 남부의 많은 교구들은 스핀햄랜드의 치안판사들의 정책을 좇아 빵 가격과 가족 규모에 기초한 등급표에 따라 원외 구제(outdoor relief)를 제공하기 시작했다. 이 점에 대해선 반대할 까닭이 없었다. 빈민의 수입이 최저 생계비 이하로 떨어지지 않도록 살펴보는 것은 비할 바 없이 현명하고 자비로운 처사였다. 그러나 많은 당국자는 임금노동자 문제와 빈민 문제를 혼동하면서 노동자의 임금 가운데 표준임금에 미달하는 부분을 구빈세로 벌충하고자 했다. 소득에 역비례하여 지불되는 구빈금은 가장 조악한 형태의 보조금이었다. 왜냐하면 그것은 노동자로 하여금 고임금을 요구하게 하는, 혹은 고용주로 하여금 고임금을 지불하게 하는 그 동기를 파괴하기 때문이다. 그것은 아일랜드에서 대규모로 존재했던 것과 유사한 농촌의 과잉인구를 유발했고, 또 (현재 논의하고 있는 문제인) 노동자의 이동에 대한 압력을 감소시켰다.

이전 시대로부터 물려받은 산업적 관습 역시 방해 요소였다. 자치도시들에서는 먼저 도제로 일하지 않고 숙련 직업을 갖는 것은 불법이었다. 그리고 자치도시들의 바깥에서도 한 직종에 정통하기를 원하는 대부분의 아동은(또한 그 같은 열망을 갖고 있지 않은 다수의 아동도) 6~7년 동안 고용주한테 묶여 있었으며, 그 기간이 끝나기 전에 고용주를 떠나면 처벌을 면하기 어려웠다. 이런 식으로 묶여 있던 건 어린이만이 아니었다. 스코틀랜드의 채탄업에서는 모든 부류의 노동자가 글자 그대로 농노로서 법과 관습에 의해 영주에 예속되어 있었고 탄광과 함께 매매되었다. 또한 노섬벌랜드와 더럼을 비롯한 일부 잉글랜드 탄전에서 노동자들은 여전히 매년 단위로 고용되었지만, 계약서상의 고용 기간은 1년이 채 안 되었다. 산업혁명 초기에 고용주가 직면한 가장 큰 문제 가운데 하나는 새로운 기술을 습득할 수 있고 새로운 산업 형태가 부과하는 규율에 적응할 수 있는 사람을 채용하는 일이었다. 이런 이들을 찾기 위해 시간과 에너지를 바쳐야 한다면, 유일하게 현명한 방법은 훈련생이 꼬임을 당해 다른 곳에 가지 않도록 단속하는 일이었다. 볼턴과 와트는 데리고 있던 증기기관 조립공들과 3년이나 5년 동안의 고용 협약을 맺었다. 던도널드 백작은 화학공업 노동자 가운데 한 명과 무려 25년간의 고용계약을 맺었다. 심지어 사우스웨일스의 주철공 가운데 일부는 종신 계약으로 묶였다.

고용주가 다른 지역에서 사람을 데려와 고용하고자 했어도 실패하는 경우가 많았는데, 그 이유는 그 사람의 다른 가족에게 일감을 줄 수 없었기 때문이다. 이 어려움을 극복하기 위해 제철업자들은 백배로의 제철업자처럼 용광로 인근에 직물공장을 설립하여 여성과 아동을 고용한 경우도 있었다. 거꾸로, 올드노나 그레그처럼 어린 노동자나 여성 노동자를 원하는 고용주는 그들의 아버지나 남편에게 일감을 마련해 주려고 농업과 석회 제조업 등으로 사업 영역을 넓혀야 하는 경우도 있었다. 산업의 단위는 단일한 시설물이 아니라 하나의 식민 정착지에 가까운 모양새가 되는 경우가 흔했다.

이 문제는 면직물공업의 고용 상태를 살펴보면 가장 분명히 예증될 수 있다. 아크라이트의 수력 장치가 가구(家口)에 기초하여 조직되어 있던 산업 안에 들어왔을 때, 대단히 조급한 임시변통적 조치가 있었다. 성인 노동을 확보하기 위한 초기의 노력들은 쓸모가 없었다. 수많은 구빈법 당국자가 해온 일은 빈민들을 면직물 작업장에 모아 놓고 방적을 비롯한 온갖 단순 작업을 시키는 것이었다. 따라서 독립적인 노동자들이 새로운 공장을 강제 노역장으로 생각하여 회피하려 한 것은 자연스러운 일이었다. 공장의 지리적 위치는 어떤 경우든 현지에서 소수의 노동자만을 조달할 수 있는 곳에 있었다. 남성 직포공이 자신의 직기

를 버리고 숙련이 덜 필요한 방적공으로 일한다는 것은 생각할
수 없었고, 마찬가지로 아내와 자식들이 집을 떠나 농촌의 공장
으로 향하리라는 것도 생각할 수 없었다. 그러나 특히 런던과 남
부에는 교구에 부담이 되는 미숙련 실업자가 대량으로 존재하여
수많은 지역에서 구빈세 부담이 늘어나자, 교구의 구빈위원들은
아동을 집단적으로 혹은 가족을 모조리 북부의 공장으로 보내
려 했다. 이로써 면공장주들은 그들이 필요로 했던 노동자의 상
당 부분을 확보하게 되었다.

이 시기 공장의 '도제'에 관한 이야기는 음울하다. 대다수가 고
작 일곱 살이었던 아동들은 한 주에 엿새 동안 하루 12시간, 심
지어 15시간씩 일해야 했다. 해먼드 부부가 지적했듯이, "그들의
어린 생명은 최선의 경우엔 단조로운 노동 안에서, 최악의 경우
엔 인간의 잔인함이라는 지옥 안에서 소비되었다." 아크라이트
가문, 그레그 가문, 새뮤얼 올드노, 그리고 누구보다도 로버트 오
언처럼 진지하게 책임을 느꼈던 고용주들은 (요즘도 스티얼이나
멜로어에서 볼 수 있는 것과 같은) 쾌적한 기숙사와 잘 설계된 도제
주택만이 아니라 기초교육도 제공했다. 아동은 야외에서 뛰놀
수 있었고, 일부 아동은 자신들만의 작은 정원을 가졌다. 남녀
를 분리하는 일에도 주의를 기울였다(밀러스데일에 있는 크레스브
룩 공장을 방문한 어떤 사람은, 소년들에게는 노래를 가르쳤고 소녀들
에겐 가르치지 않았으나 "소녀들의 방이 소년들의 방 바로 위에 있었기

때문에 달콤한 노래 소리가 위로 퍼져 소녀들이 화음을 넣는다"는 말을 들었다). 스티얼에 있던 그레그 공장의 몇몇 소년들은 관리인의 지위에 올랐고, 적어도 올드노의 도제 여섯 명은 나중에 독립적인 방적공으로 성장했다. 그러나 백배로에서처럼 수많은 다른 지역에는 태만과 난잡함과 타락에 관한 이야기가 있다.

1816년에 제1대 로버트 필 경[4]이 도제 노동에 관한 질문을 받았을 때, 그는 "…… 아크라이트의 기계가 처음 나타났을 때엔 증기력이 거의 알려진 바 없었으므로, …… 기업을 운영하면서 이 개량된 수력방적기로 이익을 얻고자 하는 사람들은 큰 폭포가 있는 농촌 지역에 의존했고, 따라서 도제 노동자 말고는 다른 이들을 확보할 수 없었다. 나도 다른 노동자를 구할 수 없었기 때문에 그런 상황에 처해 있었다"라고 말했다. 오늘날 누군가는, 필에겐 어쨌거나 새로운 기술의 채택을 거부할 수 있는 대안이 있었다고 반박할 지도 모른다. 그러나 모든 현대인은 (산업혁명 때문에) 필의 시대와는 비교할 수 없을 정도로 생활수준이 높아진 시대의, 그리고 (이제와서는 아동의 공급이 부족하다는 부분적인 이유 때문에) 아동의 생명에 다른 가치를 두고 있는 시대의 법전에

---

4 제1대 로버트 필은 부유한 직물공장주이자 정치가였고 준남작(baronet)이었다. 준남작은 남작(baron)과 기사(knight) 사이에 있는 신분으로, 작위는 세습되나 귀족에 속하지는 않았다. 그의 아들인 로버트 필 제2대 준남작(1788~1850)은 보수당 정치가로서 내무상을 두 차례(1822~1827, 1828~1830), 수상을 두 차례(1834~1835, 1841~1846) 지냈다.

따라 판단을 내리고 있을 것이다.

공장주들의 행위는 그들의 시대와 그보다 앞선 시대에 비추어 판단되어야 한다. 그때는 조너스 핸웨이(1712~1786)[5]가 "교구 아동 중에 도제가 될 때까지 살아 있는 아이들은 거의 없다"고 말한 지 얼마 되지 않은 시대였다. 살아 있던 아이들은 상인이나 그 밖의 사람들에게 보내졌고, 그 아이들 다수는 공장 아동 못지않게 고통을 겪었던 게 분명하다. 또한 고용주들은 그들의 선배들처럼 본질적으로 상인이었다는 점을 기억해야 한다. 데이비드 데일은 (로버트 오언의 말에 따르면) 두세 달에 한 번 이상 자기 공장을 방문한 적이 없었다. 그리고 다른 면공장주들이 공장조사위원회(committees of inquiry)가 던진 질문에 모호하게 답한 것도 아마 무언가 숨겨야 한다는 의식보다는 자신의 공장 상황에 대한 단순한 무지에서 비롯되었을 것이다. 그들이 자신의 공장을 위해 임명한 감독관들은 대체로 설비의 작동에 관심이 있는 기술자들이었고, 따라서 노동자 관리는 느슨했다. 오늘날의 노무관리 기능 중 최소한 그 일부라도 수행할 수 있는 집단이 등장한 것은 산업혁명이 충분히 진행되고 난 후의 일이었다.

생각을 달리 하는 이들도 많겠지만, 사실 1760~1830년은 인

---

5 여행가이자 자선가였던 그는 《버림받은 아동을 위한 수용소의 역사에 대한 솔직한 이야기》(A Candid Historical Account of the Hospital for the reception of Exposed and Deserted Young Children, 1759)라는 책을 썼다.

간의 불행에 대한, 특히 어린이의 불행에 대한 관심이 (심지어 면 직업자들에게서도) 증대한 시기였다. 맨체스터의 의사 토머스 퍼시벌한테서 자극을 받아 의회를 상대로 공장 규제의 필요성을 밀어붙인 사람은 필이었다. 그가 발의한 1802년 법, 즉 '도제의 건강과 도덕에 관한 법'(Health and Morals of Apprentice Act)은 노동시간을 제한했고 위생과 교육에 관한 최소한의 기준을 규정했다. 그 법이 최악의 상황이 지났을 때 겨우 통과되었다는 것은, 그리고 그 법이든 그가 두 번째로 제안한 1819년의 법(아동, 빈민, '자유인' 모두에게 해당된)이든 그다지 성공적이지 않았다는 것은 사실이다. 하지만 적어도 근대 산업사회의 주춧돌 가운데 하나인 그 법전의 기초는 놓여졌다.

농촌 공장의 노동자 모두가 교구 도제였던 것은 아니다. 1789년, 더비셔에 있던 아크라이트의 공장 세 곳에서는 1,150명의 노동자 중 3분의 2가량이 아동이었으나, 몇 년 후 그의 다른 공장에서는 그 비율이 다소 줄었다. 성인을 위해선 숙소, 가게, 교회당을 지을 필요가 있었고, 그래서 생겨난 작은 사회 안에서 성인 남녀들은 어느 정도 자신의 삶을 꾸려 갈 수 있었다. 아동이 성장하여 가정을 갖게 되자 구빈위원에 의존하던 관습은 감소했으며, 공장에는 자유로운 노동자가 근무하게 되었다.

자기 집에서 제니방적기로 방적하던 여성과 아동은 역직기와 경쟁하는 일이 어렵다는 것을 알았기 때문에, 1790년대 초부터 여성과 아동 다수는 그 무렵 수요가 있었던 캘리코나 모슬린이나 케임브릭[6]을 짜는 방법을 남성들로부터 배우기 시작했다. 이와 동시에 증기기관과 뮬방적기가 면방적에 이용되고 있었다. 증기기관은 노동력이 더 풍부한 도시에 공장을 건설할 수 있게 했고, 뮬방적기는 새로운 유형의 방적 노동에 대한 필요성을 낳았다. 뮬방적기는 아동이 감당할 수 없는 체력과 숙련 둘 다를 요구했기 때문에, 많은 직포공은 이제 자신의 직기를 아내에게 넘기고 공장에서 일하게 되었다. 남녀의 직업이 거꾸로 바뀌었으나 가족경제는 그대로 남아 있었다.

도시 공장이 농촌 공장보다 노동 장소로 더 적절한 곳은 아니었다. 도시 공장에서도 마찬가지로 관리인과 감독관이 부족했고, 다수의 여성과 아동이 남성 방적공에게 고용되어 지시를 받았다. 그러나 도시 공장에 고용된 아동의 비율은 구식 수력 공장의 경우보다 낮았다. 1816년 새뮤얼 그레그의 농촌 공장에서는 노동자 총 252명 가운데 17퍼센트가 10세 이하였고, 18세 이상은 30퍼센트가 채 되지 못했다. 몇 킬로미터 떨어져 있는 맨체스터에서는 맥코널과 케네디가 1,020명을 고용하고 있었는데, 그중에 3퍼센트만이 10세 이하였고 52퍼센트가 18세 이상이었다. 하지만 도시 공장에서조차 노동자 대부분이 어린이였다는 점은

---

6 흰 삼베처럼 짠 무명.

분명하다. 어린 노동자들에 대한 의존은 부분적으로는 기술 변화의 결과였고, 또 어느 정도는 (우어 박사가 주장했듯이) "농사일을 하다 왔건 수공업을 하다 왔건 사춘기 나이를 넘긴 사람을 쓸모 있는 공장 노동자로 바꾸는 것이 거의 불가능했다"는 사실에서 비롯되는 것이었다.

19세기 초 몇 십 년 동안에 직포는 방적을 따라가기 시작하여 공장 내의 한 공정이 되었다. 그러나 수력 방적공장과 뮬방적공장이 거의 하룻밤 사이에 출현한 데 반해, 역직기를 사용하는 직포공장은 아주 서서히 등장했다. 어느 정도는 역직기 자체의 불완전함 때문이었고, 부분적으로는 장기간에 걸친 프랑스와의 전쟁(이 전쟁은 이자율을 상승시켜 설비 투자를 위축시켰다) 때문이었으며, 또한 부분적으로는 그 대다수가 여성인 직포공들이 가정을 떠나려 하지 않았기 때문이었다. 평화가 찾아오고 이자율이 하락하자 많은 방적공장주는 자신의 공장에 직포 작업장을 부설했다. 그러나 가혹한 신구빈법[7]이 반쯤 아사 상태에 빠진 수직

---

7 1843년에 제정된 신구빈법(new Poor Law)은 16세기 초 엘리자베스 여왕 치세 이래 지속되어 온 빈민 구제 방식을 전면적으로 수정한 것이다. 그 법은 빈민에 대한 구제가 전국적으로 동일해야 한다는 '균등 처우의 원칙'(the principle of national uniformity), 구제를 받는 빈민의 상태가 구제를 받지 않고 최저 생활을 하는 노동자의 상태보다 열등해야 한다는 '열등 처우의 원칙'(the principle of less eligibility), 그리고 구제를 받는 빈민은 엄격한 규율 하에 운영되는 강제 노역장에 수용되어야 한다는 '강제 노역의 원칙' 등이었다. 신구빈법은 그동안 시행되어 온 '원외 구제'를 폐지함으로써 산업혁명기 기계제 공업의 확대로 인해 실업의 위험을 받고 있던 노동자들에게 큰 타격을 입혔고, 이에 따라 특히 잉글랜드 북부 산업 지대의 노동자들은 반구빈법 운동을 거세게 벌였다.

포공들에게 위력을 발휘하게 된 1834년 이후에야 비로소 공장의 완전한 승리가 확실해졌다. 역직기의 수가 증가함에 따라 가내 직포공에 대한 수요는 감소했다. 그러나 낮은 생활수준에는 만족하면서도 공장 규율에는 잉글랜드인보다 참을성이 적었던 아일랜드인들이 유입되었기에 가내 직포공들은 여전히 줄지 않고 공급되었다.

산업혁명의 '해악'은 그 진행의 급속함에서 비롯된다는 주장이 가끔 제기된다. 그러나 가내 직물 노동자의 경우는 정반대임을 시사해 준다. 아크라이트 같은 유형의 사람이 직포 분야에 있었다면, 그리고 이주와 구빈법에 따른 수당이 없었다면, 공장으로의 이동은 신속하고도 덜 고통스럽게 이루어졌을지 모른다. 그런데 실제로는 수많은 수직포공이 한 세대가 넘도록 증기력에 반대하는 절망적인 투쟁을 이어 갔다. 게다가 1814년에 캘리코 한 조각을 손으로 직포하고 받는 가격은 6실링 6펜스였다. 1829년에 그 가격은 1실링 2펜스로 하락했다.

과도하게 노동하는 도제와 실업 상태에 있는 가내 직포공의 곤경이 직물업 혁명에 관한 이야기의 전부는 아니다. 발명이 대체로 노동 경감 효과를 가져왔다는 것을 믿기 위해 우어 박사가 "생기 넘치는 꼬마 요정들"의 공장 노동은 "스포츠를 닮은 것처럼 보였다"고 터무니없이 묘사한 것을 증거로 받아들일 필요는 없다. 대부분의 공장 직공은 과거 어느 세대보다 가족 수입을 높일 수 있을 만큼의 임금을 받고 고용되었다. 여성과 소녀들이 집안의 남성에게 덜 의존하게 되자, 그녀들의 자존심은 높아졌고 그녀들에 대한 사회적 평판도 향상되었다. 공장이 도시로 이전하거나 공장 주변에 도시가 성장함에 따라, 임금의 장기 지불제 관습은 매주 지불 혹은 2주 지불로 대체되었고, 현물 임금과 고용주에 대한 노동자의 채무도 줄어들었다. 직공들은 더 이상 고립된 오두막집 거주자가 아니었기 때문에 표준 노동시간과 표준임금을 수호하기 위해 조합을 결성하는 일이 더 쉬워졌다. 그리고 혹사에 대항하는 투쟁에서 교회와 예배와 언론을 통해 점차 목소리를 내고 있던 여론의 힘을 얻어 내는 일도 가능해졌다.

나머지 다른 산업의 변화 과정은, 비록 덜 화려하긴 했어도 직물업의 변화 과정과 비슷했다. 면방적업의 경우처럼 채탄업의 중심 문제는 적절한 노동 공급을 확보하는 것이었고, 다수의 발명을 채택한 목적은 이전까지 경험 많은 광부들이 하던 일을 소년과 젊은이도 할 수 있게 하려는 것이었다. 던도널드와 존 싱클레어 경을 비롯하여 스코틀랜드의 몇몇 계몽적인 광산 소유주는 광부 농노들을 해방시켰다. 그리고 1774년과 1779년에 통과된 의회 법 덕분에 스코틀랜드 광부들의 종신 예속 상태는 대체로 종식되었다. 그 주된 동기는 의심할 바 없이 인도주의적인 것이었다. 그렇지만 고용주들 중 일부는 광부들의 해방이 채탄부의 지위를 향상시키고 채탄업에 새로운 노동 공급을 가져다줄 것이라고 주장하면서 그들의 해방을 지지했다. 하지만 고용주들의 희망은 무위로 그쳤다. 해방된 광부들 다수는 탄광을 떠났다. 일부는 제철소로 갔으며, 일부는 군대로, 또 일부는 잉글랜드로 갔다. 노섬벌랜드와 더럼의 탄광은 너무 깊고 위험했기에 비록 그곳의 광부들이 스코틀랜드인의 유입을 기꺼이 허용했어도, 스코틀랜드인들은 그곳에 가지 않았다.

지금 말한 잉글랜드 북부의 탄전에서 광부들은 자족적인 밀집 사회를 형성했다. 그들은 자식이 많았고 아들들은 거의 변함없이 아버지를 따라 갱으로 들어갔기 때문에, 노동자의 수는 꾸준히 증가했다. 그러나 산업혁명이 진전되고 운송 수단의 개선과 함께 시장이 확대되자, 석탄 수요는 광부의 공급보다 더 빠르게 증가했다. 그 효과는 임금 상승으로, 더 나아가 매년 고용 때 광부에게 지불된 보상금의 증가로 나타났다. 18세기 전반기 동안 이 보상금은 겨우 몇 실링밖에 되지 않았으나, 1764년에는 3~4기니에 이르렀고, (호황의 해였던) 1804년에는 18기니로 절정에 달했다. 늘어난 수입 덕분에 아내와 딸을 탄광에서 끌어냈다는 것은 광부로서 명예로운 일이다. (1780년 이후에 북부 탄전의 지하 갱도에서 일하는 여성이나 소녀에 관한 사례를 보여 주는 기록은 없다). 그러나 성인 광부의 임금 상승은 소년 고용을 자극했고, 점점 더 많이 고용된 소년들은 공기의 흐름을 조절하는 문을 여닫거나, 지표면에서 주요 갱도로 석탄 운반 바구니를 끌거나, 갱도를 따라 조랑말을 탄갱 밑까지 몰고 오는 허드렛일을 했다.

규모가 더 작은 잉글랜드와 웨일스의 탄전은 발전이 더뎠고 탄갱도 더 작았다. 그곳에서는 아동노동이 덜 사용되었던 것으로 보이지만, 반면에 여성은 변함없이 지하 작업을 했다. 한 산업에서 여성의 존재는 거기에서 노동하는 남성을 인간답게 만드는 효과가 있다는 주장이 때때로 제기된다. 그러나 이것이 채탄업에서 사실이었다는 것을 믿기 위해선 누구든 인간 본성에 대해 매우 낙관적인 견해를 취할 필요가 있을 것이다. 1840년대 초의 보고서에서 밝혀진 해악들이 산업혁명 탓으로 여겨지는 경우도 있지만, 그 밖의 다른 수많은 폐해와 마찬가지로 그 해악들은 더 원시적인 생산 단계로 소급되는 것들이며, 또한 그것들은 사실상 사라지는 경향이 있었다.

방적과 직포와 채탄 분야의 개량들은 대체로 노동을 절약하는 성격을 띠고 있었다. 그것들은 이전까지 다수의 노동자가 이루어 낸 성과를 소수의 노동자가 성취할 수 있게 했고, 예전에는 성인 남녀에게 적합했던 작업을 아동들도 수행할 수 있게 했다. 그러나 그렇게 했음에도 생산량은 대폭 늘어나 성인 노동자 대부분의 수입은 증가했다.

다른 경로를 따라 진보가 이루어진 그 밖의 산업이 있었다. (토목과 기계에 관한) 공학기술 분야에서, 그리고 제철과 화학, 도자기 산업에서, 문제는 기계를 손질할 수 있는 반숙련 노동자를 찾는 일이 아니라 새로운 기술을 갖춘 사람을 양성하는 일이었다. 발명가 본인들도 대부분의 시간을 그런 일에 소비했다. 브린들리는 광부와 일반 노동자의 도움을 받아 자신의 과업을 시작할 수밖에 없었으나, 운하 건설 과정에서 고급 기술을 갖춘 터널공과 토공이라는 새로운 기술자를 양성해 냈다. 젊었을 때 와트는 수차공들(이리저리 직업을 옮길 수도 있었고, 나무나 금속을 갖고서든 돌을 갖고서든 두말없이 일했지만, 완고하게 전통에 사로잡혀 있었던 사람들)과 함께 그럭저럭 일을 꾸려 나가야 했다. 그러나 그가 죽기 전, 전문적인 조립공, 선반공, 주형 제작공을 비롯한 그 밖의 기술자 계층이 등장하고 있었다. 첫 세대의 면방적 공장주들은 직접 '시계공'을 고용하여 수력 장치와 뮬방적기를 제작하고 수리했다. 그러나 점차 이들은 고도로 훈련된 직기 기계공과 수리공으로 교체되었다.

헨리 코트의 발명은 정련공과 단련공의 숙련 기술이 더 이상 필요없게 되었음을 의미했으나, 그들의 기술에 못지않은 연철공과 압연공의 능숙한 솜씨를 필요로 했기 때문에 코트 자신이 이들을 양성했다. 웨지우드가 도자기 제조업을 20개의 개별 공정으로 분리했을 때, 각각의 공정에는 그것에 고유한 특수한 소질이 필요했고, 그중 어떤 공정에는 고도의 예술가적 재능이 필요했다. 이러한 기술 획득은 대규모 산업 분야 외부에 잔존하고 있던 수공업을 희생시키는 것이 아니었다. 공장 건설에는 벽돌공, 석공, 목공의 능숙한 솜씨가 필요했고, 공장 설비를 위해선 개인적으로 일하거나 소규모 회사에서 일하는 방추 제조공, 줄 연마공을 비롯한 많은 이들의 숙련 기술이 필요했다. 산업혁명이 기술을 파괴했다고 말하기도 하지만, 이는 사실이 아닐뿐더러 진실에 반하는 주장이다.

이 여러 산업에서 생산조직은 처음엔 면공장의 그것보다 훨씬 느슨했다. 운하와 철도는 청부업자와 하청업자들에 의해 건설되었는데, 이들은 토공과 노동자를 집단적으로 고용했고 사업 전반을 책임진 기사의 통제를 거의 받지 않았다. 금속공업에서는, 고용된 노동자들이 공동 작업장에 모이게 된 이후에도 직인 도급제가 오랫동안 존속했다. 제철업에서는 제련공과 주물공이 자신의 도제를 고용했고 직접 노동자에게 임금을 주었다. 그리고 도자기 제조업(여기에서 전형적인 사업장은 공장이 아니라 한데 모여 있던 수많은 작업장이었다)에서는 압착공, 녹로공, 도금공 소년들이 성인 노동자 밑에서 도제 노릇을 했거나 그에게 직접 고용되었다. 어린 노동자나 미숙련 노동자가 대우를 잘 받았는지 못 받았는지 여부는 그들의 상급자인 십장이나 숙련 장인의 스타일에 크게 좌우되었다. 그러나 이 업종들 대부분에서는 대체로 자본을 절약하게 해주는 성격의 발명이 이루어졌기 때문에, 그 발명은 생산량을 증대시켰을 뿐 아니라 생산물의 가치 중에서 노동 자에게 돌아갈 몫도 늘리는 결과를 낳았다. 적어도 수입 면에서 노동자에게 이익이 되었다는 점은 거의 의심의 여지가 없다.

건설과 설비의 형태를 취하는 자본이 증가함에 따라, 자본을 쓸데없이 놀리지 말아야 한다는 것이 자본 소유자의 관심사가 되었다. 대부분의 업종에서 노동시간은 새벽부터 해질 무렵까지 였고, 그 사이에 아침과 저녁을 먹기 위한 짧은 휴식 시간이 있 을 뿐이었다. 일을 시작하거나 쉬었다 다시 시작할 때 시간 엄수 는 가장 중요한 산업적 덕목이었으며, 공장 전면 눈에 띄는 곳에 설치된 시계는 성실함의 조력자임과 동시에 태만의 목격자였다. (충분히 검증된 이야기지만, 브리지워터 공작이 노동자들에게 정오의 휴식 시간이 끝난 후 늦게 복귀했다고 질책했을 때, 그들이 1시를 알리 는 시계 소리를 듣지 못했다고 변명하자, 공작은 즉시 시계를 교체하여 그 뒤로는 그 시계는 13번을 쳤다고 한다). 에트루리아에서는 성모영 보 대축일(聖母領報 大祝日)[8]부터 미카엘 축일[9]까지는 5시 45분 에 종이 울리고 아침 6시에 작업이 시작되었다. 그해의 나머지 기간에는 동트기 15분 전에 종이 울렸으며, 작업은 어두워져 더 이상 앞이 보이지 않을 때까지 계속되었다. 그러나 1792년에 윌

---

8 Lady Day, 3월 25일. 천사 가브리엘이 그리스도의 잉태를 성모 마리아에게 알린 기 념일.
9 Michaelmas, 9월 29일. 대천사 중의 한 명인 미카엘을 기리는 축일.

리엄 머독이 석탄가스를 광원(光源)으로 이용할 수 있다는 것을 입증했고, 19세기 초부터는 수많은 공장과 작업장이 밤중까지 움직였다. 공장 노동자의 노동시간이 가내 수공업자의 노동시간보다 길었는지 짧았는지 여부는 단정할 수 없다. (1812년에 토머스 애트우드의 말에 따르면) 못 제조공은 새벽 4시부터 밤 10시까지 일했는데, 이들의 노동시간보다 길지는 않았을 것이다.

2세대의 고용주들(예컨대 볼턴, 와트, 웨지우드, 크로셰이의 자식들)은 노동자 쪽에서의 불규칙성이나 부주의함이 야기할 수 있는 손실에 대해서는 아마 아버지들 세대보다 더 민감했을 것이다. 회사에서 훈련받은 사람들은 관리자와 직장(職長)으로 임명되었다. 노동을 자극하기 위해 성과급제와 보상금제가 도입되었다. 그리고 주취(酒醉), 나태, 도박에 대해선 벌금이 부과되었다. 새로운 관리 방법과 새로운 장려 제도와 '새로운 규율'은 기술혁신 자체만큼이나 산업혁명의 일부였다. 그러한 것들에 대한 적응은 대규모 산업이 가져다준 수입 증대를 위해 노동자가 지불해야 했던 대가였다.

수직포공과 양말공과 못 제조공과 남부 농촌의 노동자들은 경제적 변화에 대응하는 속도가 느렸다. 또 타성에서 비롯되었건 보수주의에서 비롯되었건, 아니면 자신의 생활을 자기가 지배하고자 하는 이해할 만한 소망에서 비롯되었건 새로운 질서에 적응하기를 거부한 사람들도 있었다. 그들 역시 대가를 치렀다. 그러나 엄격하던 정주법이 느슨해짐에 따라, 그리고 공장에서 소득을 얻을 수 있다는 소식이 (언론과 마을 홍보관 통해, 그리고 가장 흔하게는 입으로 전해진 예삿말을 통해) 확산됨에 따라, 신흥 공업 중심지로 인구 이동이 증가했다. 일반적으로 개인들은 가까운 거리까지만 이동했다. 예컨대 체서의 시골에서 랭커셔의 도시까지, 스태퍼드셔나 우스터셔의 외곽에서 버밍엄까지, 피크 지역에서 셰필드까지, 또는 웨일스 남부의 어느 강 유역에서 다른 강 유역까지 이동했던 것이다. 이주민이 떠난 지역에서는 노동 부족이 임금 상승을 불러왔고, 이에 따라 그 지역에는 더 먼 곳에서 이동해 온 사람들이 들어왔다. 레드퍼드 교수가 보여 주었듯이, 잇따른 단거리 이주 물결은 결국 남부와 동부에서 중부와 북부로 흘러가는 장거리 물결을 만들어 냈다.

하지만, 먼 거리를 곧장 이동하는 경우도 있었다. 잉글랜드 임금이 발휘한 흡인력, 그리고 특히 1872~1784년과 1821~1823년의 기근에서 드러난 굶주림의 반발력은 수많은 아일랜드인 남녀들로 하여금 영세한 보유지를 떠나 영국에서 일자리나 생계를 구하게 만들었다. 영국에 도착한 아일랜드인 가운데 일부는 단지 빈민 집단을 팽창시켰을 뿐이다. 그러나 일부는 곡물을 수확하는 일과 홉 따는 일, 그리고 그 밖의 다른 형태의 농사일을 얻었다. 또한 약간의 돈을 저축한 후 한 푼도 없다고 선언하고는 구빈법 당국자에게 무료로 고향에 갈 수 있게 해달라고 조르는 경우도 있었다. 하지만, 다수는 영국에 남았다. 그중에 일부는 건축과 석탄 적재 같은 비숙련 중노동 직종에 고용되었다. 그러나 대다수는 글래스고와 페이즐리에서 방적공으로 일하거나 잉글랜드에서 수직포공으로 일하는 등 면직물업의 일감으로 생계를 꾸렸다. 그들의 켈트적인(Celtic)[10] 격정, 권위에 대한 불용인(不容忍), 말재주 등은 랭커셔에서 산업혁명 후기의 산업적 관계에 (그리고 특히 노동조합의 성격과 체계에) 영향을 끼쳤다.

아일랜드인의 유입을 상쇄한 것은 (아마 상쇄하고도 남았던 것은) 잉글랜드인과 스코틀랜드인의 집단적인 해외 이주였다. 숙련공들의 이동은 영국의 생산공정에 관한 지식이 유럽과 아메리카에 있을지도 모를 경쟁자에게 도달하는 것을 막으려 한 일련의 법령들로 금지되었다. 또한 새뮤얼 가빗와 조사이어 웨지우드를 비롯한 고용주들은 이주하려는 자들과 이들을 유혹하려 한 자들을 적극적으로 기소했다. 하지만 1815년 이후 외국과의 경쟁에 대한 두려움은 줄어들었다. 그때부터 입법자들이 위험하다고 여긴 것은 숙련 노동이든 비숙련 노동이든 노동의 부족이 아니라 과잉이었다. 그래서 1824년에 노동자 이주 금지법들이 (또한

---

10 켈트인 또는 켈트족은 아리안 인종의 한 분파로 아일랜드와 웨일스와 스코틀랜드 고지대에 많이 거주한다.

기계 수출 금지법들이) 폐지되었고, 영국 노동자는 영국 자본과 마찬가지로 자신을 기꺼이 받아준다면 어떤 나라든 자유롭게 이동했다.

제조업 인구의 성장이 전적으로 혹은 대체로 지리적 이동성이 증가한 결과라는 인상을 남긴다면, 그것은 잘못일 것이다. 사실 잉글랜드 농촌에서 공업도시로 대량 이주가 일어났다는 그 어떤 증거도 없으며, 노동의 재분배는 덜 급격한 방식으로 광범하게 발생한 것처럼 보인다. 이전에 농사와 직포 또는 농사와 채탄으로 나누어 노동해 오던 남녀들은 자신의 가족을 이동시키지 않은 채 차츰 직기나 채탄장에서만 전적으로 노동했다. 아들과 딸은 부모의 직업을 따라야 한다는 전통은 약화되어 갔으며, 이에 따라 공장은 더 많은 아동을 끌어들여 고용을 확장시킬 수 있었고, 가내 작업장에서는 죽거나 은퇴한 성인의 수에 비해 새로 일하고자 하는 젊은이의 수가 부족했기 때문에 고용계약이 감소하게 되었다. 그러나 적절한 통계가 없기 때문에 이러한 경향들 각각에 어느 정도의 비중을 부여해야 하는지를 말하기란 불가능하다.

확실한 것은 1830년까지 영국은 공장의 환경에 순응하게 된, 그리고 필요에 따라 이곳저곳으로 또는 이 직업에서 저 직업으로 이동할 수 있게 된 일단의 임금노동자들을 어떻게든 확보했다는 점이다. 임금 수준은 지방적인 수요와 공급의 변화에 더 신속히 대응하게 되었고, 또 경제활동 전반의 상승과 하강 움직임에 따라 변동했다. 한 산업의 임금은 다른 산업 분야의 임금과 연계되었으며, 특히 농업 노동자와 건축 노동자의 임금은 공장 직공의 임금에 따라 오르내렸다. 수많은 불완전한 지방 노동시장에서는 몇몇 고용주의 선의(善意) 덕분에 일하게 된 사람들이 그 고용주를 위해 봉사했지만, 그런 시장 대신 점점 더 다루기 힘든 단일한 노동시장이 출현하고 있었다.

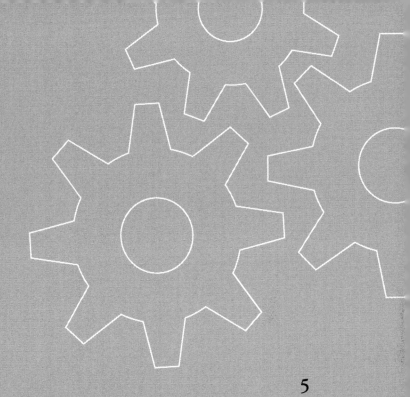

5

개인주의와 자유방임

18세기에 사회적 목적을 실현하기 위한 특징적인 수단은 개인이나 국가가 아니라 '클럽'이었다. 사람들은 선술집의 남녀 혼용 클럽에서 커피하우스의 문학 그룹까지, 시골 여인숙의 '골방'부터 주식거래소와 로이드협회까지, 신성모독자들의 지옥불클럽[1]부터 웨슬리 교파의 신성클럽[2]까지, 지방의 범죄자소추협회[3]부터 전국적인 하층민풍속개선협회[4]와 만국친선협회[5]에 이르기까지 여러 단체들이 번성하던 환경 속에서 성장했다. 모든 이해관계와 전통과 열망은 단합된 형태로 표출되었다. 이 시대 사람들이 여하튼 자

---

1 Hell Fire Club, 18세기에 잉글랜드와 아일랜드에는 이질적인 몇몇 인사들이 결성한 '지옥불클럽'이 몇 개 있었다. 최초의 클럽은 1718년에 런던에서 결성되어 1721년에 해체된 와턴 공작 필립의 클럽이었고, 가장 유명한 것은 프랜시스 대시우드 경이 1749년에 결성한 클럽이었다. 12명으로 출범한 대시우드 경의 클럽은 1760년대까지 부정기적으로 모임을 가졌는데, 회원들은 대단히 이교적이었고 자유분방했으며 박카스와 비너스 같은 신들을 공개적으로 찬양했다. 이들은 "하고 싶은 대로 해라"(do what you will)라는 모토를 내걸었는데, 이는 이들이 즐겨 읽었던 16세기 프랑스 작가 프랑수아 라블레의 소설 《가르강튀아와 팡타그뤼엘》에 나오는 구절 "faisons ce que voudras"을 그대로 본 딴 것이었다.

2 Holy Club, 1729년에 감리교를 창시한 존 웨슬리와 찰스 웨슬리(John and Charles Wesley) 형제에 의해 결성된 모임. 모임의 참가자들은 매주 3, 4번 저녁에 만나 기도하고 성경과 고전을 공부하였으며, 빈민에게 먹을 것을 제공하거나 감옥에 있는 무(無)연고자들을 방문하거나 고아들에게 글을 가르쳤다.

3 18세기와 19세기 초, 아직 전국을 관할하는 경찰이 출현하기 전에 지방 교구의 주민들이 범죄자를 기소하기 위해 기금을 출연하여 만든 단체. 범죄자의 정보를 제공하는 사람에게 포상을 하거나 단체의 활동을 지역 신문에 선전하는 등의 활동을 했다.

기중심적이었고 탐욕스러웠고 반사회적이었다는 생각이야말로 산업혁명의 이야기를 모호하게 만들어 온 모든 전설 가운데 가장 잘못 알려진 사실이다.

그토록 긴밀한 단체 사회 안에서 공업가들이 동료들과 멀리 떨어져 있었다면, 정말 놀라운 일일 것이다. 들판에 세워지고 있던 울타리와 노동자나 기계를 가두어 놓은 공장의 벽은 성장하고 있던 개인주의의 상징이 아니라 더 효율적인 자원 관리를 위한 조건이었다. 회사 자체가 한 사람의 것이 아니라 각자의 특수한 기술적 재능과 자본과 시장에 관한 지식을 공동 자산으로 삼았던 동업자들의 것이었다. 동업자들은 회사가 달랐어도 밀접하게, 때로는 매일 접촉했다. 그들은 같은 교회나 예배당의 신도로, 같은 의용병 중대의 병사나 장교로, 같은 낚시 클럽의 회원으로, 혹은 같은 지방 경마대회의 기수나 구경꾼으로 만났다. 많은 이들이 런던의 기술협회나 스미턴클럽[6]의 활동을 지방까지 확산시키려 한 이런저런 단체에 가입했고, 또 그런 방식으로 기술 개량

---

4 Society for the Reformation of the Manners among the Lower Orders, 1690년대에 런던을 비롯하여 지방의 대도시에서 복음주의(evangelism)와 사회적 통제를 목적으로 출현했다. 교회가 도덕과 안식일 준수 등을 적극적으로 요구하지 않게 되자, 주로 하층민들이 벌이는 악행과 가장무도회 같은 추잡하거나 음란한 유흥에 대해 항의하고 고발했다.

5 Society of Universal Good Will, 1775년 잉글랜드 동부의 노리치에서 박애주의자인 존 머리 박사가 창설한 '노리치스코틀랜드인협회'가 선의와 인간애를 전 세계에 전파하기 위해 1785년에 개명한 단체다.

에 관한 자신들의 지식을 (물론 분명히 제한적이었지만) 공유했다. 그들의 집단적 노력이 언제나, 혹은 대체로라도 선량한 목적을 향했다고는 생각되지 않는다. 왜냐하면, 애덤 스미스가 언급했 듯이 "같은 직종에 있는 사람들은 유흥이나 기분 전환을 위해서 라도 함께 모이는 경우가 드물지만, 그들의 대화는 대중을 상대 로 한 음모나 가격을 올리려는 어떤 술책으로 끝나기" 때문이다. 순수해 보이는 사교 단체나 학술 단체 다수가 사업 조직이었던 것으로 보이는데, 그것들의 진짜 목적은 어느 특정 직종에서 경 쟁을 무디게 하고 생산량과 가격, 임금, 신용 조건을 조절하려는 것이었다.

연합이 최고조에 이른 분야는 채탄업과 금속 제조업이었다. 오 랫동안 타인 강 유역의 탄광 소유주들은 '판매'를 제한하고 탄갱 마다 할당량을 부과함으로써 런던에서 형성된 연료 가격을 그대 로 유지하고자 했다. 위어 강 유역에서, 그리고 나중에는 티스 강 유역에서 탄광이 개발되었을 때, 탄광 소유주들은 그 연합 조직 에 끌려 들어갔다. 물론 중간에 잠시 자유 거래가 있었지만, 이

---

6 Smeatonian Club, 1771년 3월, 7명의 기사(engineer)들이 런던의 홀본에 있는 킹 스헤드 여인숙에 모여 역사상 최초의 기사 단체인 '민간기사협회'(Society of Civil Engineers)를 결성했다. 협회의 이름은 왕립군사학교(Royal Military Academy)를 졸업 한 군인 기사(military engineer)와 자신들을 구별하기 위해 지은 것이다. 협회 창설을 주도한 인물이 처음으로 자신을 민간인 기사로 부른 존 스미턴이었는데, 그가 사망하 자 회원들이 그를 기리기 위해 협회의 명칭을 스미턴협회(클럽)으로 바꾸었다.

러한 통제는 철도가 내륙의 탄전에서 석탄을 실어 날라 소비자에게 이득을 주게 되었을 때까지(우리가 다루고 있는 시기 이후에도 오래도록) 지속되었다. 금속광업 분야에서 소규모 생산 단위의 경제력은 그보다 약했다. 18세기 중반에 콘월의 동광(銅鑛)업자들은 광석 가격을 억누르기 위해 단합했던 브리스틀과 스완지의 제련업자로부터 사실상 착취당하고 있었다. 하지만 1780년대에 토머스 윌리엄스가 앵글시에 있는 패리스산에서 풍부한 자원을 개발하기 시작했을 때 콘월 동광업자들의 처지는 심각해졌고, 그래서 이들은 (볼턴, 와트, 웨지우드, 윌킨슨 등의 지원을 받아) 일종의 방어동맹(防禦同盟)을 결성했다. 대부분의 기업연합(cartel)처럼, 콘월금속회사도 구리 가격을 높은 수준으로 고정시켰기 때문에 생산량은 늘어났지만 판매는 감소했다. 또한 시장 분할을 위해 앵글시의 동업자들과 협약을 맺었음에도 재고가 너무 많이 쌓여 1792년에 그 기구는 와해되었다. 그러나 해군성의 대량 주문을 낳게 한 전쟁이 없었다면, 콘월과 앵글시 두 지역 모두 이 초기 단계에서 과잉생산, 노동자 실업, 생활수준 하락 등을 동반한 불황 지역의 참상을 보여 주었을지 모른다.

제철업에서 원료 산지는 곳곳에 분산되어 있었기 때문에 채광업자가 시장을 지배하기란 거의 불가능했다. 그러나 18세기 초부터 랭커셔와 웨일스 남부의 용광로 소유자는 목탄의 구매 가격과 선철의 판매 가격을 모두 고정시키는 관습이 있었다. 코크스를 통한 철 용해법이 개발됨에 따라, 다비 가문과 윌킨슨 가문은 증기기관 부품 비용에 관해 협정을 맺었다. 그리고 1777년 이전에 미들랜즈의 제철업자들은 선철과 봉철, 주물의 가격을 결정하기 위해 정기적으로 회동하고 있었다. 1799년, 웨스트요크셔의 브래드퍼드에 있는 로무어 마을 출신인 조지프 도슨이 주도하여 요크셔와 더비셔의 제련업자와 주물업자들은 유사한 조직을 만들었고, 이윽고 스코틀랜드와 사우스웨일스에서도 또 다른 연합체가 출현했다. 19세기의 처음 10년 동안 이 지역 단체들은 제철업 전체를 대표하여 3개월마다 열리는 회합에 대리인을 보냈으며, 이들의 지역적 통제와 전국적 통제는 1830년대 늦게까지 지속되었다.

이와 동시에 구리와 철을 비롯해 금속을 사용하는 업자들은 그 생산자들 못지않게 한층 긴밀히 연합했다. 셰필드의 은반 제조업자, 버밍엄의 공장주, 워링턴과 리버풀의 줄 제조업자, 스태퍼드셔의 못 제조업자, 그리고 브리스틀과 글로스터 지역의 핀 제조업자는 저마다 자신들만의 조직을 갖고 있었다. 반(半)가내공업적인 금속가공업 중에서 기업연합 추세에 영향을 받지 않은 분야는 사실상 단 하나도 없었다.

회사의 수가 많고 생산품이 다양하고 시장이 분산되어 있는 산업에서는 사실상 통제가 쉽지 않았다. 도자기 제조업에는 시간상 멀리 떨어져 있긴 하지만 1770년과 1796년, 1814년의 협정 가격표 사례를 보여 주는 기록 자료가 있으며, 면직물업의 기록 자료에는 랭커셔의 방적업자가 스코틀랜드의 방적업자와 가격 정보를 교환하는 일이 관행이었음을 보여 주는 증거가 담겨 있다. 하지만 도자기업자와 면직물업자는 배타적 특권을 주장하기보다는 서로 파괴하려고 노력했다. 웨지우드가 이끌었던 도자기업자들은 윌리엄 쿡워디와 리처드 챔피언에게 부여된 도토(陶土) 독점권을 무력화시켰다. 그리고 면직물업자들은 필의 지도 아래 아크라이트가 갖고 있던 특허권을 박탈시키는 데 성공했다. 1784년 그 두 집단은 버밍엄의 제철업자 및 공장주와 손을 잡고 퍼스티언 옷감과 석탄과 운송에 소비세를 부과하려 한 제안을 반대했다. 또한 이듬해 윌리엄 피트가 영국의 식민지 무역과 해외무역에 아일랜드가 참여하는 것을 허용하겠다는 의사를 밝혔을 때, 이들은 반대 세력을 조직하여 웨지우드를 의장으로 하는 제조업자총회(General Chamber of Manufacturers) 설립을 주도했다.

하지만 '국가 대회의'(great council of the nation)[7]에 압력을 행사하겠다는 공업가들의 그 야심찬 계획은 단합을 과시하기보다는 분열을 드러낼 운명이었다. 앤서니 이든 경이 프랑스와 통상

---

7   노르만 왕조 시대에 있었던 민회인 '쿠리아 레기스'(Curia Regis)를 가리키는데, 여기에서는 영국 의회를 뜻한다.

조약을 구상하고 있을 때인 1786~1787년에, 런던의 구(舊)산업 대표들과 지방의 신(新)산업 대표들 간에 이견이 발생했다. 비단, 리본, 종이, 유리, 가죽 제조업자들은 기술혁명을 체험하지 못했다. 그들의 주요 시장은 국내였기에 외국인과의 경쟁을 두려워했다. 반면, 면직물, 철, 놋쇠, 도자기 등의 제조업자들은 새로 발견된 증기력을 열렬히 원하고 있었다. 그들은 프랑스산 수입품을 두고 걱정할 이유가 별로 없었고, 자신들의 생산물은 이미 해외에서 판로를 찾아내고 있는 중이었다. 통상조약 체결 후, 제조업자총회에서 벌어진 논쟁은 볼턴, 가빗, 윌킨슨은 물론 웨지우드마저 물러나게 할 만큼 너무 신랄했다. 이제 그 조직의 해체는 시간문제일 뿐이었다.

영국 산업 연합체를 설립하겠다는 계획은 그 시대보다 적어도 한 세기는 앞선 것이었다. 총회가 소멸된 뒤로 제조업자들은 현안에 개입하려는 시도를 거의 하지 않았다. 제철업자들은 1796년에, 그리고 1806년에 또다시, 석탄과 철에 대한 조세 부과 계획을 저지하는 데 성공했다. 맨체스터, 리즈, 버밍엄, 글래스고를 비롯한 여러 지역에서 생겨난 상업 단체는 전쟁과 정부 정책이 불러온 교역 장애에 대해 틈만 나면 항의했다. 이러한 움직임을 계기로 생겨난 상업회의소(Chambers of Commerce)는 나중에 곡물법[8] 폐지와 자유무역의 실행에서 중요한 역할을 했다. 그러나 일반적으로 공업가들은 본능적으로 정치를 회피했다. 우리가 이 책에서 다루고 있는 시기가 끝난 후, 공업가가 국가의 한 세력(아마도 가장 거대한 세력)이 된 것은 로비와 선전 기술 때문이 아니라 자신의 회사와 전문적인 상업 조직에 끊임없이 전념했기 때문이었다.

노동자의 집단의식도 자본가들처럼 여러 형태로 표출되었다. 가내노동자들은 여기저기 흩어져 있었기에 연합을 쉽게 이루어 낼 만한 상황이 아니었다. 하지만 이미 18세기 초반에 소모 사공, 직포공, 양복공, 못 제조공을 비롯한 여러 수공업 기술공들의 클럽이 활기차게 성장했다. 이들 클럽 대부분은 친교 활동을 하는 것처럼 보이는 명칭을 내세워 진짜 목적을 감췄고, 여러 모로 오늘날의 노동조합보다는 예전의 길드에 더 가까웠다. 거의 모든 성인 노동자가 조수나 도제를 거느리고 있던 직종에서는 고용주와 노동자 사이에 경계선을 긋는 일이 쉽지 않았다.

---

8 Corn Laws, 곡물법은 중세 때부터 있었으나, 산업혁명 시기인 1815년에 제정된 곡물법이 가장 대표적이다. 그 해에 제정된 곡물법은 인구 증가, 나폴레옹전쟁, 산업혁명의 진전 등으로 곡물수요가 증대하고 곡가가 올라 폭리를 취한 지주들이 전쟁이 끝난 후 농업 불황이 발생하여 곡가가 폭락하자 자신들의 이익을 보호하기 위해 의회에 압력을 가해 통과시킨 것이다. 다수가 지주였던 의원들은 소맥(小麥) 가격이 1쿼터 당 80실링이 되기 전까지 외국산 소맥 수입을 금지시키는 곡물법을 제정했는데, 이에 대해 부르주아와 노동자의 불만이 고조되어 1839년에 영국의 산업 중심지 맨체스터에서는 리처드 코브든과 존 브라이트의 주도로 '반곡물법연맹'(Anti-Corn Law League)이 결성되었다. 점차 의회 내에서도 곡물법 반대 움직임이 커지자, 결국 토리당의 로버트 필 수상은 1846년 곡물법을 폐지했다.

랭커셔에서는 수많은 소(小)고용주가 조합비 수납 상자에 기부금을 넣었고, 셰필드에서는 고용주와 노동자가 해마다 2월 2일에 열리는 성촉일 만찬에 자리를 함께했으며, 토요일 밤마다 킹앤드밀러[9]에서 함께 술을 마셨다. 하지만 서부 지방에서는 양자 간의 단층선이 뚜렷했기 때문에 산업적 관계의 진전은 잦은 파업으로 중단되었다. 그러나 면공업지대와 금속공업지대의 경우 어디에서나 쟁점은 거의 같았다. 조합의 활동 방향은 누군가가 해당 직종에 진입하는 것을 규제하고, '정당하지 못한'(unfair) 노동자를 제압하고, 엘리자베스 치세에 제정된 여러 법률의 임금 관련 조항을 실행하도록 당국에 요청하는 것 등이었다.

시간이 지남에 따라 조직 노동자의 언어는 점차 귀에 거슬리는 어조를 띠기 시작했고, 1760년부터 탄전, 항구, 직물업 촌락은 종종 폭력의 무대가 되었다. 1765년에 타인 강 유역의 광부들은 이광증명서(離鑛證明書)[10] 도입에 반대하는 파업을 벌이면서 석탄을 끌어올리는 로프를 잘랐고, 발동기를 부수었으며, 지하의 석탄에 불을 질렀다. 1760년대 후반, 랭커셔에서 제니방적공

---

9 King and Miller, 숙박업을 겸하고 있던 술집 이름.
10 leaving certificate, 18세기 후반의 호황기에 탄광에 광부가 부족하게 되자, 탄광업자들은 고임금으로 광부들을 확보하려 했다. 하지만 광부들이 아무런 통고 없이 더 높은 임금을 주는 다른 탄광으로 이직함으로써 탄광 경영에 지장을 초래하게 되자, 탄광업자들은 이전의 고용주에게서 해고되었음을 입증해 주는 이광증명서를 지니지 않은 광부는 고용하지 않겠다는 협정을 체결했다.

폭동은 방적기와 작업장을 파괴하기에 이르렀고, 아마도 하그리브스와 아크라이트를 노팅엄으로 도망가게 했을 것이다. 1773년에 리버풀의 선원들은 당당하게 투쟁을 펼쳤다. 이때 그들은 (와즈워스 씨가 말하고 있듯이) '피의 깃발'(bloody flag)을 높이 내걸었고, 선주(船主)의 집을 약탈했으며, 대포를 화물 거래소 쪽으로 돌렸다. 하지만 그 같은 소요 모두가 조합의 존재를 증명하는 것으로 간주되어선 안 된다. 어떤 소요는 단지 굶주림이나 억압에 대한 자연 발생적 대응이었고, 그 배후 조직은 투쟁이 실패하거나 승리를 거둔 직후 곧 소멸했다. 그러나 숙련 기술 직종, 특히 수차공 사이에서는 조합이 꽤 지속적인 생명력을 가졌던 것으로 보인다. 18세기 말에는 우애조합이 왕성하게 성장했는데, 그 다수가 특정 직업을 기반으로 삼고 있었다는 점과 가장 눈에 띄게 발전한 곳이 성장하고 있었던 공장 생산 중심지(랭커셔, 요크셔, 라너크셔)였다는 점은 중요하다. 수력 방적공장에 고용된 여성과 아동은 너무 약했기 때문에 단결할 수 없었던 것이 사실이다. 그러나 1790년대에 공장에서 일하는 남성 제니방적공은 물론 뮬방적공이나 수직포공조차 강력한 조직을 건설했다. 이미 지방의 단체들은 공동 이익 의식에 이끌려 연합하고 있었고, 쟁의가 벌어 졌을 때에는 한 산업의 노동자들이 다른 산업의 노동자들을 지원하기 시작했다. 18세기 말에 노동조합주의는 더 이상 간헐적이고 임시적인 연합의 사안이 아니었다. 바야흐로 하나의 운동으로 등장하기 시작한 것이다.

200년도 전에 국가는 노동 통제 법규들을 만들었다. 하지만 그 법령들이 지금껏 거의 시행되지 않았음에도 치안판사에게 호소하는 것이 아닌 방법으로 임금 인상을 요구하는 것은 불법이거나 범죄로까지 여겨졌다. 조합이 수동적인 한 그런 생각은 바뀌지 않았으나, 쟁의 발생을 틈타 고용주가 해당 직종에서 노동자들의 결사를 제압할 수 있는 법 제정을 청원하는 경우가 종종 있었다. 18세기가 끝나기 전에 그렇게 제정된 법령의 수는 40건(하지만 전부 시행된 것은 아니었다)이 넘었다. 그리고 1799년 런던에서 수차공과 싸우고 있던 고용주들은 그런 종류의 법령을 또다시 요구하고 있었다.

영국은 그야말로 전쟁 중이었다. 지배계급은 조합이라는 가면 뒤에 '통신협회'[11]나 그보다 더 혁명적인 다른 단체가 있지 않을까 두려워했다. 그래서 윌버포스가 수차공 고용주들이 마련한 법안을 모든 직종의 노동자에게 적용해야 한다고 제안했을

---

11 corresponding societies, 여기서는 '런던통신협회'를 가리킨다. 런던통신협회는 프랑스 혁명의 영향을 받아 1792년 1월에 제화공인 토머스 하디의 주도로 노동자들이 창설한 조직이다. 프랑스의 정치적 급진주의자들인 자코뱅파와 교신하면서 영국 의회의 개혁과 보통선거권 획득을 목표로 내세웠다. 런던통신협회는 30명 단위로 지부를 조직했고, 회원들은 주당 1페니의 회비를 중앙위원회에 납부했다. 급진적인 정치사상가 토머스 페인(1737~1809)의 개혁사상에 공감한 제화공, 직포공, 양복공, 시계공 등 주로 수공업 장인들로 구성된 회원의 수는 한때 3,500명에 이르렀다. 그러나 영국 정부는 1794년 하디를 대역죄로 체포했고, 1799년엔 협회를 불법화했다.

때 반대가 적었다. 1799년의 법은 임금 인상이나 노동시간 단축을 얻어 내기 위해 다른 이들과 연합하는 자는 누구나 치안판사 앞에 끌려가 재판을 받고 3개월 징역형을 선고받는다고 규정하고 있었다. 치안판사가 고용주이거나 쟁의의 한쪽 당사자일 수도 있다는 생각이 들게 되자 반대는 거세졌다. 그래서 그 법안은 이듬해에 다른 법안으로 대체되었으나, 다른 법안도 본질적으로는 큰 차이가 없었다.

1800년의 결사금지법(Combination Act)은 영국의 노동조합운동사에서 부당하게 큰 조명을 받아 왔다. 도로시 조지 여사(Mrs. Dorothy George)가 보여 주었듯이, 그 법은 사실 거의 시행되지 않았다. 물론 그 부분적인 이유는 그 법이 부과한 형벌이 비교적 가벼웠기 때문이다. (저 유명한 1810년 《타임스》 식자공들의 경우처럼) 노동자들이 결사를 했다는 이유로 유죄 선고를 받았던 대부분의 사례에서, 기소 이유는 관습법상의 모의 또는 특정한 직종과 관련된 법령의 위반이었다. 사실 모든 법적 처벌 장치는 생각보다 효과가 덜했다. 19세기의 처음 25년 동안 많은 조합이 결성되었는데, 그중에 일부는 공개적으로 활동했고 이 조합들을 탄압하기 위해 취해진 기소 조치도 없었다.

결사금지법은 노동자뿐 아니라 고용주에게도 적용되었다. 이 시기 공업 회사들의 통신문을 본 사람이라면 누구나 고용주들이 걸핏하면 법을 위반했다는 사실을 의심할 수 없을 것이다. 그럼에도 임금을 낮추려는 고용주들의 모의에 대한 기소는, 설령 있었다 해도 아주 드물었다. 그 두 경우가 보여 주는 태도의 차이는 공정한 정신의 소유자들, 특히 애덤 스미스와 제러미 벤담의 교의에 감화된 이들에게 영향을 주지 않을 수 없었다. 젊었을 때 엄격한 그 법 때문에 고통을 받았던 채링크로스[12]의 양복공 프랜시스 플레이스(1771~1854)는 노동조합을 상대로 제기한 소송을 비난했다. 그는 1824년에 조지프 흄의 도움을 받아 노동자들이 관습법과 성문법 아래에서는 도무지 결사를 이루어 낼 수 없었던 상황을 타파하는 데 성공했다. 지하에서 활동해 온 수많은 조합이 즉시 밖으로 나왔다. 새로운 협회가 결성되었고, 또 1824년은 호황의 해이자 물가가 오르고 있던 해였기 때문에 임금 인상에 관한 수많은 요구가 쏟아져 나왔다. 이 모든 일로 인해 정치인들은 다시 생각하게 되었다. 법안 하나가 제출되어 1825년에 통과되었는데, 그것은 결사가 합법임을 인정하지만 다른 노동자를 괴롭히고 방해하고 협박하는 죄를 범한 것으로 보이는 노동자에 대해서는 처벌한다는 법안이었다. 이 법안의 모호한 조항들 각각이 무엇을 의미하는지를 결정하는 일은 이후로도 오랫동안 법정에 맡겨졌다.

1825년의 호황이 끝난 후 4~5년 동안 물가 하락이 뒤따랐는

---

12 Charing Cross, 템스 강에 가까운 런던 도심의 번화가. 인근에 트라팔가 광장이 있다.

데, 이때는 노동조합 활동이 불리한 시기였고 이 시기에 벌어진 파업의 대부분은 목적을 달성하지 못했다. 1830년대 초, 존 도허티와 로버트 오언의 지도 아래 여러 협회를 통합하여 전국노동조합대연합(Grand National Consolidated Trades Union)이라는 단일 조직을 결성하기 위한 계획이 추진되었다. 이 구상은 반세기 전에 있었던 공업가들의 제조업자총회 구상만큼이나 미숙한 것이었다. 오늘날 우리가 알고 있듯이 전국적인 조합은 그런 식의 급작스런 창안이 아니라 벽돌을 하나하나씩 쌓아 간 고통스런 과정을 통해 건설된 것이다.

모든 '근로 빈민'(industrious poor)이 자신을 보호해 주는 조직을 만들 수 있었던 것은 아니다. 저소득, 실업, 질병, 재난 때문에 자선에 의지할 수밖에 없었던 이들도 많았다. 이 시기에는 추하고 비참한 일들이 많이 발생했지만, 조나스 한웨이나 엘리자베스 프라이, 윌리엄 윌버포스처럼 이념상으로는 편협했을지 모르나 동정심에서는 관대한 남녀들도 나타났다. 공업가 대부분은 너무 자기 사업에만 정신이 팔려 있어 사회개혁에 적극적이지 않았다. 그러나 콜브룩데일의 리처드 레이놀즈처럼 자선으로 명성을 떨친 이들도 꽤 있었다. 그 밖에도 여러 사람들이 주고받은 편지는 교과서가 알려주는 것보다 더 많은 이타주의를 증언하고 있다. 정치가도 사회적 폐해에 전혀 무감각하지는 않았다. '위스키의

과도한 음용을 금지하기 위해,' 빈민 도제의 고용을 규제하기 위해, 스코틀랜드 탄전 지대에서 농노제를 폐지하기 위해, 노예무역을 금지하기 위해 여러 법령을 통과시킨 정부는 인류애가 결여된 어느 한 계급의 도구만은 아니었다.

하지만 일반적으로 빈민 구제는 개인이나 국가의 일이 아니라 임의단체의 일이었다. 공적 구제는 빈민생활개선협회(Society for Bettering the Condition of the Poor)나 무연고 소년을 부양한 선원협회,[13] 또는 버려진 아이와 부랑자를 돌본 박애협회(Philanthropic Society) 같은 단체에 의해 보충되었다. ('다 죽어 가는 사람을 회복시키기 위한') 왕립투신자구조협회(Royal Humane Society)가 담당한 재난이 있었다. 굴뚝청소유아생활개선협회(Society for Improving the Condition of the Infant Chimney-Sweepers)가 관심을 둔 다른 종류의 재난도 있었다. 소액 금전을 통한 구속자구제협회(Society for the Relief of Persons Imprisoned for Small Sums)는 또 다른 종류의 재난에 대응했다. 교육은 기독교지식보급협회(Society for the Propagation of Christian Knowledge)와 자선학교의 담당 영역이었는데, 나중엔 랭커스터의 단체들과 전국적인 단체들이 담당했다. 또한 폐하의반악선언실행협회(Society for Enforcing His Majesty's

---

13 Marine Society, 선원협회는 원래 선원이나 항해자를 위한 자선단체로서, 1756년 영국이 프랑스, 오스트리아 등과 벌인 7년 전쟁이 시작되었을 때 러시아 회사의 상인이자 여행가, 자선가이기도 했던 조너스 핸웨이가 자금을 출연하여 설립되었다.

Proclamation against Vice)는 간혹 '사회악'으로 불리던 영역을 특수한 담당 분야로 삼았다. 이러한 단체들 가운데 일부는 수도 런던에 국한하여 활동했으나, 지방에서는 산업과 신흥 도시의 문제점을 다루는 또 다른 단체들이 성장했다. 특히 맨체스터보건위원회(Manchester Board of Health)는 위생과 공장 개혁의 선구자였다.

산업혁명의 시기가 (적어도 좁은 의미에서) 개인주의의 시기였다고 주장할 수는 없어도 '자유방임'(laisser-faire)의 시대였다고 볼 수 있을 것이다. 이 불운한 용어는 수많은 정치적 논쟁 안에서 일종의 날아다니는 무기처럼 사용되어 왔고 급기야는 난사를 당해 너덜너덜해진 것처럼 보인다. 그러나 그 용어가 폐해의 별칭이 아니라 진보의 깃발에 새겨진 문구로 사용된 때가 있었다.

튜더왕조(1485~1603년)와 스튜어트왕조(1603~1714년)가 경제 관계에 대한 일관된 운영 계획을 갖고 있었다는 믿음은 좀처럼 흔들리지 않았다. 사실 두 왕조가 확립한 임금, 고용, 기술 훈련, 산업 배치, 물가, 상업 등에 관한 규제는 생각만큼 관대하지도 계몽적이지도 체계적이지도 않았다. 설령 그랬다 해도 17세기에 왕실 권력의 축소와 추밀원[14]의 약화는 통제 수단 중 적어도 그 일부가 녹슨 상태에 있었다는 것을 의미했다. 이와 동시에 더 광대한 시장, 더 정교한 기술, 더 전문화된 노동 형태의 출현은 세세하게 감독하는 일을 아주 어렵게 만들었던 게 분명하다. 내전이 없었고 명예혁명이 없었어도, 또한 새로운 계급이 정권을 잡지 않았어도 중앙정부의 지시는 무너질 수밖에 없었다는 것은 거의 확실하다. 산업혁명 이전 100년이 넘는 기간 동안 국가는 경제 분야에서 퇴보했다.

국가가 과거의 전선(前線)을 여전히 고수한 지점들도 분명히 있었다. 왕실의 특허를 받았기 때문에 계속 권세를 부린 특권 회사들(동인도회사 같은 무역회사와 핼럼셔의 칼상인조합(Cutlers' Company) 같은 규제 단체)도 여전히 존재했다. 또한 해외무역과 항해, 제국의 경제 관계 전체가 국가의 간섭을 받고 있었다. 일련의 경제 저술가들과 정치평론가들은 그런 체제의 외곽을 공격했다. 1776년에 애덤 스미스는 무너져 가고 있는 구조물 쪽으로 공격 방향을 돌렸다. 피트에 대한, 그리고 나중에는 윌리엄 허스키슨 같은 인물들에 대한 그의 영향력 덕분에 성벽에는 몇 개의 돌파구가 만들어졌다. 《국부론》은 여러 사건의 진행이 사람들의 마음속에 떠올리게 한 생각들을 탁월하게 표현한 책이었다. 이 책은 그 생각들에 논리와 체계를 부여했다. 국가의 명

---

14 Privy Council, 소수의 귀족으로 구성된 왕의 정치적 자문기구. 이 기구는 10세기 노르만 왕조 시대부터 있었으나 16세기 전반 헨리 8세의 치세 하에서 그 역할이 크게 확대되어 정책의 입안과 시행, 재정 관리, 외교와 통상, 식민지 문제 등에 이르기까지 왕권의 행사를 적극적으로 뒷받침했다. 그러나 17세기에 들어와 왕권이 약화되자 자연히 추밀원의 역할도 축소되고 그 힘도 쇠퇴했다.

령 대신 일반 대중들의 자발적인 선택과 행위를 지도 원리로 설정했다. 저마다 자신의 이익을 따르는 개인들이 자연과학의 법칙과 같은 비인격적인, 혹은 적어도 비개인적인 법칙을 만든다는 생각은 눈길을 끌었다. 또한 이 법칙이 분명 사회적으로 이익이 된다는 믿음은 산업혁명의 한 가지 특징인 낙관주의 정신을 자극했다.

하지만 경험이 가르쳐 준 바에 따르면, 산업사회는 공공 부문이 사회적 불안감을 주지 않고 작동하는 한 그 부문을 필요로 한다. 새로운 교의에 도취했던 애덤 스미스 추종자들 가운데 일부는 국가의 역할을 방위와 질서유지에 한정시키려 했다. 또한 자유방임을 경제에서 사회 일반으로 확장시켰다. 극단주의자들에게 힘을 실어 준 이는 토머스 맬서스였는데, 《인구론》(Essays on Population)은 산업혁명이 최고조에 다다랐을 때 출현했다. 그런데 그의 제자들 역시 스승이 설정해 놓은 한계를 인지하지 못했다. 만일 생계 수단이 늘어남에 따라 인구수도 항상 증가하는 경향이 있다면, 인류 전체의 생활수준 상승은 결코 가능하지 않을 터였다. 자선을 베푸는 일은 불에 기름을 붓는 것일 뿐이었다. 맬서스의 비관주의는 애덤 스미스의 낙관주의 못지않게 많은 이들로 하여금 무엇이건 그대로 내버려 두자는 편안한 태도를 갖게 했을 것이다. 그러나 다행히 대부분의 영국인은 상당한 분별력을 갖추고 있어서 추상적인 이론의 빛을 따라 걷지 않았으며,

앞에서 말했듯이 사람들의 행동은 그들의 이념이나 이론보다 훌륭할 때가 많았다.

아무리 잘 해 보려고 해도, 논밭과 오두막집에서 공장과 도시로 이전하는 일이 결코 순조로울 수는 없을 터이다. 입법기관이 물방적기가 방적사를 생산하는 것과 같은 속도로 법령을 만들었어도 여전히 사회적 혼란은 있었을 것이다. 왜냐하면 당시에 인구과잉과 비극의 상당 부분은 오늘날처럼 과학 발전이 행정 발전보다 더 빨랐다는 사실이 낳은 결과였기 때문이다.

케이 박사는 1832년에 "준비된 것들은 뒤늦게 효과를 발휘한다는 사실이 얼마간 무시되어 왔다"고 에둘러 말하면서, 그런 무시는 "인류애의 결핍에서 생겨나는 것이 아니라 기득권의 압력과 시간 부족에서" 생겨났다고 덧붙였다. 1802년과 1819년, 1831년의 공장법들 아래에서 경험이 입증한 것은 일단의 공장 감독관이 훈련을 받기 전에는 노동시간과 최소한의 노동조건을 법제화해도 거의 쓸모가 없다는 점이었다. 보건위원회의 경험은 의사를 비롯한 전문가가 대대적으로 보충될 때까지는 도시의 상태를 개선하기 위해 할 수 있는 일이 그다지 많지 않다는 것을 알려주었다. 커훈 같은 이들은 관리의 증원을 비난할지 모르지만, 당시에 공무원은 지금의 기준으로 볼 때 너무 적었고 지방 공무원은 거의 없었다. 정부기구 전체가 과감하게 개혁되고 양질의 공무원 집단이 등장하기 전까지 도시 지역의 생활은 누추

할 수밖에 없었다. 산업혁명이 일반인 남녀에게 충분한 보상을 해주지 못했다면, 그 실패의 책임은 경제 과정의 결함에 있는 것이 아니라 행정 과정의 결함에 있다.

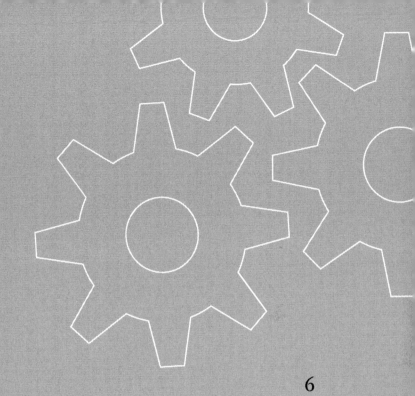

6

경제적 변화의 추이

산업혁명은 특정한 시기에 펼쳐진 사건이 아니라 하나의 운동
으로 보아야 마땅하다. 그 출현 시점이 잉글랜드에서는 1760년
이후인지, 미국과 독일에서는 1870년 이후인지, 아니면 캐나다와
일본과 러시아에서는 20세기인지 여부와 상관없이, 산업혁명의
성격과 효과가 근본적으로는 다르지 않다. 어느 곳에서나 산업
혁명은 인구 성장을 불러왔고 산업에 과학을 적용했으며 자본을
더 집중적이고 더 광범위하게 이용하게 했다. 그리고 모든 곳에
서 농촌 사회에서 도시 사회로의 전환과 새로운 사회계급의 출
현을 볼 수 있다. 그러나 각각의 경우 시간과 장소의 상황이 운동
의 경로에 영향을 주었다. 사실 영국의 산업혁명이 불러온 온갖
사회적 불안은, 제조업이 발달하지 못한 채로 남아 있었고 경제
형태의 변화가 없었다 해도 여전히 작동했을 (우리가 다 알고 있
는) 여러 힘들(forces)의 결과였다.

　그중에는 물가 변동이 있다. 18세기 전반 잉글랜드의 도매 물
가는 약간 하락하는 경향이 있었으나 안정적이었다. 1750년대 중
반과 1790년대 초 사이에 도매 물가는 약 30퍼센트까지 상승했
고, 1790년과 1814년 사이에는 거의 곱절로 올랐다. 이 시점부터
도매 물가는, 처음에는 급속하게 그 다음에는 점차 완만하게 하

락했다. 1830년이 되면 1790년에 비해 조금 낮은 수준에, 그리고 1814년에 비해서는 절반이 채 안 되는 수준에 도달했다. 분명히 이러한 물가 변동은 실제로 산업혁명에 어느 정도 책임이 있다. 왜냐하면 자원을 소비재 생산에서 산업 설비 생산 쪽으로 전용해야 하는 것이 산업혁명의 본질이었고, 그 전용이 가치의 변화 없이는 결코 일어날 수 없었기 때문이다.

1760년 이후 영국에서는 노동력의 상당 부분이 도로, 운하, 항만, 선박, 공장, 기계 등을 만들어 내는 데 사용되었고, 그보다 적은 부분이 음식과 음료, 신발과 옷, 가구와 집 등을 생산하는 데 사용되었다. 일이 순조롭게 진행되면 새로운 도구가 완제품의 생산량을 늘리고, 그러면 완제품 가격은 하락하게 되리라고 생각할 수 있다. 그런데 경제 과정에 차질을 빚어 낸 것은 정치적 사건들이었다. 그리고 산업혁명이 일반 소비자에게 더 풍부한 재화를 공급하는 모습으로 결실을 보게 된 것은 우리가 다루는 시기의 마지막 15년에 들어와서 나타난 일이다.

18세기 내내, 조폐국이 생산한 은화의 양은 적었지만 금화의 양은 점점 많아지고 있었기 때문에, 금속 화폐의 총량이 증가한 것은 거의 확실하다. 게다가 은행과 기업가들은 적극적으로 지폐와 어음을 유통시키려 했다. 1787년 이후 그 유통량은 정말이지 인플레를 유발할 정도의 비율로 크게 늘어났고, 또 국채의 증가는 적어도 어느 정도는 화폐 기능을 수행한 유가증권의 방대한 공급을 낳았다. 자연히 물가는 거세게 상승했다. 하지만 1815년 이후 정부와 은행은 화폐 유통량을 줄이기 시작했다. 1816~1817년의 불황기에 수많은 지방은행은 문을 닫아야 했고 물가 수준도 큰 폭으로 하락했다. 1820년대에 남아메리카 광산에서 귀금속이 수입되었지만, 유럽의 수요를 다 충족시키지 못했다. 그리고 1821년에 확립된 금본위제의 실행 조건은 지폐를 꾸준히 감축시켰다. 재화의 생산량이 증가했을 때 화폐 공급은 변함없거나 감소했는데, 이러한 상황에서 물가는 하락할 수밖에 도리가 없었다. 나라 밖의 상황도 영국에 영향을 주었다. 전쟁 기간 동안 수입품의 가격은 수출품 가격에 비해 높았다. 전쟁이 끝났을 때, 수입 원자재와 식료품(면화, 양모, 설탕, 차 등) 가격의 대폭적인 하락은 일반적인 물가 수준의 하락에 크게 기여했다.

물가 상승은 경제활동의 확대와, 물가 하락은 경제활동의 위축과 연관되는 경우가 많다. 하지만 1760~1814년 시기를 지속적인 번영의 시기로, 혹은 1815~1830년 시기를 지속적인 불황의 시기로 간주하는 것은 잘못이다. 어느 시기든 뚜렷한 부침이 있었고, 적어도 어떤 것은 기술 변화나 산업 변화와는 무관한 원인에서 비롯되었다.

몇 세기 동안 경제생활을 지배해 온 것은 토지 생산물이었고, 영국이 대부분 산업화되기 시작한 이후에도 곡물의 작황은 여전히 연중 관심사였다. 18세기 전반기 내내 곡물 수확은 대체로 양호했지만, (1709~1710년, 1727~1728년, 1739~1740년처럼) 악천후가 두 계절 동안 이어져 빵 가격이 급속히 오른 적도 있었다. 빈민은 소득의 대부분을 식량 구입에 사용하므로, 흉작에는 반드시 곤궁이 뒤따랐다. 흉작은 반드시 산업 불황을 수반하게 마련이라는 견해는 언뜻 보아서는 분명하지 않다. 하지만 당시의 많은 관찰자(엉망으로 시를 쓴 랭커셔의 팀 보빈[1]에서부터 스코틀랜드의 경제학자 애덤 스미스에 이르기까지)는 높은 식량 가격이 임금 하락과 일자리 부족을 불러왔다고 단언한다. 보통 사람들은 빵 구입에 더 많은 비용을 지출해야 하므로 옷이나 다른 상품을 사기 위해 남겨 둔 돈은 별로 없었을 게 뻔하다. 하지만 그에 상응하여 농업가나 지주의 수입이 많아졌으리라는 것도 마찬가지로 분명하다. 이들의 지출 증가는 사회의 나머지 사람들의 지출 감소를 상쇄했을 것이며, 따라서 산업 활동의 상황은 변함이 없었으리라는 주장은 비합리적이지 않을 것이다. 하지만, 비교적 부유한 지주와 농업가가 빈민이 원한 것과 똑같은 상품을 원하지는 않았을 것이라는 사실은 차치하고라도, 그들이 예기치 않은 수익의 상당 부분을 과연 소비했는지는 의심스럽다. 수많은 다른 시기와 여러 장소에서 나온 증거는, 수입이 증가하

---

1 팀 보빈은 랭커셔 출신의 풍자작가이자 화가인 존 콜리어(1708~1786)가 자신이 그린 풍자화에 붙인 서명(署名)이다.

면 저축 비율도 증가하는 경향이 있음을 시사해 준다. 그리고 그 것이 일반적으로 누구에게나 사실이라면, 농업가에게는 특히 사실일 것이다. 왜냐하면 (농업가를 알고 있던) 윌리엄 코빗이 말했듯이, "번 돈은 될 수 있으면 오래 간직하라"는 것이 농업가들의 격언이기 때문이다. 1756~1757년, 1767~1768년, 1772~1775년, 1782~1783년, 1795~1796년, 1799~1801년, 1804~1805년, 1809~1813년, 1816~1819년 같은 흉작의 시기에 통상적으로 경기 침체, 임금 하락, 실업이 뒤따른 것은 농업가의 꽉 쥔 손에서 구매력이 조금씩 빠져 나갔기 때문이다.

정부의 정책 방향은 농산물 가격을 충분히 높은 수준으로 유지하여 농업 경영에 이익을 가져다주는 것이었다. 일련의 법령 덕분에 곡물업자들은 외국과의 경쟁에서 보호받았다. 그리고 (1814년까지 효력이 지속된) 1689년의 곡물수출장려금법(Corn County Act)에 따라 국내 곡물 가격이 48실링을 넘지 않는 한, 수출되는 밀 1쿼터당[2] 5실링의 보조금이 지급되었다. 기근이 발생한 해에는 수출이 일반적으로 금지되고 무관세로 수입이 허용된 것은 사실이다. 그러나 그 같은 임시 조치들이 어느 정도는 기아를 해결했다고 해도, 흉작이 산업에 대해 어느 정도라도 악영향을 끼치는 것까지는 막지 못했다. 왜냐하면 수출액의 감소

---

2 quarter, 곡물의 무게 단위. 1쿼터는 8부셸. 1부셸은 약 36리터=약 2말.

와 수입액의 증가는 종종 환율 하락을 불러왔고, 이에 따라 신용 위축과 교역 침체를 낳았기 때문이다. 재정적 수단은 제아무리 정교한 것이라도 곡물 수확이 발휘하는 영향력을 제거할 수 없었다. 영국이 경제적 타격을 흡수할 수 있을 만큼 해외 자산을 보유한 채권국이 되기 전까지, 당면한 지불 차액이 발생시키는 결손은 무관심하게 방치될 수 없었다.

퍼셀 씨에 따르면, 18세기 동안 밀 경작지는 3분의 1 가량 확대되었고, 에이커당 소출량은 10분의 1가량 증가했다. 그러나 인구가 크게 늘었기 때문에 영국은 1770년대 중반 이후 더 이상 곡물 수출국이 아니라 거의 해마다 곡물 수입국으로 기록되었다. 영국이 외국에 의존하게 된 것은 곡물만이 아니었다. 차와 설탕 같은 식품은 물론, 면화, 아마, 양모, 비단, 목재 같은 원자재도 해외에서 들여왔다. 이제 영국인은 시장, 특히 직물과 철물 시장을 해외에서 찾았다. 1760년부터 1785년까지 해마다 수출량은 적절히 증가했다. 그러나 산업혁명이 활기를 띠게 되자 해외 판매, 특히 유럽 대륙 국가를 상대로 한 판매는 눈부시게 증가했다. 곡물 수입이 불안 요소 하나를 얼마간 누그러뜨리는 역할을 했다면, 이렇게 국제무역에 대한 의존이 커진 것은 또 하나의 불안 요소였다. 게다가 1780년대 중반부터 이전에 비해 훨씬 높아진 잉글랜드 노동자들의 소득과 고용은 해외에서 벌어지고 있는 일들에 좌우되었다. 1792년, 1799년, 1802년, 1809~1810년,

1815년, 1824~1825년의 호경기는 대체로 수출 증대와 관련이 있었고, 1793년, 1811년, 1816년, 1819년의 불경기는 수출 감소와 관련되어 있었다. 호경기에서 불경기로 전환하는 과정은 때때로 급작스러웠다. 또한 런던의 상사들과 해외 금융기관이 밀접하게 연계되어 있었다는 것은 유럽이나 아메리카에서 불어오는 역풍이 드물지 않게 경제 위기를 불러왔다는 것을 의미했다.

이와 동시에 국내의 투자 파동은 고용의 동요를 낳았다. 화폐 가격이 낮고 기대 이윤이 높을 때, 기업가는 산업 설비를 창안하거나 원료 비축을 증강하는 일에 노동자를 고용했다. 그리고 이런 작업에 고용된 이들은 더 많은 수입을 얻어 지출했기 때문에 소비재를 생산하는 회사도 더불어 번영했다. 하지만 얼마 지나면 자금 수요의 증대가 이자율을 끌어 올렸다. 이윤에 대한 기대치는 낮아졌고 투자의 진행은 중단되었다. 시장 이자율의 상승이 곧바로 일반 제조업 회사에 반작용했다고 생각해서는 안 된다. 앞서 살펴보았듯이, 일반적인 면방적업자나 제철업자는 대개 스스로 자금을 융통했다. 그들은 즉각적인 수익을 생각하지 않고 아껴 둔 것을 모조리 자신의 사업에 재투자했다. 그러나 농업, 건축업, 건설업에서 화폐가치의 변화는 더없이 중요했다.

벽돌이 가옥과 공장의 건축뿐 아니라 탄갱 시굴이나 운하와 교량 건설에도 널리 사용되었기 때문에, 벽돌 생산량의 변동은 광범한 분야에 걸쳐 경제활동의 변화를 알려주는 지표가 되었다. 섀넌 씨가 보여 주었듯이, 벽돌 생산량은 이자율의 등락에 따라 (약 1년 뒤에) 늘고 줄었다. 또 경제의 한 부문에서 소득이 오르거나 낮아지면 다른 부분에서 그에 일치하는 변동을 낳았기 때문에, 호경기의 조건이나 불경기의 조건은 일반적인 것이 되었다. 건설업 활황기가 (1792년, 1810년, 1815년처럼) 동시에 풍작과 수출 증대의 시기였을 때는 크게 번영했고, 이러한 여건이 마련되지 않았을 때는 심각한 불경기가 찾아왔다.

고용 변동을 자주 불러오고 훨씬 더 자주 증폭시킨 것은 정치적 힘들이었다. 산업혁명기 대부분 동안 영국은 전쟁 중이었다. 몇 가지 중요한 측면에서 보면, 18세기 사람들이 현대인보다 더 세련되었다고 할 수 있다. 영국인과 프랑스인 사이에 민간 교류는 양국이 대치하고 있는 상황에서도 중단되지 않았다. 또한 양국 정부는 아직 국민 생활을 통제하는 방법을 몰랐기 때문에, 두 나라 사이에 벌어진 전쟁은 오늘날 우리가 알고 있는 총력전이 결코 아니었다. 인명과 선박의 손실은 정말 심각했지만, 이를 제외한다면 물리적 파괴는 크지 않았다. 가장 심각한 손실을 불러온 것은 경제 체제의 왜곡과 사회적 관계의 혼란이었다.

1756~1763년의 전쟁은 물가와 이자 상승, 실질임금 하락, 그리고 선박 건조와 제철에 대한 과도한 부추김을 불러왔다. 게다가 그 전쟁은 식민지와 벌이게 될 분쟁의 씨앗이었는데, 그 씨앗은 상업에 악영향을 주어 1775년의 재앙을 불러왔다. 미국과 전쟁

이 발발한 후 8년 동안, 수입과 수출 모두 심각하게 줄어들었다. 이때가 18세기 중 유일하게 장기적인 침체기였는데, 그 기간에는 이자율의 상승과 국내 투자의 감소도 두드러졌다. 더 거대한 전쟁 전야인 1792년에 와서야 비로소 콘솔공채 이율은 1775년 수준으로 복귀했다. 하지만 1780년대 후반의 평화 시기에는 건축과 공공사업이 활발하게 이루어졌다. 그리고 1792년에 호경기의 모든 징후들이 나타났다. 이듬해 초, 노동자 수요가 크게 증가하여 국내 각지의 농업가들은 추수기 동안에는 운하 굴착 작업에 노동자를 고용하는 것을 금지해 달라고 의회에 요청할 정도였다. 그렇지만 오늘날 우리가 알고 있는 경기순환에 비추어 볼 때, 분명히 경기 후퇴는 다가와 있었다.

이 해에 프랑스와 전쟁이 발발함에 따라 공황이 찾아왔고, 그 공황의 본질적 특징은 (모든 금융 공황의 특징이 그러하듯이) 심각한 현금 부족이었다. 미래를 걱정하고 있던 사람들은 돈을 비축하기 시작했다. 상인은 해외 송금을 받을 수 없었고 국내 고객에게 신용대출을 계속할 수 없었다. 은행엔 예금 지급 청구가 쇄도했고, 파산과 거리가 멀던 수많은 상사들도 주화와 지폐의 부족 때문에 무너졌다. 정부는 상인들에게 재무성 증권 형태로 대부해 줌으로써 이 사태에 대처했고, 거래는 짧은 시간 안에 정상으로 회복되었다. 하지만 곧바로, 이번엔 정부가 재원 부족으로 곤경에 빠졌다. 공채가 발행되었고, 그 수입금 대부분은 해외에서 사용되었다. 해외에 있는 군대의 유지비와 동맹국 오스트리아에 대한 대규모 대출의 필요성 탓에 환율이 하락했다.

프랑스는 아시냐[3]라는 새 화폐의 실험으로 시련을 겪은 후 금 본위제로 복귀했고, 안전을 위해 런던에 보관되어 있던 은행 잔 고는 급기야 프랑스 본국으로 송환되고 있었다. 주화와 지금(地 金)의 유출이 너무 컸기 때문에 1797년에는 잉글랜드은행을 지 폐와 금의 태환 의무에서 벗어나게 할 필요가 있었다. 현금 지불 의 유예 이후, 잉글랜드은행이건 지방은행이건 어음 할인 제한 을 강요받지 않았으며, 이에 따라 곧 통화량은 팽창했고 물가 수 준은 상승했다.

1810년에 스털링화[4]의 가치는 상품으로 환산하는 경우뿐 아니 라 외국 통화나 금으로 환산하는 경우에도 하락한 게 분명했다. 인플레이션의 책임이 잉글랜드은행에 있느냐 아니면 개인은행에 있느냐를 둘러싸고 당시에도 상당한 논란이 있었고, 그 후엔 더 많은 논란이 벌어졌다. 사실 그 책임은 돈을 빌려 그 빌린 돈을 지

---

3 assignat, 1789년 프랑스혁명이 발발하여 제3신분 중심으로 국민의회(Assemblée Nationale)가 결성되어 헌법 제정을 비롯한 개혁 작업을 추진했을 때, 국민의회는 그 해 11월 2일 가톨릭교회의 재산을 몰수하여 매각하는 한 편 교회 재산을 담보로 아 시냐라는 새 화폐를 발행했다. 그러나 아시냐의 화폐가치는 계속 하락하여 1789년 에 1아시냐가 100리브르(아시냐 이전 프랑스 화폐 단위)의 가치를 지녔으나 1794년에 는 8리브르로 추락했다.

4 sterling, 통상적으로 영국의 화폐(주로 파운드)를 지칭하는 이름이며 금액 뒤에 stg.라는 약칭으로 부가된다. 예컨대 '£500 stg.'는 '영국 화폐 500 파운드'라는 뜻이다.

출함으로써 민간이 소비할 수 있는 상품의 양과 균형이 안 맞게 대중의 화폐 소득을 증가시킨 정부에 있었다. 전쟁 수행에 얼마간 인플레이션이라는 수단이 필요하다는 것은 오늘날 일반적으로 인정된다. 만일 정치가들이 프랜시스 호너와 1810년의 지금위원회(Bullion Committee)에 참여한 동료들의 충고에 따라 이 시기에 금본위제로 복귀했다면, 물가가 폭락하여 수많은 실업자가 생기고 전쟁 수행은 위태로워졌을 것이다. 실제로는 물가 상승이 이윤을 증대시켰고 또 임금이 생활비보다 더디게 올랐기 때문에 노동자의 생활수준은 하락했다.

정부의 차입은 적잖이 중요한 또 하나의 효과를 발휘했다. 영국이 평화로웠던 1792년에 콘솔공채의 이율은 3.3퍼센트였다. 5년 후 그 이율은 5.9퍼센트로 올랐다. 3.3퍼센트였을 때의 이율이나 그에 근접한 이율로 돈을 얻을 수 있었을 때 착수된 많은 계획들은 차입 비용이 증가하면서 더 이상 지속될 수 없었다. 자본은 개인 용도에서 공적인 용도 쪽으로 비껴갔고, 산업혁명의 진전은 몇몇 부문에서 다시 한 번 멈췄다. 군함과 군복을 비롯한 군수품 지출은 선박 건조, 철과 구리와 화학제품의 제조, 그리고 모직물 산업의 몇몇 부문을 자극했다. 그러나 면직물업과 철물 제조업과 도자기 제조업을 비롯한 산업의 발전은 가로막혔다. 전쟁의 초기 국면에 건축은 대대적으로 감소했으나, 1801~1803년의 평화가 경기회복을 불러옴으로써 1804년부터 1815년까지 건설업은 (물론 주택 건설은 아니었지만) 상당히 높은 수준을 유지했다.

　해외무역 역시 과거의 전쟁에 견주어 타격을 덜 받았다. 수출은 1793년에 감소한 후, 거의 뒷걸음치지 않은 채 1802년 평화기의 호황에 도달했다. 전쟁의 재개는 뚜렷한 경기 후퇴를 수반했다. 그러나 6년간의 무역량은 불만족스러운 것이 아니었고, 1809~1810년에는 다시 한 번 호경기가 있었다. 영국의 시장을 봉쇄하여 영국을 굴복시키려 한 나폴레옹의 시도는 실패로 돌아갔다. 물론 서유럽에 대한 직접 수출 길은 끊겼다. 그러나 영국 무역은 헬골란트 섬과 몰타 섬을 전진기지로 삼아 유럽 대륙의 심장부에 침투했고, 서인도제도와 미국과 남아메리카에 대한 수출도 증가했다. 하지만 1810년에 오스트리아가 프랑스와 강화할 수밖에 없었고 또 네덜란드가 프랑스에 합병되었을 때, 무역 항로 일부가 폐쇄되었다. 그리고 이듬해, 미국과 무역을 중단케 한 통상금지법[5]으로 인해 영국의 수출량은 대폭 감소했다. 그러나 1812년 러시아의 참전은 나폴레옹의 대륙 봉쇄 체제를 끝장냈다. 그리고 아메리카와 해전을 벌였음에도, 해외무역

5　Non-Intercourse Act, 1809년 3월 미국 의회는 1807년에 제정한 '입출항금지법(Embargo Act)'을 '통상금지법'으로 대체했다. 통상금지법은 영국과 프랑스 경제에 타격을 주기 위해 두 나라의 항구로 항행하는 것을 제외하고는 미국 배의 운항 금지를 해제한 것이었다. 그러나 이 법은 1812년 영국과 전쟁을 불러왔을 뿐 아니라 오히려 미국 경제에 손해를 입히는 등 '입출항금지법'과 마찬가지로 효과가 없었다.

은 1813~1814년에 변함없이 양호했고 전쟁이 끝날 때엔 절정에 다다랐다.

영국은 한 나라에서 다른 나라로 수송 중인 상품을 위해 오랫동안 창고 보관 시설을 제공해 왔다. 전쟁 중에 주된 정책 목표는 특히 프랑스령 서인도제도의 상품을 런던으로 우회하게 한 다음 그것을 재선적하여 유럽이나 다른 지역으로 수송하는 것이었다. 1790년 영국 수출품의 26퍼센트가 외국산 상품이었다. 1800년에 그 비율은 44퍼센트였고, 1814년에도 여전히 36퍼센트로 높은 수준이었다. 그러므로 높은 수준의 전체 수출량은 해외시장을 추구하던 산업이 모두 잘 돌아가고 있었음을 의미한다고 말하는 것은 잘못일 것이다. 특히 면직물 직공과 못 제조공의 상황은 전쟁의 형세가 바뀔 때마다, 그리고 정치적 전술이 변할 때마다 동요했다. 그러나 전반적으로 영국은 일터에 있는 국민과 함께 난관을 돌파해 나갔다. 일반인에게 전쟁의 대가는 흔히 전쟁이 진행 중일 때보다 끝났을 때 더 커지는 법이다.

1814년 4월 나폴레옹이 퇴위하고 엘바 섬으로 유형을 당했다. 몇 달 동안 영국 산업은 드높아지는 낙관주의의 물결을 타고 있었다. 이자율은 하락했고, 빵 가격은 떨어졌으며, 수출과 내수 용품의 생산 모두 고조되었다. 그러나 1815년이 끝나기 전에 호경기는 무너졌다. 산업이 아직 평화 상태에 적응하지 못했을 때, 젊은 남성 30만 명이 군사 동원에서 해제되어 노동시장에 쏟아졌다(구빈법 보고서는 이들 중 다수가 맞이했던 비운을 웅변해 준다). 영국 상품에 대한 유럽의 수요는 감소했고, 정부 지출은 반 토막 났다. 상인과 공업가는 조만간 화폐가치가 물가 하락의 경우에만 유지될 수 있는 수준으로 돌아가리라는 것을 알고 있어 마음이 무거웠다. 개인 투자는 쇠퇴했고 실업은 만연했다. 1816~1817년의 흉작으로 식량 가격이 치솟았고 공산품 수요는 감소했다. 1818년에 확실히 상황은 나아졌다. 이자율 하락, 정부 지출 회복, 양호한 곡물 수확, 활성화된 해외시장, 활발해진 국내 건설 등은 단기간의 호경기를 가져왔다. 하지만 그 후 3년은 그만큼 순조롭지는 않았다. 그리고 1821년이 되어서야 유휴자본과 실업의 시대(오늘날 우리가 말하는 재조정과 디플레이션의 시대)는 종식을 고했다.

이 몇 년 동안의 경험 탓에 많은 사람에게 그 시기의 기술적·경제적 변화의 진정한 성격은 모호해졌다. 전쟁이 산업혁명의 목적을 방해했던 것과 마찬가지로, 평화가 회복되었을 때의 상황은 그것의 완성을 지연시켰다. 고난과 더불어 계급적 감정과 원한이 증대했다는 것은 의심의 여지가 없다. 이는 대체로 자본가와 노동자의 충돌에서 나온 것이라기보다 조세 증가의 부담을 누가 지느냐에 관한 견해의 대립에서 나온 것이었다. 주로 지주를 대변한 의회는 전쟁 수단으로 부과되었던 소득세의 폐지와 곡물 관세의 인상을 요구했다. 농업 계급은 이미 토지세, 십일조,

구빈세 등의 납부를 통해 공공시설과 교회 시설 비용의 상당 부분을 부담하고 있다는 주장이 나온 것은 터무니없지 않았다. 또한, 이보다는 정당성이 덜 하지만, 지주는 정치적 봉사를 하기 때문에 국가로부터 특별한 배려를 받을 자격이 있다는 주장도 제기되었다. 1815년의 곡물법은 국내의 밀 가격이 1쿼터당 80실링 이하인 경우엔 외국에서 들여 온 밀을 재분업자에게 방출하지 못하도록 했는데, 이 법은 전쟁(제조업자들이 자신의 생산물을 더 싸게 팔아야만 했고, 화폐 임금은 하락하는 경향이 있었을 때)이 낳은 가격 체계와 지대 체계를 농업가를 위해 유지하려 한 법이었다. 사실 밀의 국내 가격이 80실링에 이르는 일은 거의 없었다. 곡물법의 결함은 곡물 가격을 시종일관 높게 유지하려한 데 있는 것이 아니라, 기근 시기에 사람들이 아사 상태에 이를 때까지 해외로부터의 구제를 금지한 데 있었다.

이러한 재정적인 불공정성은 제쳐두더라도, 노동자들의 불만에는 그만한 이유가 있었다. 토머스 페인과 윌리엄 코빗의 가르침을 받은 일부 노동자는 정치적 지위를 갖고 있지 못한 것에 분개했고, 다수의 노동자는 경험을 통해 결사금지법이 자신들의 협상력에 제한을 가하고 있다는 것을 배웠다. 18세기 내내 벌어진 폭동은 풍토병과도 같았다. 광부와 선원, 조선공과 부두 노동자, 그리고 런던에 있는 다양한 업종의 직인들은 거듭해서 연장을 내려놓았고, 창문을 박살냈으며, 자신들에게 적대적인 자들의 인형을 만들어 불태웠다. 이 무렵 수많은 사건에서는 노동절 시위의 쾌활함 같은 것이 있었다.

　그러나 1820년대의 소요에서는 더 심각하고 더 소란스리운 목소리가 들렸다. 소요 참가자는 주로 공장 직공이 아니라 구산업 체계에 속한 노동자였다. 요크셔의 절모공(croppers), 노팅엄의 편직공, 랭커셔의 수직포공이 그들이었다. 불완전 고용과 영양 결핍 상태에 있었던 사람들은 자신들이 불행하게 된 원인을 굳이 꼼꼼하게 이론화할 필요가 없었고, 이들이 자신들의 입에서 빵을 빼앗아 간 기계를 부수어야 하는 것은 충분히 자연스러운 일이었다. 사실 실업 중에는 기술 변화가 야기한 부분이 있었다. 그러나 폭동의 연대기는 분쟁의 진정한 이유를 보여 준다. 1811년에, 그리고 1817년에 다시 한 번 정치적 사건과 흉작이 불경기를 불러왔을 때, 러다이트들[6]이 미들랜즈에서는 양말 짜는 기계를, 북부에서는 역직기를 파괴했다. 굶주리고 실업 상태에 있던 블랭키티어들[7]이 맨체스터의 아드윅그린에서 음울한 행진

6　Luddites, 기계를 파괴한 수공업 노동자를 가리키는 이름이다. 1811년 노팅엄셔, 더비셔, 리스터셔의 양말공들이 시작하여 요크셔, 랭커셔의 모직물공에게 확산된 기계 파괴 운동은 정부의 강력한 처벌에도 불구하고 1818년까지 간헐적으로 계속되었다. '러다이트'라는 이름은 기계 도입을 비난하는 수공업 노동자들의 공개편지에 '러드왕'(King Lud) 혹은 '네드 러드'(Ned Lud)라는 서명이 붙여진 데에서 유래한다. 러드는 '~님' 혹은 '주인'이나 '경'(卿)이라는 뜻이다.

7　Blanketeers, 수백 명의 맨체스터 실직 노동자들이 1817년 3월에 왕에게 탄원하기 위해 런던까지 행진을 시작하면서 노숙을 위한 '담요'(blanket)를 지참한 데에서 유래한다.

을 시작한 것은 1817년이었다. 그리고 다시 한 번 빵이 귀해지고 산업 활동이 침체된 1819년, 랭커셔의 노동계급 개혁가들이 세인트피터 광장에 모였고, 또 고통을 당했다.[8] 탄압에 관한 내무부 첩자와 악명 높은 6개법[9]에 관한 이야기는 너무 많이 회자되었기 때문에 여기에서는 되풀이하지 않겠다. 겁먹은 정치가들과 무능한 정부의 존재는 이 불행한 시절에 적지 않은 불운이었다.

1820년대 초에 여러 조건이 잘 맞물려 대단한 번영을 낳았다. 통화는 금을 토대로 안정되었고 풍년이 잇따랐다. 허스키슨과 그의 동료들은 적극적으로 관세를 내리고 소비세를 인하했으며, 사업과 무역의 장벽을 제거했다. 규제를 철폐한 개혁 정책은 통제에 지쳐 있던, 그리고 간섭하지만 말아 달라고 요구하던 사람들의 눈에는 괜찮아 보였다. 국채의 상당 부분이 5퍼센트 이

---

8 급진적인 개혁 정치가 헨리 헌트의 연설을 듣기 위해 맨체스터의 세인트피터 광장에 수많은 군중이 모이자, 그 지역의 치안판사가 나폴레옹의 프랑스 군과 워털루에서 싸웠던 정규군 기병대를 동원하여 헌트를 체포하고 군중을 해산시키려 했다. 무장 기병대는 평화롭게 연설을 듣고 있던 군중 사이로 돌진했고, 이 과정에서 11명이 사망하고 수백 명이 부상당했다. 영국인들은 민중에 대한 정부의 이 유혈 진압을 워털루 전투에서 거둔 영국군의 승리에 빗대어 '피털루의 학살'(Massacre of Peterloo)이라고 불렀다.

9 Six Acts, 피털루의 학살 이후에 영국 정부가 제정한 악법들. 이 법들은 치안판사에게 50명 이상이 모이는 집회 및 악대(樂隊)와 깃발을 동원한 모든 행진과 훈련을 금지할 수 있는 권한을 부여했고, 무기가 있는 것으로 의심되는 집을 수색하여 무기 소지자는 누구든 체포할 수 있는 권한도 부여했다(물론 이는 하층민에게만 적용되었다). 또한 1부당 6페니 이하의 신문이나 팸플릿에 4페니의 세금을 부과했는데, 이는 윌리엄 코빗이 발간한 2페니짜리 신문《레지스터》(Register)같이 당시 노동자들이 즐겨 읽던 신문이나 팸플릿의 발행과 구독을 통제하려는 의도였다.

자율에서 4퍼센트 혹은 3.5퍼센트 이자율로 바뀌었다. 1820년에 콘솔공채 이자율은 4.4퍼센트였고, 1824년엔 3.3퍼센트였다. 거의 빈세기 동안 5퍼센트를 유지했던 은행 이자율은 1822년에 4퍼센트로 내렸다. 그러나 은행 이자율은 여전히 시장 상황을 반영하지 못했으며, 1825년 처음 몇 달 간 단기대출 이율은 2.5퍼센트에 불과한 수준에서 자리 잡았다.

랭커셔와 스코틀랜드에서는 공장이 유례없는 속도로 건설되었고, 1821년과 1825년 사이에 벽돌 생산량은 곱절 넘게 늘어났다. 제철공장은 가스 사업과 수도 사업에 필요한 배관을 생산하고 교량과 철도에 필요한 부품을 만들어 내느라 바빴다. 면화와 양모를 비롯한 여러 원료의 비축량이 늘어났다. 해외무역은 팽창했다. 또한 이제 해외 수출품 중에서 재수출품은 16~17퍼센트에 불과했으므로, 해외무역의 성장은 거의 전적으로 산업 생산 증대의 결과라고 할 수 있었다. 1823년에 조지 캐닝이 해방된 에스파냐 식민지들을 승인한 것은 무한한 무역 기회를 마련해 준 것처럼 보였기 때문에 이 지역에 대한 자본 수출은 호경기에 큰 역할을 했다.

이윤에 대한 높은 기대는 1825년에 한바탕 투기성 계획들을 낳았다. 이런 계획 중 다수가 가짜였고, 본디 건전했던 또 다른 계획은 기대한 것만큼 충분하거나 신속한 보상을 가져다주지 못했다. 소득과 물가가 상승했기 때문에 환시세는 하락세로 돌아

섰으며, 국내외에서 금은 거의 동시에 고갈되었다. 개선책이 요청되었다. 이자율은 상승했고 신용은 위축되었다. 물가는 하락했고 실업은 늘어났다. 1826년의 불경기, 1827년의 경기회복, 1828년의 번영, 그리고 1829년과 1830년의 음울함과 농업 불황을 세세하게 이야기할 필요는 없을 것 같다. 1820년대의 소용돌이와 그 역풍은 그때 이후 19세기의 수십 년 동안 여러 번 잉글랜드를 휩쓴 바람들과 동일한 성질을 띠었다.

산업혁명의 선장들은 변화무쌍한 바다를 항해해 나갔다. 그들이 맞닥뜨렸던 수많은 난관은 본인들이 자초한 것임이 분명하다. 항해자들 중 일부는 진짜 바람과 가짜 바람을 구별할 줄 몰랐으며, 그들 모두가 안전하게 돛을 펼 때나 신중하게 돛을 접을 때를 알고 있었던 것은 아니다. 또한 선원의 상태를 충분히 숙고한 것도 아니었다. 이런 이유로 선구자들은 종종 재난을 당했다. 그러나 주요한 난관은 기술이나 열정의 결핍에서 비롯된 것이 아니라(용기 부족에서 나온 것도 아니라는 것은 확실하다) 자연의 힘과 정치적 변화의 흐름에서 나왔다. 수확이 한결같이 괜찮았다면, 정치가들이 안정적인 화폐가치 기준과 적절한 교환 기준을 마련하는 데 주목했다면, 물가를 올리고 이자율을 높이고 자원을 파괴한 전쟁이 없었다면, 산업혁명의 경로는 더 순탄했을 것이며 그 결과는 지금처럼 논쟁거리가 되지 않았을 것이다.

이 결과 중 일부가 해로웠다는 것은 인정되어야 한다. 토머스 퍼시벌과 제임스 와트의 노력에도 불구하고, 맨체스터와 버밍엄의 하늘은 연기로 어두워져 갔고 도시 생활은 우중충해 졌다. 올덤이나 빌스턴 같은 비교적 작은 공업도시는 전반적 분위기가 거칠어 졌다. 도시는 서서히 성장했어야 좋았다. 연구자가 자료를 구하기 위해 들춰 본 책들의 바로 그 본문이 입증하고 있듯이 취미 활동의 쇠퇴도 있었던 것으로 보인다. 그렇다고 모든 게 다 손실은 아니었다. 잉글랜드는 변신에 능하다. 울타리를 치고 있던 지주와 농장주는 잉글랜드의 면모를 우아하게 일신했다. 초기의 공업가도 농촌의 매력에 무감각하지 않았다. 크롬퍼드와 밀러스 데일의 아름다움은 아크라이트의 사업으로도 거의 해를 입지 않았고, 고이트 가문과 볼린 가문의 곧게 쭉 뻗은 산책로도 올드 노와 그레그 가문에 얼마간 빚진 것이었다. 공산품조차 전혀 아름답지 못한 것으로 여겨지지 않는다. 텔퍼드의 앵글시 다리, 웨지우드와 스포드의 도자기는 그렇지 않다고 외치고 있다. 설령 대규모 산업이 수공업 기술과 공예를 그늘지게 했더라도, 그것들을 파괴한 것은 결코 아니었다.

산업혁명이 노동자에게 미친 영향에 관해선 많은 저술들이 있다. 기계에 맞선 투쟁에서 굴복한 사람들의 운명에 깊은 인상을 받은 어떤 저자들은 기술 변화는 고통과 가난 말고는 거의 아무 것도 갖다 주지 않았다고 선언했으며, 어느 저명한 통계학자는 기록에 근거하여 19세기 초 영국 노동자의 생활수준이 아시아 수준으로 추락했다는 의견을 내세웠다. 하지만 그 통계학자는 한 세대 이상에 걸친 연구가 산출한 통계를 안 본 것 같다. 길보이 여사의 신중한 연구는, 18세기 동안 남부와 서부의 모직물 산업 지대에 있던 노동자의 물질적 만족도는 실제로 하락했으나 북부의 직물업 지대에 있던 노동자의 처지는 꾸준히 개선되었고 런던에 있던 노동자의 상태는 그 이상이었다고 지적한다. 1793년 이후에 물가 상승이 수많은 빈민을 더 빈곤하게 만든 것은 사실이다. 그러나 (실버링 교수가 보여 주었듯이) 전쟁 종식 전에 잉글랜드의 공업 임금 상승은 소매 물가 상승을 바짝 뒤쫓았고, 1820년대에는 그것보다 앞섰다. 1831년의 생활비는 1790년보다 11퍼센트 올랐으나, 그 사이에 도시 노동자의 임금은 43퍼센트 정도까지 올랐던 것으로 보인다.

산업혁명이 그저 부자를 더 부유하게 빈자를 더 빈곤하게 만들었다면, 그것은 정말 이상한 일이었을 것이다. 왜냐하면 산업혁명으로 생겨난 상품은 대개 사치품이 아니라 필수품과 자본재였기 때문이다. 자본재가 소비자에게 열매를 가져다주기까지 시간이 걸렸다는 점은 이미 언급한 바 있다. 그러나 1820년대에 전쟁의 영향은 사라졌고, 이제 손에 넣을 수 있게 된 면직물과 모직물 그리고 식량과 음료를 몇몇 소수가 아니라 대중이 소비하게 되었다. 공장과 제철소의 생산물 중에 일부는 해외로 보내졌지만, 되돌아온 화물은 주로 와인이나 비단이 아니라 대체로 일반인을 위한 설탕, 곡물, 커피, 차 등이었다.

영국의 수출품 가격이 수입품 가격보다 더 빨리 하락했다는 의견에 대해서는 해외 농업에서는 생산비를 감소시킨 혁명이 없었고 영국의 해외 대출 역시 무역 조건을 불리하게 바꾸는 데 기여했을지 모른다는 둥 말들이 많았다. 그러나 그 같은 영향들은 1820년대에 실질임금이 예상보다 낮았던 이유를 설명해 줄 수는 있어도, 그 이후의 시기에 관해서는 별 효력이 없는 것으로 보인다. 노동자의 음식은 확실히 나아졌다. 호밀과 귀리는 '밀가루'로 대체되었다. 보기 드물었던 육류는 감자와 함께 수공업 직공의 식탁에서 메인 요리가 되었다. 탄광에서 나온 석탄이 모조리 용광로와 증기기관에 공급된 것은 아니었다. 따뜻한 난로와 따뜻한 식사는 일터에서 젖은 채로 집에 돌아 온 사람에게는 적지 않게 소중했다.

1802년에 조지 차머스는, 노동계급은 "병사의 얄팍한 수입을 탐낼 만큼 빈곤하지 않았으며, 또 선원이 범하는 위험을 자초하기에는 너무 독립적"이었다고 언급했다. 수많은 부랑자와 빈민이 존재했던 것은 명백한 사실이지만, 신구빈법이 실행되기 전에도 "곤궁하고 궁핍한" 무리는 아마 줄어들고 있었을 것이다. 노동시간은 길었고 휴일은 거의 없었다. 공장 취업이 젊은이의 건강과 도덕에 유해했다는 증거도 상당히 많다. 어떤 정치 지도자는 최근 '산업혁명이 가져온 기계화의 공포'에 관해 말한 바 있는데, 더 깊은 광산과 더 복잡한 기계가 신체를 훼손시키고 죽음에 이르게 하는 새로운 위험을 가져왔다는 것은 틀림없다. 그러나 이 모든 것은 중공업분야 노동자의 과로 감소, 그리고 셰필드 같은 지역에서 동력이 사용된 후에 뒤따른 장애인과 불구자의 감소 등과 함께 보아야 한다. 또한 여성과 아동에 대한 착취의 감소, 가족 수입의 증대, 더 한층 정기화된 임금 지불, 공업 노동이 가정에서 제외된 데 따른 복지 증대 등도 분명히 있었다.

　주택 사정이 더 나아지고 있었는지 나빠지고 있었는지는 판단하기 어렵다. 그것은 대개 비교되는 시기에 달려 있다. 농촌의 공장주가 노동자에게 마련해 준 숙소는 (크롬퍼드, 멜로어, 스티얼 같은 지역에) 오늘날까지도 많이 남아 있다. 그것들은 잘 설계되었고 균형도 잡혀 있으며, 현대의 기준으로 봐도 쾌적함과 편리함 면에서 부족하지 않다. 그러나 이 가옥들은 건축 재료가 풍부하고, 임금이 상대적으로 낮았고, 돈이 비교적 풍부했을 때 건설된 것들이다. 1793년 이후, 발트 해 연안 국가들로부터 목재 수입은 제한되었고, 벽돌공과 목공의 임금은 올랐다. 적어도 주택 임대료의 3분의 2가 이자 부담이 큰 돈이었다. 이자율은 상승하고 있었으며, 한 세대 이상 동안 여전히 높았다. 이는 노동자가 지불할 수 있는 임대료로 마련된 주택은 1780년대의 주택보다 확실히 더 작았고 내구성도 떨어졌다는 뜻이다. 급속히 증가하는 도시 주민들은 등을 맞대고 늘어서 있는 부실 주택 안으로 떠밀려 들어갔는데, 이런 집들은 대체로 전시 상황의 산물이다.

1815년 이후, 아일랜드인들이 북부의 항구와 도시로 무리 지어 들어와 본능적으로 모여 살게 되자 사정은 더 악화되었다. 1830년대 중반에 맨체스터통계협회(Manchester Statistics Society)의 조심스런 추계는 맨체스터에 사는 가구의 6분의 1이 아일랜드인이었고, 움막집 거주자의 비율은 11.75퍼센트라고 결론을 내렸다. 본래 아일랜드인이 많았던 리버풀의 경우, 주민의 15퍼센트 이상이 움막에서 살았다. 그러나 산업혁명의 특수한 창조물이었던 신흥 도시에서는 사정이 훨씬 덜 가혹했다. 아일랜드인이 거의 없었던 (또한 수직포공이 거의 없었던) 베리에는 주민의 3.75퍼센트만이, 그리고 애슈턴언더라인에는 1.25퍼센트만이 그런 집에서 살았다. 조사원들은 이 지역의 노동자 주택은 도시의 주택보다 덜 밀집해 있을 뿐 아니라, 가구도 더 좋고 청결 상태도 더 양호하다고 보고했다.

'산업혁명의 재앙'이라고 표현한 역사가가 있다. 만일 그가 1760~1830년의 시기는 전쟁으로 어두웠고 기근으로 음울했다는 의미로 그 문구를 사용했다면, 반대할 수 없을 것이다. 그러나 만일 그가 기술 변화와 경제 변화 자체가 재난의 원천이라는 의미로 사용했다면, 그 견해는 단연코 부당하다. 이 시대의 중심 문제는 이전의 어느 때보다 훨씬 수가 많아진 아동 세대를 어떻게 먹이고 입히고 일하게 하는가의 문제였다. 아일랜드도 같은 문제에 직면했다. 이 문제의 해결에 실패한 아일랜드는 1840년대에 인구 5분의 1가량을 이민이나 기아, 질병으로 잃었다. 만일 잉글랜드가 여전히 농민과 수공업자의 국가로 남아 있었다면, 똑같은 운명에서 결코 벗어날 수 없었을 것이며, 또 아무래도 인구 증가의 무게가 잉글랜드 활력의 원천을 짓눌렀을 것이다.

잉글랜드를 구출한 것은 지배자들이 아니라, 자신만의 협소한 목적을 추구한 것이 분명하지만 새로운 생산 도구와 새로운 산업 경영 방법을 창안할 만한 지혜와 자질도 갖고 있었던 사람들이었다. 오늘날 인도와 중국의 평원에는 질병과 굶주림에 시달리는 남녀들이 낮에는 함께 일하고 밤에는 따로 잠자는 가축들보다 외견상 거의 나을 게 없는 삶을 살아가고 있다. 그 같은 아시아의 생활수준과 기계화되지 않은 그런 공포는 산업혁명을 거치지 않고 인구수만 늘리고 있는 사람들의 운명인 것이다.

1997년판 서문

T. S. 애슈턴이 영국 산업혁명에 관해 짧긴 하지만 대단히 세밀한 책을 출간한 지 반세기가 지났다. 이후 몇 십 년 동안 경제사 연구 방법과 서술 방법에서 중요한 변화가 나타난 것은 당연한 일이다. 새로운 자료의 발견, 증거에 대한 더 치밀한 이용, 역사가들의 관심 이동, 컴퓨터 활용 등이 '산업혁명사 다시 쓰기'를 크게 자극했다. 국민소득 성장률, 자본 형성, 산업 생산량과 생산성 등에 대한 평가 방식에서도 발전이 있었다. 이제 우리는 인구 변화에 관해, 그리고 사회와 문화에 미친 산업화의 충격에 관해 훨씬 더 많이 알고 있다. 생활수준, 정치사상과 정치적 신념, 가정과 개인 생활 등에 관해서도 더 많이 알게 되었다. 또한 오늘날 우리는 흔히 영국 산업화의 역사를 글로벌한 비교의 맥락 안에 위치시키려 한다.

최근의 문헌을 탐독한 독자라면 누구든 애슈턴의 분석 중에 일부가 이제는 시대에 뒤떨어졌고 오해마저 불러온다는 사실을 알 것이다. 그러나 더 놀라운 것은, 50년이 지났어도 학생은 물론 전문가들도 여전히 애슈턴의 분석에서 자극을 받고 있다는 점이다. 독자라면 누구나 훗날 논쟁거리가 된 많은 문제를 이미 다루고 있는 이 책의 진가를 인정할 수 있고, 보다 최근의 (항상 생산적이지는 않은) 논쟁으로 명료해진 주요한 인과적 요인과 사회문화적 요소에 대한 애슈턴의 명쾌한 분석에서 통찰을 얻을 수 있다.

애슈턴은 1899년에 애슈턴언더라인(Ashton-Under-Lyne)에서 신탁저축은행을 경영한 지배인의 셋째 아들로 태어났다.[1] 애슈턴은 1968년 퇴임하기까지 런던경제대학(London School of Economics)의 경제사학과 학과장을 맡기도 했지만, 교수 생활 대부분은 맨체스터대학에서 보냈다. 북서부 공업지역에서 검소한 비국교도 중간계급으로 성장한 배경은 그의 역사 연구에 깊은 흔적을 남겼다. 실용적이고 실제적인 접근법, 이해하기 쉽고 겸손한 스타일, 비국교도 및 산업과 금융의 역사에 대한 주된 관심, 경제적 자유주의, 변화하는 시대에 추방당하고 가난해진 사람들에 대한 관심 등이 그런 흔적들이다. 이러한 배경과 특징을 지

---

1 그의 전기에 관한 정보는《국민전기 사전; 보충판 1961~1970》(Dictionary of National Bibliography, Supplement 1961-1970, 1972)에서 인용한 것이다. 애슈턴 항목은 D. C. 콜맨이 집필했다.

넸기에 애슈턴의 저서는 대부분의 동시대인의 것과는 거리가 있었다.

애슈턴의 책이 역시 눈에 띄는 이유는 그가 대단히 명료하게, 그리고 누구나 이해할 수 있게 해야 한다는 열정을 갖고 글을 썼기 때문이다. 일찍이 노동조합 조합원을 가르쳤을 때의 경험 때문인지는 몰라도, 그는 전문 연구자가 아니라 더 광범한 청중을 상대로 글을 썼다. 그는 옥스퍼드대학 출판부에서 출간되고 있던 '국내 대학 근대 지식'(Home University of Modern Knowledge) 시리즈²의 한 권으로 이 책을 출판하기로 결정했다. 제1차 세계대전과 제2차 세계대전 사이에 그리고 제2차 세계대전이 끝난 후에 발간된 덴트출판사의 에브리맨(Everyman) 총서나 펭귄북스 총서처럼, 그 시리즈의 목적은 '관심 있는 일반 대중'에게 석학들의 연구 성과를 접할 수 있게 하는 것이었다. 고등교육이 팽창하기 전인 1940~1950년대에, 관심 있는 대중은 꽤 많았고 그들의 욕구는 끝이 없었다. 그의 책이 이런 독자들을 겨냥했다는 점에서 애슈턴은 동시대의 엘리트 역사 교수 대부분과 달랐다. 알기 쉽게 부담 없이 '산업혁명'을 접할 수 있다는 점에서도 그의

---

2 정식 명칭은 '국내 대학 근대 지식 총서'(Home University Library of Modern Knowledge) 시리즈이다. 이 시리즈는 대중을 상대로 비문학 분야의 책들을 출간하기 위해 기획되었고 1911년에 그 첫 권이 나왔다. 버트런드 러셀, 이사야 벌린, 해럴드 라스키를 비롯한 당대의 석학들이 저자로 참여했다. 1928년부터 옥스퍼드대학 출판부가 시리즈 출판을 맡았다.

책은, 이 주제를 다루고 있지만 폐쇄적이고 협소한 전문 독자를 대상으로 삼고 있는 오늘날의 저술 대부분과도 현저히 다르다.

애슈턴의 독자층과 스타일은 그의 저서를 접근하기 쉽게 만들고 있고 또 대부분의 학술 문헌의 경우보다 훨씬 더 즐거운 독서를 할 수 있게 해주지만, 1차 자료와 2차 자료에 대한 주석과 인용이 없다는 점은 오늘날의 학자들을 감질나게 한다. 그의 저서엔 특히 망투, 클래펌, 언윈, 핀치벡, 히턴, 길보이, 워즈워스, 망 같은 이들의 초기 작업에서 영향을 받은 명백한 흔적이 있고, 서문에서는 빌스, 피셔, 콜리어, A. H. 존, 로스토에게 빚지고 있다고 인정한다. 또한 누구나 그의 저서 여러 장(章)에서 의회 보고서, 기업 서류, 가족 문서 같은 원사료들이 활용되고 있음을 확인할 수 있는데, 일반적으로 채탄업과 제철·제강업 같은 산업 조직, 상업 신용, 기업의 사회적·종교적 배경 등에 관한 논의에서 가장 분명히 드러난다. 그러나 애슈턴과 그의 선배 동료들이 겹치는 지점을 비교적 분명하게 확인할 수 있다는 점은, 역사적 분석과 역사적 계보에 대한 학습이라는 면에서 매우 유익하고 흥미로울 것이다. 또한 1830년까지 "점점 더 다루기 힘든 단일한 노동시장"(192쪽)이 출현했다는 애슈턴의 발언처럼, 좀 더 논쟁적이고 지지를 받지 못하고 있는 몇 가지 발언의 출처를 조사해볼 수 있다는 점도 유익할 것이다.

1990년대 말에 《산업혁명》을 읽고 충분한 이득을 얻으려면,

애슈턴이 분석한 문제들이 이후의 연구에 의해 얼마나 수정되었거나 뒤집어졌는지를 고찰해 볼 필요가 있다. 많이 인용된 서론의 한 구절에서 애슈턴은 "잉글랜드의 면모는 변했고" 그 변화는 "'산업'에만 국한된 것이 아니라 사회적이고 지적인 것이기도 했다"는 점을 의심하지 않고 있다(23쪽, 25쪽). 여기에서 연속성과 점진주의를 강조하는 경향을 보이는데, 이는 정치적·사회적·문화적 사건이나 변화와 동떨어진 거시경제 지표와 경제문제에 집중해 온 최근의 경제사와는 차이가 있다. 애슈턴은 경제 과정의 특징이 급격한 변화가 아니며, 산업혁명은 길고 긴 자본주의 발전 과정에서 그저 하나의 단계일 뿐 마지막 단계는 아니라는 점을 인식했다. 그럼에도 그의 설명은 18세기 말~19세기 초 잉글랜드에서 나타난 경제와 사회의 혁명적 변화에 관한 논의로 가득 차 있다. 바로 이 점 때문에 그의 책은 매우 흥미롭게 읽힌다.

인구 성장의 성격과 충격 두 가지 모두 애슈턴이 설명하고 있는 중심 테마이며, 그것들은 그의 연구 이후 몇 십 년 동안 전문적 연구자들한테 지대한 관심을 받아 왔다. 애슈턴은 "인구수의 증가를 이끈 것은 사망률의 하락이었다"고 인정하는데, 그의 입장은 생활수준과 식량 보급의 개선 그리고 특히 천연두 예방접종 같은 의약의 개선에 관한 연구들에 의해 몇 십 년 간 지지받았다. 하지만 E. A. 리글리와 R. S. 스코필드의 획기적인 저서《잉글랜드 인구사, 1541~1871》(The Population History of England,

1541-1871, 1981)는 400곳이 넘는 교구 등록부에 대한 치밀하고
도 공세적인 연구를 통해 그 문제에 관한 견해를 뒤집었다. 두 사
람의 결론은 18세기 인구 증가를 설명할 때 출생률의 변화가 사
망률의 변화보다 2.5배나 더 중요하다는 것을 보여 준다. 리글리
와 스코필드처럼 몇몇 학자들은 조혼 비율과 만혼 비율을 주로
실질소득의 변화와 연계시키고 있고, 또 다른 학자들은 그 비율
을 고용 기대치와 실제 고용의 추이, ('농민'과 전혀 다른) 프롤레
타리아의 인구 구성, 이민, 젊은이의 사회적·성적 자유의 확장
등과 연계시키고 있다. 하지만 리글리와 스코필드는, 겉으로 드
러나지는 않지만 사망률이 개선되었다는 점을 과도하게 평가절
하하고 있는 것 같다. 우리는 도시가 농촌보다 사망률이 훨씬 높
았고, 주민 수가 5천 명 이상인 도시에 살았던 인구는 1670년에
는 13.5퍼센트, 1770년에 21퍼센트, 1801년에 27.5퍼센트였다는
사실을 알고 있다. 그러므로 1680년 무렵부터 1820년까지 평균
적으로 총 잔여(殘餘)수명이 6년이나 연장되었다는 사실은 주목
할 만하다. 출산율의 변화는 전체적인 인구 증가를 산정할 때 총
계의 차원에서 중요해 보일 수 있다. 그러나 인구가 도시에 몰리
기 쉬웠고 도시에서 사망자가 많았다는 점에 유의한다면, 지금
우리가 애슈턴에게 매우 중요했던 사망률의 개선을 다시 강조하
는 쪽으로 돌아가고 있는 모습을 보고 있다는 점은 그리 놀랍지
않다.

산업의 초기 형태들을 다룬 2장에서 애슈턴은 공장제 이전 제조업의 성격을 검토하고 있는데, 이 주제는 특히 원산업화 (proto-industrialization, 널리 산포되어 있던 농촌 가내수공업의 역동적인 효과를 특징으로 하는 초기 국면의 산업화)라는 개념을 숙고하고 있는 역사가들에게 면밀한 연구 대상이 되어 왔다. 애슈턴은 근대 초에 제조업 활동은 제도적으로나 사회적으로 비교적 제약이 많던 도시의 환경에서 벗어나 있었다고 언급했고, 농촌적인 가내생산 형태가 보여 준 '당혹스러울 정도의' 다양성과 유연성을 강조했다. 그렇게 함으로써 그는 1970~1980년의 산업혁명 연구가 주목하게 될 소재들을 크게 부각시켰다. 애슈턴이 숙고했던 고용주와 노동자의 관계도 마찬가지였다. 도구와 설비의 공급, 현물 임금과 '장기 지불제' 임금의 성격, 하청, 중개인, 채무, 횡령, 가족적 생산 단위, 실업 등도 그런 소재였다. 애슈턴이 농촌 제조업, 그리고 소득 및 소비 지출의 광범한 증가와 운송 기반시설 및 금융 기반의 확충, 이 두 가지 모두를 촉진했거나 지체시켰을지 모를 산업화와 농업 변화의 관계에 대해 상대적으로 관심을 쏟지 않은 것은 오늘날의 독자가 보기엔 뜻밖이다. 물론 산업화에 대한 농업의 순수 기여도에 관해선 논쟁이 치열한데, 이 문제에 관한 문헌은 1948년보다 지금이 훨씬 풍부하다.

애슈턴이 잉글랜드 산업화의 또 하나 중요한 요인으로 강조한 것은 비교적 값싼 자본이다. 그는 18세기 후반에 이자율 하락이 광산과 운하, 공장, 주택 건설을 촉진했고, 이것이 아마도 경제발전 속도를 높인 가장 중요한 유일한 요인이었을 것이라고 주장한다. 오늘날 우리는 19세기의 자본 공급에 관해 더 많은 것을 알고 있다. 나폴레옹전쟁 시기에 민간 투자가 어느 정도 쇄도했는지에 관해서도 알고 있다. 산업자본 시장이 지리적으로나 사회적으로 파편적인 성격을 띠고 있다는 점에 관해서도 마찬가지다. 공업가와 상인에게는 개인 단위의 계약과 가족 단위의 계약이 중요했고 이자율이 변동할 때엔 장기 신용대출이 중요했는데, 이런 것들이 제조업자가 길고 긴 이익 환수 기간을 견뎌 나가는 데 도움을 줄 수 있었다는 점도 잘 알고 있다. 오늘날 전국 수준의 이자율 지표는 자본의 공급과 비용의 보여 주는 지표로서는 (적어도 공업의 경우엔) 애슈턴이 주장한 것보다 쓸모가 별로 없는 것 같다.

기술혁신에 관해 서술한 3장은 어떤 면에서는 좀 낡은 방식인데, 거기엔 농업 생산과 공업 생산에서 이루어진 주요 기술혁신의 목록과 위인들의 약전(略傳)이 실려 있다. 훗날의 연구는 주로 이름 없는 이들이 무수히 많은 수정을 통해 혁신을 실현하거나 더 효율적으로 만들었다는 점을 강조했고, 또 생산 방법의 혁신만이 아니라 생산품 혁신과 디자인의 중요성에도 주목하기 시작했다. 하지만 애슈턴 본인은, 발명이란 재능 있는 개인의 성취물이 아니라고 강조했다. 혁신은 경제적 과정일 뿐 아니라 사회적·문화적 과정이었고, 전반적으로 그만큼 많은 위인을 보유하고 있거나 수요와 공급이 활발하게 움직인 사회의 산물이었다고 주장했다. 조지프 슘페터의 모델과 나중에 시몬 쿠즈네츠와 조엘 모키르가 다양하게 확장시킨 접근법에 따라, 애슈턴은 혁신 활동에 영향을 준 요인들을 고찰하고 있다. 자본 공급, 전쟁, 평화, 경기순환, 산업 관계, 병목현상 등을 비롯하여 가장 중요한 것일 수 있는 법체계와 사적 소유권 보호 제도를 유심히 살펴본 것이다. 특히 제철업과 면직물업에서 혁신 활동의 경제적·사회적 의미에 관한 애슈턴의 설명은, 산업공정 변화의 기술적 측면은 물론 새로운 지역 집중과 신상품의 등장도 강조함으로써, 이후의 연구를 선취하고 있는 하나의 고전적 견해가 되어 있다. 경제적 요인과 사회적 변화의 연결을 강조하는 방식으로 연구를 심화한다면 지금도 유익할 것이다.

시간 간격 문제와는 별개로, 각각의 경우에 그 [혁신의] 결과가 노동을 자연자원이나 자본으로, 자본을 노동으로, 아니면 어느 한 종류의 노동을 다른 종류의 노동으로 대체하는 것이었는지 아니었는지를 밝히는 일은 중요하다. 왜냐하면 발명이 증대시킨 부가 생산요소 사이뿐 아니라 서로 다른 사회계급 사이에서도 어떻게 분배되었는지를 결정한 것은 바로 그것이었기 때문이다.(147쪽)

운하 건설의 중요성 및 고조된 혁신 활동의 시의 적절성과 충격을 언급하는 위 문단은 애슈턴의 날카로운 스타일을 잘 드러내 주는 고전적인 사례다. 그는 겨우 한두 문장으로 수많은 통찰을 서술하는 능력을 지녔다.

자본과 노동을 다룬 4장에서 애슈턴은 기업 구조와 기업가 문화를 탐구한다. 잘 알려져 있듯이, 그는 기업가의 노력과 자본축적, 특히 퀘이커교 같은 비국교회 종교 등의 관계를 강조하는데, 이는 수많은 후속 연구를 자극했다. 또한 상업에서 나타난 신용거래의 변화 문제에 관해서도 적지 않은 관심을 쏟고 있다. 환어음 활용, 은행의 성장, 증권거래소와 어음 중개업의 발흥 등이 거기에 해당한다. 이 맥락에서 표출된, "새로운 시간 감각은 산업혁명의 두드러진 심리적 특징 가운데 하나였다"(157쪽)는 애슈턴의 견해는 신용과 자본 회전율에 관한 연구뿐 아니라 노동 규율, 사회적 저항, 문화적 가치와 지형 등에 관한 광범한 후속 연구로도 이어졌다.

노동자에 대한 애슈턴의 입장은 산업의 팽창과 변화에 관한 일반적 논의와 결합되어 있다. 그가 글을 쓰고 있을 때는 (안타깝게도) 노동사와 계량경제사가 저마다 융성하기 전이었고, 1960년대부터 나타난 사회사와 경제사의 유해(有害)한 분리가 심화되기 전이었다. 생산이 집중된 부문에서 이루어진 노동자의 충원과 조직, 통제에 관한 그의 논의는 여러 면에서 시드니 폴라드가 쓴《근대적 경영의 기원》(Genesis of Modern Management, 1965)을 예고하고 있다. 애슈턴은 노동통제와 공장 규율의 발전은 "기술혁신 자체만큼이나 산업혁명의 일부였다"(161쪽)는 점을 강조한다. 이 견해는 계속 지지를 받았다. 산업노동자를 위한 주택과 사회 시설의 제공 문제를 설명할 때, 애슈턴은 노동력 부족과 초기 공장의 외딴 위치 같은 경제적 불가피성도 거론하지만, 주로 이타주의와 자선이라는 동기를 강조한다. 역사 분석에서 계속 발전시켜야 하는 사회적 통제나 헤게모니 같은 개념은 전혀 언급하지 않고 있다. 남성과 여성의 경험을 구분하려는 시도도 없다. 그것은 1970년대부터 여성사가 성장하고 젠더 개념이 채택된 후에야 이루어졌다. 일찍이 1930년에 아이비 핀치벡이 여성 노동의 변화에 관한 풍부한 자료를 제공했으나, 애슈턴을 비롯한 동시대의 학자들은 그것을 충분히 활용하지 않았다.

애슈턴은 어린 노동자의 곤경, 그들의 "태만과 난잡함, 타락"(149쪽)에 동정심을 느꼈으나, 그런 노동자들은 여전히 익명의 대중으로 남아 있으면서 공업 엘리트나 상업 엘리트와 비교된다. 이 점에서 기록이나 목소리 없는 자들에 대한 그의 태도에는 나중에 '아래로부터의 역사'(history from below)를 낳게 할 만한 징후는 없으며, 또한 시장 시스템에 내재하는 불평등이나 분배의 비효율성에 대한 그 어떤 질문도 없다. 따라서 애슈턴은 해먼드 부부와 (그를 런던경제대학에 오게 한) 리처드 헨리 토니 같은 기독교사회주의자의 전통, 또는 잉글랜드 근대사 연구에 중요한 토대를 마련한 영국 공산당 역사가 그룹의 전통과는 전적으로 다른 전통을 대표한다. 존 클래펌의 모델에서 경험주의와 경제적 자유주의의 전통을 대표하는 애슈턴은, 그 전통 안에서 사회문제에 대한 공감과 비교적 충실하게 사회경제 생활 연구를 통합시킨 접근법을 조화시키고 있다. 물론 애슈턴은 급속한 산업 변화와 도시화가 해로운 결과와 악용(惡用)들을 낳았고 번성시켰다는 것을 인정하고 증언했지만, 대다수 인구의 생활수준에 미친 변화의 충격을 포함하여 산업화가 끼친 단기적 효과와 장기적 효과 모두에 관해서는 대체로 낙관론을 폈다. 이 점에서도 그는 클래펌의 뒤를 따랐다. 1830~1840년대의 의회 조사에서 남성 고용은 물론 여성과 아동 고용에 관한 악용 사례가 드러났는데, 애슈턴은 이 악용들 다수가 경제발전의 결과로 소멸하고 있었다고 주장했다. 게다가, 노동 규율이나 벌금이나 악용은 "대규모 산업이 가져다준 수입 증대를 위해 노동자가 지불해야 했던 대가"(188쪽)였다는 것이다. 또한 그는, 변화가 엄청난 고통을 가져온 것으로 보이는 곳에서는 외부 요인이나 시장 메커니즘에 대한 간섭을 강조했다. 비교적 최근 몇 십 년 동안 애슈턴의 시장 지향적이고 근대화 중심적이고 진보적인 분석 틀에 대해선 찬반이 엇갈렸으나, 그 틀은 현재 성행하고 있는 분석과 오히려 잘 어울린다. 예컨대 수직포공의 점진적 쇠퇴에 관한 애슈턴의 논의는,

공장 생산으로 이행이 서서히 이루어졌고 빈민 구제 조항과 이민 탓에 한층 고통스러운 것이었음을 시사한다. 20세기 후반 영국에서 구조조정과 높은 실업 상태의 개선이 더딘 것과 관련하여 오늘날 이와 동일한 요인이 강조되고 있다.

아주 짧은 5장에서 애슈턴은 경제 변화의 사회적·문화적·정치적 측면을 부각시키고 있다. 그는 산업혁명 시대의 특징이 자기중심적이고 탐욕스런 개인주의의 발흥이라고 보는 통념을 공격한다. 산업혁명의 특징은 연합, 공동체, 자발성이라는 이상과 그 실천임을 강조하지만, 또한 공업가와 고용주의 연합이 양육한 담합, 가격 조작, 독점도 증언한다. 노동자의 집단의식을 표현한 수많은 형식들은 비교적 간략히 언급되어 있다. 중간계급 기업가들 및 그들의 문화와 조직의 역사는 애슈턴 시대 이후 수많은 연구의 주제가 되었으며, 조직 노동자의 역사는 최근까지 잉글랜드 사회사의 주류를 이루었다. 따라서 애슈턴이 언급한 관심사들은 20세기 후반 잉글랜드 산업화의 사회사에 관한 여러 연구를 지배하게 되었다. 5장의 마지막에는 '자유방임'(laisser-faire)의 범위와 영향력에 관한 무색무취하고 모호한 견해가 담겨 있다.

마지막 6장에서는 주제별 접근이 아닌 연대기적 접근을 통해 물가와 생산량의, 통화와 자본 공급의 장기적인 변동을 고찰하고 있다. 이 장에는 놀랍게도, 하지만 국내 수요 문제가 소홀히 취급되어 온 것을 반사하듯이, 산업화에서 외국무역의 역할은 거의 개진되어 있지 않으며, 해외 상업의 팽창 이면에 놓여 있던 요인들에 대한 분석도 충분하지 않다. 경제사 문헌을 지배해 온 지속적인 전통 속에서, 애슈턴은 생산과 공급 측면의 변화를 연구하는 역사가의 면모가 뚜렷했다. 오늘날에는 공급 측면의 변동을 반영할 뿐 아니라 산업화 과정의 추진력으로도 보이는 소비 패턴과 소비 습관의 변화에 더 큰 관심이 쏟아지고 있다. 식량과 원료를 값싸게 수입하여 공급하고 타지(他地) 투자에서 이윤을 창출하는 외국무역의 경제적 역할을 고려한다면, 역시 애슈턴의 분석은 아주 제한적이다. 예컨대 노예무역은, 에릭 윌리엄스의 고전적인 저작 《자본주의와 노예제》(Capitalism and Slavery)가 1944년에 출간되었음에도, 전혀 언급하지 않고 있다. 이 문제들에 관해선 이후에 많은 토론과 연구가 이어졌다. 특히 거기에서 다루고 있는 주제에 관한 오늘날의 연구와 비교해 볼 때 6장은 역시 놀라운데, 왜냐하면 계량적 증거가 거의 포함되어 있지 않기 때문이다. 충분한 자료를 이용할 수 있었음에도, 또 그렇게 했다면 일반적 변화를 더 확실히 이해할 수 있게 보여줄 수 있었음에도 그래프도 없고 도표도 없다. 여러 전쟁의 시기가 미친 영향이 강조되고 있는 것처럼, 농업 생산량과 공업 생산량 모두의 주기적 위기, 투자와 고용의 주기적 위기가 강조되고 있다. 나폴레옹전쟁의 경제적·사회적·정치적 효과는 애슈턴의 주요 관심사였다. 넌지시 가정하는 투로 그는 이렇게 말한다.

정치가들이 안정적인 화폐가치 기준과 적절한 교환 기준을 마련
하는 데 주목했다면, 물가를 올리고 이자율을 높이고 자원을 파괴
한 전쟁이 없었다면, 산업혁명의 경로는 더 순탄했을 것이며 그 결
과는 지금처럼 논쟁거리가 되지 않았을 것이다.(235쪽)

그런 다음 주민 대중의 생활수준에 미친 산업화의 영향 문제
로 돌아간다. 이 문제는 20세기의 경제사가들 사이에 가장 신랄
하고 매우 이데올로기적인 논쟁을 불러일으켰다. 이 장에서 신
중한 낙관론을 보여 준 애슈턴은 역시 계량적 증거를 많이 제시
하지 못하고 있지만, 문학적 상상력과 결합된 치밀하고 논리적
인 추론 모델과 그 시대의 진보에 대한 일관된 신념이 잘 드러나
있다.

T. S. 애슈턴은 내가 런던경제대학에 입학하기 12년 전인
1968년에 퇴임했고, 그해에 세상을 떠났다. 그의 영향력은 이후
몇 십 년 동안 이 대학에 강하게 남아 있었고, 그와 전혀 다른 토
니 교수의 전설과 섞여 묘하지만 자극적인 혼종적(混種的) 분위
기를 만들어 냈다. 우리는 애슈턴이 과거의 경제적·사회적 관계
를 이해하려 할 때는 경제 분석의 제1원리를 참조해야 할 필요
가 있다고 강조한 것을 특히 열심히 배웠다. 나로서는 너무 늦게

입학하여 "예리하고 요령 있는 질문이 랭커셔 지방의 억양으로 자욱한 담배 연기를 뚫고 점잖게 건네진"[3] 애슈턴의 유명한 세미나를 경험할 수 없었지만, 나와 같은 세대의 모든 경제사가들은 그가 쓴 책을 읽고 그의 스타일에 익숙해지면서 그의 영향 아래 성장했다.

1996년 리버풀
팻 허드슨

---

3 앞의 사전, p. 37.

참고문헌

1996년에 개정한 이 문헌 목록의 목적은 오늘의 독자에게도 여전히 가치 있는 예전의 문헌 그리고 비교적 최근의 연구 동향, 이 둘에 대한 안내자 역할을 하기 위한 것이다. 특히 최근의 저서들 및 역사와 전기(傳記)에 관련된 주석을 방대하게 포함하고 있는 연구에 관한 길잡이가 되고자 한다. 따라서 이 목록을 더 폭넓은 독서를 위한 발판으로 삼을 수 있을 것이다. 이 목록은 이 책의 이전 판본들에 실려 있는 최초의 문헌 목록과 수정된 문헌 목록을 대체하는 게 아니라 보완하는 차원에서 정리했다. 지은이 애슈턴이 몰두한 경제적·사회적 변화의 여러 측면들에 대한 이해를 확장시켜 주는 저작들을 특히 중점적으로 소개했다. 애슈턴 시대 이후 새로운 논쟁과 쟁점을 포함하고 있는 중요한 단행본이나 논문도 중요하게 취급했다.

영국의 산업화

영국 산업화의 다양한 측면을 강조하는 몇몇 중요한 저작이 20세기 초반에 출간되었는데, 지금도 여전히 중요하다. 그 저작들에 포함되는 것은 P. Mantoux, *The Industrial Revolution in the Eighteenth Century* (revised ed. 1961); J. H. Clapham, *An Economic History of Modern Britain*, vol. Ⅰ (1926)이다. 지역별·부문별 연구서는 다음과 같다. A. P. Wadsworth and Julia de L. Mann, *The Cotton Trade and Industrial Lancashire, 1600-1780* (1920); H. Heaton, *The Yorkshire Woollen and Worsted Industries* (1921); W. H. B. Court, *The Rise of the Midland Industries, 1600-1838* (1938); A. H. John, *The Industrial Development of South wales, 1750-1850* (1950); H. Hamilton, *The Industrial Revolution in Scotland* (1932); J. D. Chambers, *The Vale of Trent, 1670-1800*, Supplement, *Economic History Review* (1957); T. S. Ashton, *Iron and Steel in the Industrial Revolution* (1924); T. S. Ashton and J. Sykes, *The Coal Industry of the Eighteenth Century* (1929); E. M. Sigsworth, *Black Dyke Mills.* 또한 애슈턴의 책이 출간되기 전에 나온, 여성에 관한 고전적인 저작은 I. Pinchbeck, *Women Workers and the Industrial Revolution* (1930)이다.

비교적 최근의 연구는 18~19세기의 국민소득, 산업 생산량, 자본 형성, 생산성의 증대에 관한 지표를 비롯하여 거시경제 지표들을 계속 평가하고 수정해 왔나. 주요 저작은 Phyllis Deane and W. A. Cole, *British Economic Growth, 1688-1959* (1962); C. Feinstein and S. Pollard (eds.), *Studies in Capital Formation in the United Kingdom* (1988); C. Feinstein, "Caital Formation in Great Britain," in P. Mathias and M. M. Postan (eds.), *Cambridge Economic History of Europe* (1978); N. F. R. Crafts, *British Economic Growth* (1985)이다. 이들의 평가에 대한 신빙성 및 이들의 평가에 대한 수정, 그리고 이들의 평가에 기초하는 해석 등을 둘러싼 논쟁은 여러 학술지에 실린 논문들을 보면 된다. 가장 흥미로운 논문은 J. Mokyr, "Has the Industrial Revolution been Crowded Out?"과 J. G. Williamson, "Debating the Industrial Revolution"과 N. F. R. Crafts, "British Economic Growth, 1700-1850: Some Difficulties of Interpretation"인데, 모두 *Explorations in Economic History*, 24 (1987)에 실려 있다. 그리고 N. F. R. Crafts, "British Industrialisation in an International Context," *Journal of Interdisciplinary History*, 19 (1989); R. V. Jackson, "Rates of Industrial Growth During the Industrial Revolution," *Economic History Review*, 45 (1992); J. Hoppit, "Counting the Industrial Revoluion," *Economic History Review,* 43 (1990); M. Berg and P. Hudson, "Rehabilitating the Industrial Revolution," *Economic History Review*, 45 (1992) 같은 논문도 있다.

더 폭넓은 시야에서 영국의 산업화를 다루고 있고 역사와 관련된 유용한 주석들이 달려 있는 최근의 저서로는 다음과 같은 것들이 있다. Maxine Berg, *The Age of Manufactures* (2nd edn., 1994); J. Rule, *The Vital Century: England's Developing Economy, 1714-1815* (1992)와 *Albion's People* (1992); Pat Hudson, *The Industrial Revolution* (1992); M. J. Daunton, *Progress and Poverty: An Economic and Social History of Britain, 1700-1850* (1995). 폭넓은 주제를 다루고 있고 전문가의 조사와 해석이 담겨 있는 중요한 논문 모음집은 다음과 같다. R. Floud and D. N. McCloskey (eds.), *The Economic History of Britain since 1700*, vol. I (2nd edn. 1994); J. Mokyr (ed.), *The British Industrial Revolution: An Economic Perspective* (1993); P. K. O'Brien and R. Quinault (eds.), *The*

Industrial Revolution and British Society (1993); J. Langton and R. J. Morris (eds.), *Atlas of Industrialising Britain, 1780-1914* (1986); P. Mathias and J. A. Davis (eds.), *The First Industrial Revolutions* (1989); Pat Hudson (ed.), *Regions and Industries: A Perspective on the Industrial Revolution in Britain* (1989). 그리고 지난 40년 동안 자신이 쓴 고전적인 논문을 모아 단행본으로 재출간한 D. C. Coleman, *Myth, History and the Industrial Revolution*(1992)이 있다.

인구사

인구사는 애슈턴의 시대 이후 중요한 연구 분야가 되어 왔으며, 영국(과 다른 나라)에서 인구성장과 산업화의 관계를 다룬 문헌은 특히 광범하다. 잉글랜드 인구사의 길잡이 역할을 하는 저서는 E. A. Wrigley and R. S. Schofield, *The Population History of England and Wales, 1541-1871* (1981)를 꼽을 수 있으며, 이 저서에 관한 수많은 논평이 깔끔하게 요약되어 있는 글은 E. A. Wrigley, "The Growth of Population in Eighteenth Century England: A Conundrum Resolved," *Past & Present*, 98 (1993)이다. 결혼율과 출산율 변화의 근원과 함의에 관한 다른 접근법을 보여 주는 것은 D. Levine, *Reproducing Families: The Political Economy of English Population History* (1988)이다. 사망률 변화의 역할을 다시 강조하고 있는 문헌은 R. Woods, "The Effects of Population Redistribution on the Level of Mortality in 19th Century England and Wales," *Journal of Economic History*, 45 (1985); A. Mercer, *Disease, Mortality and Population in Transition: Epidemiological-Demographic Change in England since the Eighteenth Century as Part of a Global Phenomenon* (1990); R. Floud, K. Wachter and A. Gregory, *Height, Healt and History: Nutritional Status in the United Kingdom, 1750-1980* (1990) 등이다. 인구성장, 이민, 도시화, 경제 변화의 관계를 보여 주는 저술들은 E. A. Wrigley, *People, Cities and Wealth* (1987)에 실린 글들과 A. Redford, *Labour Migration in England, 1800-1820* (1926); P. Clark and D. Souden, *Migration and Society in Early Modern England* (1987); P. Corfield, *The Impact of English Towns, 1700-1800* (1982); J. G. Williamson, *Coping with City Growth During the British Industrial Revolution* (1990); R. Woods, *The Population of Britain in the Nineteenth Century* (1992)이다.

원산업화 이론

최근 들어 원산업화 이론은 산업의 초기 형태에 관한 여러 연구에 영향력을 발휘해 왔다. 이와 관련된 문헌을 간단히 소개하는 책은 L. A. Clarkson, *Proto-industrialisation: The First Phase of Industrialisation?* (1985)이다. 또한 M. Berg, P. Hudson, and M. Sonenscher (eds.), *Manufacture in Town and Country Before the Factory* (1983); D. Levine, *Family Formation in an Age of Nascent Capitalism* (1977); P. Hudson, *The Genesis of Industrial Capital: A Study of the West Riding Wool Textile Industry c. 1750-1850* (1986); P. Hudson, "Proto-industrialization in England," in S. C. Ogilvie and M. Cerman (eds.), *European Proto-industrialization* (1996) 같은 저서들이 있고, 위에서 언급한 Mantoux(1928)와 Berg(1994)도 참고할 수 있다. 산업 지대의 지역적 기반에 관한 연구서로는 K. Wrightson and D. Levine, The Making of Industrial Society: Whickam, 1560-1765 (1991)와 D. Rollison, *The Local Origins of Modern Society: Gloucestershire, 1500-1800* (1992)가 있다.

산업혁명과 농업

애슈턴 시대 이후 농업과 공업의 상호작용에 관해 많은 연구가 이루어졌다. 최근의 모든 분석에서 이 문제가 중심적으로 드러날 수 있게 기여한 것은 주로 A. H. John과 E. L. Jones의 작업 덕분인데, 이러한 연구의 일부는 E. L. Jones (ed.), *Agriculture and Economic Growth in England* (1967)에 재수록 되어 있다. 또한 더 최근에 기여한 저서로는 K. D. M. Snell, *Annals of the Labouring Poor: Social Change and Agrarian England, 1660-1900* (1985); M. Overton, *The Agricultural Revolution* (1996); E. A. Wrigley, *Continuity, Chance and Change: The Character of the Industrial Revolution in England* (1988)와 *People, Cities and Wealth* (1987); R. C. Allen, *Enclosure and the Yeoman* (1992); P. K. O'Brien, "Agriculture and the Home Market for English Industry, 1660-1820," *English Historical Review*, 344 (1985)이 있다. 상세하고 믿을 만한 개설서로는 G. E. Mangay (ed.), *Agrarian History of England and Wales*, vol. 6 (1989)이 있다.

경제 발전에서 농업 계급 구조의 중요성을 둘러싸고 1970~1980년대에 벌어진 활발한 논쟁을 알기 위해서 참고할 수 있는 책은 T. H. Aston and C. H. E. Philbin, *The Brenner Debate* (1985)이다. 인클로저의 영향에 관해 진행 중인 논쟁을 개관하고 관련 문헌을 제시하고 있는 저서는 M. Turner, *Enclosures in Britain, 1750-1830* (1984)이며, 더 최근에 출간된 핵심적인 저작과 참고문헌은 Snell (1986), Oveton (1996)의 저서와 J. M. Neeson, *Commoners: Common Right, Enclosure and Social Change in England, 1700-1820* (1993)에서 살펴볼 수 있다.

자본과 국가 재정

자본 형성, 자본 공급, 은행, 신용 등의 여러 측면들을 알려주는 저서들은 L. S. Presnell, *Country Banking During the Industrial Revolution* (1956); Hudson (1986); J. Hoppit, *Risk and Failure in English Business, 1700-1800* (1987); M. Collins, *Banks and Industrial Finance in Britain, 1800-1939* (1991)이다. 국가의 세입과 세출의 역할에 관해서는 J. Brewer, *The Sinews of Power* (1989)와 P. K. O'Brien, "The Political Economy of British Taxation, 1660-1815," *Economic History Review*, 41 (1988)과 *Power with Profit: The State and the Economy, 1688-1815* (1991)을 보면 된다. 나폴레옹전쟁의 충격을 다루고 있는 저술은 H. T. Dickinson (ed.), *Britain and the French Revolution* (1989); P. K. O'Brien, "The Impact of the Revolutionary and Napoleonic Wars, 1793-1815, on the Long-Run Growth of the British Economy," *Fernand Braudel Centre Review*, 12 (1989)이다.

기술과 경영의 변화

기술 변화를 다양하지만 탁월하게 분석하고 있는 저서들은 D. S. Landes, *The Unbounded Prometheus* (1969); C. Macleod, *Inventing the Industrial Revolution* (1988); G. N. Von Tunzelmann, *Steam Power and British Industrialisation to 1860* (1978)이며, 더 폭넓은 시야를 보여 주는 저서는 J. Mokyr, *The Lever of Riches: Technological Creativity and Economic Progress* (1990)이다. Schumpeter와 S. Kuznets의 고전적인 초기 저작들 역시 애슈턴의 논의를 따라갈 때 참고할 만하다. 노동의 조직화와 규율화의 혁신에 관해

선 S. Pollard, *The Genesis of Modern Management* (1965)와 Berg, *Age of Manufactures*를 보면 된다.

산업회와 지역

산업의 새로운 지역적·부문별 집중이 창출된 문제와 지역 정체성의 발전 문제에 관해선 Langton and Morris, *Atlas*; P. Hudson, *Regions and Industries*; J. Langton, "The Industrial Revolution and the Regional Geography of England," *Transactions of the Institute of British Geographers*, 9 (1984)를 보면 된다.

노동자의 삶과 저항

영국의 산업화와 관련된 연구과 저술들 중에서 애슈턴의 시대 이후 단연코 가장 왕성하게 성장한 분야는 하층민의 생활수준, 생활방식, 문화, 정치 등에 미친 경제 발전의 영향을 다루는 분야였다. 모든 저작들이 중요한 기준으로 삼고 있고 한 세대 이상 역사 해석에 영향을 끼친 저서는 E. P. Thompson의 *The Making of the English Working Class* (1963)인데, 그 뒤를 이어 나온 *Customs in Common* (1991)에는 예전의 고전적인 논문은 물론 최근의 연구도 수록되어 있다. 변화의 특수한 측면에 관한 여타의 핵심적인 글들을 포함하고 있는 저서는 다음과 같다. F. M. L. Thompson (ed.), *The Cambridge Social History of Britain*, vols. 1-3 (1990)에 실린 논문들; D. Hay, P. Linebough, J. Rule, E. P. Thompson, and C. Winslow (eds.), *Albion's Fatal Tree: Crime and Society in Eighteenth Century England* (1975); J. M. Neeson (1993); L. D. Shwarz, *London in the Age of Industrialisation: Entrepreneurs, Labour Force, Living Conditions* (1992); A. J. Randall, *Before the Luddite: Custom, Community and Machinery in the English Woollen Industry* (1991); J. Foster, *Class Struggle in the Industrial Revolution* (1974); T. Koditschek, *Class Formation and Urban Industrial Society: Bradford, 1750-1850* (1990); J. Bohstedt, *Riots and Community Politics in England and Wales, 1790-1810* (1983). 경제생활과 사회생활의 많은 측면에 산업화가 가한 충격을 설명하는 저서는 J. Rule (ed.), *The Labouring Classes in Early Industrial England* (1986)이다. 노동조합주의에 관한 책으로

는 J. Rule (ed.), *British Trade Unionism, 1750-1850* (1988)이 있고, 반면 L. A. Clarkson (ed.), *British Trade and Labour History: A Compendium* (1990)에는 Clarkson의 서문 및 유용하고 충실한 참고문헌과 함께 A. E. Musson이 책임진 'British Trade Union, 1800-1850'이라는 주제와 Elizabeth Roberts가 책임진 'Women's Work, 1840-1940'이라는 주제와 관련된 글들이 있다.

생활수준 논쟁

애슈턴 이후 생활수준 논쟁에 관한 논문들은 A. J. Taylor (ed.), *The Standard of Living in Britain in the Industrial Revolution* (1975)에 실려 있다. 더 최근의 저술들은 P. Lindert and J. G. Williamson, "English Workers' Living Standards During the Industrial Revolution: A New Look," *Economic History Review*, 36 (1983); J. G. Williamson, *Did British Capitalism Breed Inequality?* (1985); S. Horrell and J. Humphries, "Old Questions, New Data and Alternative Perspectives: Families' Living Standards in the Industrial Revolution," *Journal of Economic History*, 52 (1992)이 있다. 소비와 산업화에서 소비의 역할에 관한 논쟁을 다룬 저서들은 H. Perkin, *The Origins of Modern English Society* (1969); J. Brewer, N. McKendrick, and H. Plumb, *The British of Consumer Society: The Commercialisation of Eighteenth Century England* (1982); L. Weatherill, *Consumer Behaviour and Material Culture in Britain, 1660-1760* (1988); J. Brewer and R. Porter (eds.), *Consumption and the World and Goods* (1993)이다.

여성의 삶과 지위

다음의 참고문헌들은 산업화 시기 여성의 생활 변화를 분석하고 있고 충실한 문헌목록을 담고 있다. J. Rendall, *Women in an Industrialising Society, 1750-1880* (1990); Berg (1995); Hudson, "Women and Industrialisation" 및 J. Purvis (ed.), *Women's History in Britain, 1850-1945: An Introduction* (1995)에 실려 있는 글들; C. Hall, *White, Male and Middle Class* (1994); P. Sharpe, "Continuity and Change: Women's History and Economic History in Britain," *Economic History Review*, 48 (1995); D. Valenze, *The First Industrial Women*

(1995); S. Horrell and J. Humphries, "Women's Labour Force Participation and the Transition to the Male Breadwinner Family, 1790-1865," *Economic History Review*, 48 (1985)은 최근의 연구 성과를 담고 있다. 한편, B. Taylor의 고전적 저작인 *Eve and the New Jerusalem* (1983)과 A. Clark의 *The Struggle for the Breeches: Gender and the Making of the British Working Class* (1995)는 여성의 지위를 계급에 관한 논쟁 및 산업적·사회적 저항운동의 발전과 연관해 살펴보고 있다.

부르주아의 생활과 문화

기업가 연구와 산업 부르주아 및 상업 부르주아의 생활과 문화를 연구하는 데 훌륭한 출발점이 되는 연구는 P. Payne, *British Entrepreneurship in the Nineteenth Century*와 H. Perkin(1969)의 저서이다. 더 최근의 저작들로는 L. Davidoff and C. Hall, *Family Fortunes: Men and Women of the English Middle Class* (1987); R. J. Morris, *Class, Sect and Party: The Making of the British Middle Class: Leeds, 1820-50* (1990); J. Smail, *The Origins of Middle Class Culture: Halifax, Yorkshire, 1660-1780* (1994); A. J. Kidd and R. W. Roberts, *City, Class and Culture: Studies of Social Policy and Cultural Production in Victorian Manchester* (1985); J. Wolff and J. Seed (eds.), *The Culture of Capital: Art, Power and the 19th Century Middle Class* (1988) 등이 있다.

국가의 역할

자유방임(Laisser-faire), 국가, 행정에 관한 문헌으로는 A. J. Taylor, *Laissez-faire and State Intervention in Nineteenth Century Britain* (1972)가 있는데, 이 책은 출간 당시까지 이루어진 유익한 연구들을 잘 정리해 놓고 있고 참고문헌 목록도 훌륭하다. 이후에 나온 이 분야에 관한 연구로는 H. Perkin, "Individualism and Collectivism in Nineteenth Century Britain: A False Antithesis," *Journal of British Studies*, 17 (1977)과 Eric J. Evans, *The Forging of the Modern State: Early Industrial Britain, 1783-1870* (1983)이 있다.

18세기 국가의 역할에 관해 살펴볼 수 있는 저술은 J. Brewer, *The Sinews of*

Power (1989)와 P. K. O'Brien, "The political economy of British taxation 1660-1815," *Economic History Review*, 41 (1988)이다.

상업, 해외무역, 경기변동

상업과 해외무역에 관한 저술들은 S. D. Chapman, *Merchant Enterprise in Britain From the Industrial Revolution to World War I*(1992); J. M. Price, "What Did Merchants Do? Reflections on British Overseas Trade, 1660-1790," *Journal of Economic History*, 49 (1989); R. G. Wilson, *Gentleman Merchants: The Merchants Community in Leeds, 1700-1830* (1971); D. Farnie, *The Cotton Industry and the World Market, 1815-1896* (1979); R. Davis, *The Industrial Revolution and British Overseas Trade* (1979); P. J. Cain and A. G. Hopkins, *British Imperialism: Innovation and Expansion, 1688-1914* (1993)이다. 경기변동에 관해선 애슈턴 본인의 책 *Economic Fluctuations in England* (1959)가 여전히 고전이다. 또한 A. D. Gayer, W. W. Rostow, and A. J. Schwartz, *The Growth and Fluctuations of the British Economy, 1790-1850: An Historical, Statistical and Theoretical Study of Britain's Economic Development* (1953); D. Aldcroft and P. Fearon (eds.), *British Economic Fluctuations, 1790-1939* (1972); 그리고 특히 J. Hoppit, *Risk and Failure in English Business: 1700-1800* (1987)이 있다.